चम्पारण सत्याग्रह का गणेश

अजीत प्रताप सिंह

जन्म : 15 दिसम्बर, 1985 को बरौलिया गाँव, फतेहपुर जिला, उत्तर प्रदेश में।

शिक्षा : प्रारम्भिक शिक्षा गाँव से ही प्राप्त की। स्नातक इलाहाबाद विश्वविद्यालय, परास्नातक अर्थशास्त्र विषय से काशी हिन्दू विश्वविद्यालय वाराणसी से। वर्तमान में ''प्राब्लम्स एण्ड प्रॉस्पेक्ट्स ऑफ फूड प्रोसेसिंग इण्डस्ट्रीज इन इण्डिया : ए केस स्टडी ऑफ फतेहपुर डिस्ट्रिक्ट'' पर काशी हिन्दू विश्वविद्यालय से।

गतिविधियाँ : विगत कई वर्ष से *अरुन्धती वशिष्ठ अनुसन्धान पीठ, इलाहाबाद* से जुड़े हैं। एक भारतीय कृषि और किसान कल्याण और किसान आन्दोलनों पर लिखते रहते हैं। वर्तमान समय में अवध किसान आन्दोलन के दौरान हुए मुंशीगंज गोलीकाण्ड (7 जनवरी, 1921) और गणेशशंकर विद्यार्थी पर लेखन।

अजीत प्रताप सिंह

चम्पारण सत्याग्रह का गणेश

चम्पारण सत्याग्रह में गणेशशंकर विद्यार्थी की भूमिका

लोकभारती पेपरबैक्स

प्रथम पेपरबैक संस्करण : 2018

लोकभारती पेपरबैक्स : उत्कृष्ट साहित्य के लोकप्रिय संस्करण

लोकभारती प्रकाशन
पहली मंजिल, दरबारी बिल्डिंग, महात्मा गाँधी मार्ग,
इलाहाबाद-211 001

वेबसाइट : www.lokbhartiprakashan.com
ईमेल : info@lokbhartiprakashan.com

शाखाएँ : 1-बी, नेताजी सुभाष मार्ग, दरियागंज, नई दिल्ली-110 002
अशोक राजपथ, साइंस कॉलेज के सामने, पटना-800 006 (बिहार)
36-ए, शेक्सपियर सरणी, कोलकाता-700 017

आस्था पेपर कन्वर्टर
इलाहाबाद द्वारा मुद्रित

मूल्य : ₹ 160

CHAMPARAN SATYAGRAH KA GANESH
by Ajit Pratap Singh

ISBN : 978-93-88211-08-6

भूमिका

दो वर्ष पूर्व इलाहाबाद शहर के आजाद पार्क में चन्द्रशेखर आजाद की आदमकद मूर्ति के साथ मैंने अपनी एक फोटो फेसबुक पर डाली। फोटो को देखकर काशी हिन्दू विश्वविद्यालय से अर्थशास्त्र विषय में परास्नातक के दौरान वरिष्ठ सहपाठी अमरेन्द्र प्रताप सिंह जी ने लिखा "अजीत बाबू! इलाहाबाद में जहाँ आज स्वरूपरानी सार्वजनिक अस्पताल है वहाँ पहले मलाका जेल थी, जिसमें काकोरी काण्ड में अंग्रेजों द्वारा दोषी घोषित ठाकुर रोशन सिह को फाँसी दी गयी थी। उन पर कुछ लिखो।" दूसरे ही दिन इलाहाबाद विश्वविद्यालय के अपने पूर्व छात्रावास हॉलैण्ड हाल हॉस्टल के एक अनुज के साथ हम शहीद रोशन सिंह स्थल देखने पहुँचे। वहाँ स्थित शहीद रोशन सिंह स्मारक स्थल पर कूड़ेदान देख अत्यन्त कष्ट हुआ, अधिकांश हिस्से में अतिक्रमण व गन्दगी थी। इससे भी ज्यादा मेरे लिये आत्मग्लानि का विषय यह था कि मुझे काकोरी काण्ड के विषय में तो पता है लेकिन उसी काकोरी केस में इलाहाबाद में फाँसी चढ़े रोशन सिंह के स्मारक स्थल के विषय में जानकारी नहीं थी। जबकि मेरा भी एक दशक से अधिक समय सिंह के स्मारक स्थल के विषय में जानकारी नहीं थी। जबकि मेरा भी एक दशक से अधिक समय इलाहाबाद शहर में छात्र के रूप में बीता और यह क्रम बतौर एक अध्ययनकर्त्ता आज भी अनवरत जारी है।

तदुपरान्त लगा कि अमर शहीद ठाकुर रोशन सिंह पर कुछ अध्ययन करना चाहिए। इस क्रम में एक अध्ययन साहित्य काकोरी काण्ड पर 'लोकहित प्रकाशन, लखनऊ' से प्रकाशित 'काकोरी काण्ड के दिलजले' मिली। जिसे काकोरी काण्ड में अभियुक्त रहे और इसी केस में साढ़े छह वर्ष जेल की सजा पूरी करनेवाले पण्डित रामदुलारे त्रिवेदी ने लिखी थी। पण्डित रामदुलारे त्रिवेदी कानपुर से गणेशशंकर विद्यार्थी के सम्पादन में निकलनेवाले अखबार 'प्रताप' में काम करते थे और इस पुस्तक का प्रथम प्रकाशन भी 'प्रताप प्रेस' से ही हुआ था। इस पुस्तक के माध्यम से ठाकुर रोशन सिंह के विषय में कुछ जानकारी प्राप्त हुई।

गायत्री-परिवार के संस्थापक आचार्य श्रीराम शर्मा भी विद्यार्थी जी को पत्रकारिता में अपना आदर्श मानते थे और उन्होंने भी 'प्रताप' के लिए काम किया था। उनके एक लेख 'लड़की का पिता' से जानकारी मिली कि रोशन सिंह को फाँसी पर चढ़े दो वर्ष

हो गये थे, उनकी विधवा पत्नी अपनी लड़की के लिए वर तलाशने और विवाह के खर्च उठाने की समस्या से परेशान थी। परेशानी का प्रमुख कारण हलके का पुलिस दारोगा था क्योंकि जो लड़का विवाह के लिए तैयार होता तो दारोगा जी क्रान्तिवीर को देशद्रोही बताकर उन्हें डरा-धमका देते थे, जिससे विवाह करनेवाले लड़के और परिवार के लोग विवाह करने से इनकार कर देते थे। शहीद की पत्नी ने स्वयं जहर खाने और लड़की को जहर देने की योजना बनाने लगी थी।

जब यह जानकारी विद्यार्थी जी को हुई तो वह फर्रुखाबाद में एक मीटिंग के बाद 15 मील पैदल चलकर रोशन सिंह के गाँव पहुँचे और दारोगा को बुलाकर उन्होंने कहा, "आपको शर्म नहीं आती। मान लीजिये आपकी मौत हो जाये और आपकी लड़की के विवाह में कोई अड़ंगा डाले तो आपकी आत्मा को, आपकी पत्नी को और भले आदमी को कितना क्लेश होगा। लड़की के विवाह में अनजान लोग भी सहायता देते हैं और आपकी यह मनुष्यता है कि एक निर्दोष लड़की और एक असहाय विधवा को आप सता रहे हैं। इनसान, बच्चेवाले और पिता की हैसियत से जवाब दीजिये।" इतना सुनकर पुलिस इन्स्पेक्टर की गुमराह अक्ल ठिकाने पर आयी और शर्म से उसकी गर्दन नीचे थी। हाथ जोड़कर उसने माफी माँगी और लड़की के विवाह का पूरा खर्च देने को स्वयं आगे आ गया।

शहीद ठाकुर रोशन सिंह की लड़की की बारात आयी, आतिथ्य का सारा भार दारोगा ने उठाया, पर जब विवाह के समय यह प्रश्न उठा कि लड़की का पिता कौन है तब तपस्वी गणेशशंकर विद्यार्थी ने आगे आकर कहा, "रोशन सिंह के अभाव में लड़की का पिता मैं हूँ।"

उत्तर प्रदेश के फतेहपुर जिले के खागा तहसील के हथगाँव गाँव में गणेश जी का पैतृक आवास था। उसी गाँव में साहित्यकार मुन्शी प्रेमचन्द जी का ननिहाल भी था। गौरतलब है कि गणेश जी ने ही मुन्शी प्रेमचन्द को उर्दू की जगह हिन्दी में लिखने के लिए प्रेरित किया। फतेहपुर, जहाँ 1857 की क्रान्ति के अगुआ ठाकुर दरियाव सिंह की कर्मस्थली है, वहीं राष्ट्रकवि सोहनलाल द्विवेदी का जिला भी है। फतेहपुर जिले में ही झण्डा गीत 'विजयी विश्व तिरंगा प्यारा' श्यामलाल गुप्त 'पार्षद जी' ने गणेश जी की इछा पर लिखा था।

गणेश जी पर अध्ययन करने के दौरान पता चला कि भगतसिंह और चन्द्रशेखर 'आजाद' का आपस में परिचय करानेवाले गणेश जी ही थे। गणेश जी खुलकर काकोरी केस और लाहौर केस में क्रान्तिकारियों के साथ खड़े रहे और जीवन के अन्त तक क्रान्तिकारियों के संरक्षक बने रहे।

एक पत्रकार के रूप में गणेश जी को कष्ट था कि इस देश में भी समाचार-पत्रों का आदर्श धन हो रहा है। धन ही से वह निकलते हैं, धन के ही आधार पर चलते

भी हैं और बड़ी वेदना के साथ कहना पड़ता है कि उनमें काम करनेवाले बहुत-से पत्रकार भी धन की ही अभ्यर्थना करते हैं। अभी यहाँ पूरा अन्धकार नहीं हुआ है, किन्तु लक्षण वैसे ही हैं। कुछ ही दिन पश्चात् यहाँ के समाचार-पत्र भी मशीन के सदृश हो जायेंगे और उनमें काम करनेवाले पत्रकार केवल मशीन के पुर्जे। व्यक्तित्व न रहेगा, सत्य और असत्य का अन्तर न रहेगा, अन्याय के विरुद्ध डर जाने और अन्याय के लिए आफतों के बुलावे की चाह न रहेगी, रह जायेगा केवल खींची हुई लकीर पर चलना। मैं तो उस अवस्था को अच्छा नहीं कह सकता।

गणेश जी की पत्रकारिता में किसानों के प्रति संवेदना पढ़कर इच्छा हुई कि एक पुस्तक गणेश जी पर कृषि-केन्द्रित लिखी जाय। संयोगवश यह वही समय था जब देश गाँधी जी के चम्पारण सत्याग्रह का शताब्दी-वर्ष मना रहा था। चम्पारण का यह किसान-आन्दोलन जहाँ गाँधी जी का भारत में पहला सत्याग्रह था वहीं इस आन्दोलन का महत्त्व जितना स्वतन्त्रता-आन्दोलन को बाद में गाँधी जी के नेतृत्व में मुखर करने में रहा, उतना ही गाँधी जी के जीवन के बदलव में था। इसी आन्दोलन में वह गाँधी जी से महात्मा गाँधी बने और अपना गुजराती वस्त्र त्यागकर एक धोती को अपना वस्त्र बना लिया जो उनके जीवन के अन्तिम समय तक रहा। पुस्तक का प्रथम अध्याय गणेशशंकर विद्यार्थी जी जीवन के विभिन्न पहलू—क्रान्तिकारियों के संरक्षक, कुशल एवं सफल राजनेता, नैतिक मूल्यों पर आधारित पत्रकारिता, उनकी एकाधिक जेल-यात्रा और उनका आत्मोत्सर्ग आदि प्रसंगों का उल्लेख है। गणेश जी भारत के प्रथम किसान और कृषि पर पत्रकारिता करने आत्मोत्सर्ग आदि प्रसंगों का उल्लेख है। गणेश जी भारत के प्रथम किसान और कृषि पर पत्रकारिता करनेवाले पत्रकार थे। पुस्तक का द्वितीय अध्याय इसी बात की पुष्टि करता है, तीसरे अध्याय में गाँधी जी और गणेश जी के एकात्म होते विचारों और जीवन का विवरण है। वहीं चौथे अध्याय में गाँधी जी के चम्पारण सत्याग्रह के शिल्पकार गणेशशंकर विद्यार्थी की कार्य योजना और व्यक्तिगत प्रयास का तथ्यपरक उल्लेख है। पाँचवें और अन्तिम अध्याय का गणेशशंकर विद्यार्थी जी से सम्बन्ध नहीं है यह अध्याय सौ बरस बाद आज भी चम्पारण सत्याग्रह की प्रासंगिकता का विवेचनात्मक अध्ययन है।

अजीत प्रताप सिंह

दीपावली : 19 अक्टूबर, 2017

आभार

यह पुस्तक वर्तमान भारतीय पत्रकारिता पर जहाँ यह प्रश्न खड़ा करता है कि लोकतन्त्र के चौथे स्तम्भ में किसान और गाँव का स्थान कहाँ है? वही भारतीय पत्रकारिता के स्तम्भ रहे गणेशशंकर विद्यार्थी के माध्यम से इस सवाल का उत्तर देते हुए, मार्गदर्शन भी करता है।

पुस्तक का लिखना एक यात्रा की तरह होता है। पुस्तक के लिए साहित्य संग्रह और विषय से सम्बन्धित विशेषज्ञों से मिलना जहाँ ऊर्जा देता है वहीं आनन्द की अनुभूति भी करता है। साहित्य संग्रह के दौरान गणेश जी के मित्र व ख्यातिलब्ध पत्रकार बनारसीदास चतुर्वेदी की प्रेरणा से गणेशशंकर विद्यार्थी जी पर प्रथम शोध करनेवाले डॉक्टर लल्लन मिश्र जी से मिलना मेरे लिये सौभाग्य का विषय था। साथ ही उनके द्वारा दी गयी जानकारी और लिखित पुस्तक के बिना यह लेखन कार्य सम्पन्न नहीं हो सकता था।

चम्पारण के किसान नेता राजकुमार शुक्ल की डायरी का कैथी लिपि से देवनागरी में अनुवाद करनेवाले भैरवलाल दास जी और 'प्रयोग चम्पारण', 'चम्पारण सत्याग्रह के सहयोगी' और 'चम्पारण सत्याग्रह की कहानी' जैसी पुस्तक लिखनेवाले मान्यवर अरविन्द मोहन जी का भी ऋणी हूँ, जिसके माध्यम से मुझे अपनी बातों को रखने के लिए पर्याप्त आधार मिला।

डॉक्टर लल्लन मिश्र के वाराणसी स्थित गाँव प्रतापपट्टी में गर्मी में दुपहर के समय मई महीने में पैदल 4-5 किलोमीटर मेरे साथ पैदल चलनेवाले काशी हिन्दू विश्वविद्यालय के इतिहास विभाग के शोध छात्र गंगा सिंह बडकरे और सौरभ सिंह का आभारी हूँ। राष्ट्रकवि श्यामलाल गुप्त 'पार्षद जी' के गाँव और गणेश जी के सपनों का गाँव नरवल यात्रा के दौरान साथ देनेवाले बचपन के मित्र अनिल कुमार सिंह का आभारी हूँ। पुस्तक लिखने के दौरान काशी हिन्दू विश्वविद्यालय के शोध छात्र रामायण पटेल का भी आभारी हूँ जिनके साथ कई बार भारत में प्रचलित किसान संगठन और किसान आन्दोलन पर सकारात्मक चर्चा हुई। इसके अतिरिक्त छोटे भाई अमित राजपूत का भी आभारी हूँ, जिनके बिना साहित्य संग्रह असम्भव था।

पुस्तक लिख जाने के बाद पाण्डुलिपि पढ़ने और आवश्यक सुझाव के लिए पुस्तक अपने पूर्व छात्रावास हॉलैण्ड हाल हॉस्टल (इलाहाबाद विश्वविद्यालय) के पूर्व अन्तेवासी

और सीनियर कामरेड सुधीर सिंह को दिया। मैं उनका आभारी हूँ, एक ओर उन्होंने मेरा उत्साहवर्द्धन किया वहीं दूसरी ओर पुस्तक में गणेश की जीवनी को पुस्तक का आवश्यक हिस्सा बनाने को कहा। जिसका परिणाम है पुस्तक का पहला अध्याय 'एक पत्रकार ऐसा भी'।

अन्त में अपने अजीज मित्र पत्रकार प्रसून पाण्डेय और छोटे भाई शोध छात्र अभिषेक सिंह चौहान का भी आभारी हूँ, उन्होंने पुस्तक लेखन के दौरान लगातार मुझे प्रोत्साहित किया। इलाहाबाद विश्वविद्यालय के पूर्व व अन्तेवासी और बड़े भाई सुमित गोविन्द राव का आभारी हूँ जिन्होंने पुस्तक का पुनर्परीक्षण किया।

माता जी–पिता जी के स्नेह और आशीर्वाद के बिना पुस्तक यह पुस्तक का लेखन सम्भव नहीं था।

अजीत प्रताप सिंह

दीपावली : 19 अक्टूबर, 2017

अनुक्रम

स्वागत–गान[1]

क्या बिजोलिया, क्या खेडा, क्या चम्पारण में।
कब न आपने किया, सामना उनका रण में।
हलचल-सी मच गयी नरेशों के आँगन में।
लगे लोटने साँप निपट नीचों के मन में।
बुरी तरह मुँहबल गिरा जोकि सामने आ गया।
सबके मन में सत्य का सिक्का सुखद समा गया।

असहयोग की लहर देश में उमड़ पड़ी थी।
कुछ सच्चे कुछ रँगे सियारों की जफड़ी थी।
अवध किसानों पर विपत्ति की पड़ी घड़ी थी।
पर सुनता था कौन उधर से नजर कड़ी थी।
आप अकेले ही लिये जान हथेली में अड़े।
यश को रखकर ताक पर रायबरेली में लड़े।

लपट-झपट थी एक ओर लोकापवाद की।
और दूसरी ओर शान थी साम्राज्यवाद की।
डिगे न तिल-भर चले सिंह की भाँति अकेले।
खेल-खेलकर खूब खतरों से खुलकर खेले।
डूबी नाव पयोधि में वीरपाल के पाप की।
कीर्ति ध्वजा फहरा गयी विघारथी 'प्रताप' की।

—श्यामलाल गुप्त 'पार्षद'
(झण्डा गीत—'विजयी विश्व तिरंगा प्यारा' के लेखक)

---

1. फतेहपुर की राजनीतिक कॉन्फ्रेन्स में भाषण देने के कारण मार्च, 1923 में गणेश जी को एक साल कैद की सजा हुई थी, इसका निमन्त्रण व आग्रह 'पार्षद' जी ने किया था, इसी सम्मेलन में मोतीलाल नेहरू ने भाषण किया था। नैनी जेल से वापस आने पर अभिनन्दन में पठित कविता का अंश (1924)

"गणेशशंकर विद्यार्थी के असामयिक निधन से राष्ट्रीय राजनीति के साथ-साथ, हमारे सामाजिक और सांस्कृतिक विकास का जितना नुकसान हुआ, उतना कांग्रेस के किसी दूसरे नेता के मरने से नहीं हुआ"

—डॉ. रामविलास शर्मा.

चम्पारण सत्याग्रह का गणेश

एक पत्रकार ऐसा भी

गणेशशंकर विद्यार्थी का जीवन-परिचय

अमर शहीद गणेशशंकर विद्यार्थी के निराले व्यक्तित्व ने कभी अहं को प्रश्रय नहीं दिया, अपनी गुरुता को कभी नहीं स्वीकारा। उनका मौन ही उनका बल था, उनकी सरलता ही उनकी शक्ति थी और उनकी कार्यक्षमता ही ऐसी पावन स्रोतस्विनी थी जो अमृत बनकर आजन्म उनके साथी-सहयोगियों को जीवनदान देती रही। वे निडर थे, निर्भीक थे और मृत्यु ने उन्हें मृत्युञ्जय बना दिया था।

'प्रताप' के जन्मशती वर्ष पर सुरेश सलिल जी का 25 नवम्बर, 2012 को जनसत्ता के रविवारीय में एक लेख 'एक था 'प्रताप', एक थी 'प्रभा', शीर्षक से प्रकाशित हुआ, जो गणेश जी और उनके 'प्रताप' अखबार के महत्त्व को उजागर करता है। उसी लेख से—नवम्बर, 1912 से नवम्बर, 1913 की अवधि हिन्दी में स्वस्थ मानव-मूल्यों को समर्पित विचार—समाचार की दृष्टिसम्पन्न पत्रकारिता के रूप में रेखांकित की जानी चाहिए। हिन्दी पत्रकारिता का औपचारिक आरम्भ उन्नीसवीं सदी के पूर्वार्द्ध में ही 'उदन्त मार्तण्ड' के साथ हो गया। लेकिन हिन्दी भाषा और पत्रकार कला की उस समय दशा-दिशा की दृष्टि से उसे 'प्रिमिटिव स्टेज' मानना ही उचित होगा। भारतेन्दुकालीन पत्रकारिता की भी सीमा—'अँगरेज राज सुखसाज सजे सब भारी' थी। आधुनिक अर्थों में हिन्दी में पत्र-पत्रिकाओं की विधिवत् शुरुआत 'सरस्वती' से मानी जाती है। लेकिन 'सरस्वती' मासिक आवर्तिता में निकलती थी, उसका स्वरूप फीचर पत्रिका का था, दूसरे, उसके प्रकाशन व्यावसायिक थे और अपने व्यावसायिक हितों के कारण स्वतन्त्रता-स्वाधीनता जैसे राजनीतिक सवालों से बचकर चलते थे। जो राजनीतिक पत्र थे वे भी 'डॉमिनिअन स्टेट्स' से आगे की बात करने में हिचकते थे। इन परिस्थितियों में नवम्बर, 1913 में गणेशशंकर विद्यार्थी ने, 'प्रताप' के माध्यम से, हिन्दी में स्वस्थ, स्वतन्त्र और मानव मूल्यपरक राजनीतिक-सांस्कृतिक पत्रकारिता की शुरुआत की थी। 'प्रताप' का पूर्ववर्ती ऐसा कोई सुज्ञात हिन्दी पत्र नहीं है, जिसकी स्वतन्त्रता की परिभाषा औपनिवेशिक आजादी से आगे सामन्तवाद, पुरोहितवाद और पुलिस के दमन, उत्पीड़न से मुक्त, स्वस्थ भारतीय समाज तक जाती हो। 'प्रताप' ने न सिर्फ इन सभी अभिशापों

से मुक्ति की प्रभावशाली आवाज उठायी, बल्कि उसके लिए जमकर संघर्ष किया और परिणाम भोगे।

गणेश जी के पूर्वज जौनपुर के रहनेवाले थे। सन् 1857 के स्वतन्त्रता-संघर्ष के पश्चात् उनके प्रपितामह बाबू देवीप्रसाद हथगाँव (वर्तमान में उत्तर प्रदेश के फतेहपुर जिला की खागा तहसील स्थित गाँव) में बस गये थे और वहाँ के प्रसिद्ध रईसों में माने जाने लगे थे। हथगाँव बादशाही जमाने से कायस्थों का प्रसिद्ध केन्द्र रहा है। बाबू देवीप्रसाद के पुत्र का नाम बाबू वंशगोपाल था जो आबकारी इन्स्पेक्टर थे। इन्हीं के लड़के विद्यार्थी जी के पूज्य पिता बाबू जयनारायण थे। जयनारायण जी के भी दो पुत्र हुए एक बाबू शिवव्रत नारायण (शिव बाबा), दूसरे गणेशशंकर विद्यार्थी (गणेश जी) और एक पुत्री रुक्मिणी देवी भी थी। "श्रीयुत् जयनारायण जी उर्दू और फारसी के पण्डित थे। अंग्रेजी का अध्ययन भी उन्होंने अपने उद्योग से किया था। वे ज्योतिष के अच्छे ज्ञाता थे। सन् 1923 में फतेहपुरवाले भाषण के लिए उन्होंने छह माह पहले से ही विद्यार्थी जी को आगाह कर दिया था और कहा था कि वे व्याख्यान आदि जरा सँभल कर दें। ज्योतिष के अनुसार यह वर्ष अच्छा नहीं है।"[1]

बाबू जयनारायण जी की दर्शन के प्रति भी अभिरुचि थी। उन्होंने दाराशिकोह के द्वारा संकलित एवं अन्य अनूदित उपनिषदों का अध्ययन किया व इसी अध्ययन के परिणामस्वरूप उन्होंने 'उपनिषद् सुधा' नामक एक विशद पुस्तक लिखी जो 'प्रताप' प्रेस से प्रकाशित हुई थी। आचार्य महावीरप्रसाद द्विवेदी जी ने इस पर अपना मत दिया था—'यह पुस्तक जिज्ञासुओं के बड़े काम की है।' यह बात आश्चर्यजनक है कि अपनी विद्या से बाबू जयनारायण जी को यह ज्ञात था कि विद्यार्थी जी का देहावसान किसी भीषण दुर्घटना में होगा, इस आघात की पूर्वकल्पना से वे बहुत दुःखित थे।

गणेश जी का जन्म ननिहाल इलाहाबाद के अतरसुइया मोहल्ले में अश्विनी (क्वार) सुदी 14, वार रविवार, संवत् 1947 वि. (26 अक्टूबर, 1890 ई.) को (कायस्थ कुल श्रीवास्तव दूसरे में) हुआ था। उनकी माता श्रीमती गोमती देवी धार्मिक विचार की महिला थीं और श्रीरामचरितमानस का नित्य पाठ किया करती थीं। विशेष पठित न होते हुए भी बहुश्रुत थीं और मानस व्यवहारी ज्ञान की कोष थीं उपदेशपूर्ण कहानियों का तो वे भण्डार थीं। गणेश जी की नानी भी उनकी माता की तरह धर्मपरायण थीं। गणेश जी जब गर्भ में थे, तब उनकी नानी श्रीमती गंगा देवी ने एक स्वप्न देखा कि उनके हाथ में किसी ने गणेश जी की मूर्ति दी है। इसी स्वप्न के आधार पर उन्होंने यह निश्चय कर लिया कि बालक का नाम गणेश रखा जायेगा और यदि कन्या हुई तो गणेशी रखा जायेगा। ईश्वर की कृपा से बालक का जन्म हुआ। नामकरण तो पहले से ही निश्चित हो चुका था। गणेश जी के नाना मुन्शी सूरजप्रसाद सहारनपुर जिला जेल के असिस्टेण्ट जेलर थे।

बालक गणेश का जन्म परिवार के लिए सब प्रकार से मंगलमय हुआ। उनके पिता के वेतन में, जो ग्वालियर रियासत के मुँगावली में ऐंग्लो वर्नाक्यूलर स्कूल के सेकेण्ड मास्टर थे, वृद्धि हो गयी। बालक गणेश की प्रारम्भिक शिक्षा ग्वालियर राज्य में हुई। पाँच वर्ष की अवस्था में ही उन्हें उर्दू पढ़ाना आरम्भ किया गया। कदाचित् इसलिए कि बालक पढ़कर सरकारी नौकरी करे, क्योंकि उन दिनों विभिन्न सरकारी विभागों में उर्दू का खूब बोलबाला था। बाल्यावस्था में बालक गणेश के ऊपर उनके पिता बाबू जयनारायण के चरित्र, शिष्टाचार, सहृदयता और सादगी का बड़ा प्रभाव पड़ा। कालान्तर में माता की धार्मिकता और दुःखकातरता भी उनमें आकर मिल गयी।

सन् 1901 में जब गणेश जी 11 साल के थे उनके पिता जी का स्थानान्तरण मुँगावली से भेलसा हो गया। गणेश जी भी उनके साथ वहाँ पर कुछ दिन रहे। यहाँ पर वह 'बंग-वासी' और 'भारत-मित्र' अखबार मँगाकर स्वयं पढ़ते थे और अपने सहपाठियों को भी पढ़ाया करते थे।[2] 1905 में गणेश जी ने अंग्रेजी में मिडिल पास किया। मिडिल में इन्होंने हिन्दी द्वितीय भाषा के रूप में पढ़ी थी। मिडिल पास होने के बाद विद्यार्थी जी के पिता जी ने उनको बड़े भाई शिवव्रत नारायण जी के पास, जो उस समय कानपुर में नौकरी करते थे, नौकरी करने के लिए भेज दिया। किन्तु बड़े भाई उन्हें पढ़ाना चाहते थे, अतः उनके एण्ट्रेन्स की किताबें खरीदकर पुनः पिता जी के पास एण्ट्रेन्स परीक्षा की तैयारी के लिए भेज दिया। सन् 1903 में गणेश जी के पिता जी का तबादला भेलसा से फिर मुँगावली हो गया और गणेश जी वहीं रहकर परीक्षा की तैयारी करने लगे। यहाँ के हेडमास्टर कान्ह कुँवर जी बी.ए. ने, जो कि फर्रुखाबाद निवासी थे, उनको पढ़ाना आरम्भ किया। गणेश जी को उन्होंने अंग्रेजी और गणित की शिक्षा दी और उनके पिता जी ने उनको फारसी और इतिहास की शिक्षा दी।[3] उनकी परीक्षा का केन्द्र कानपुर का क्राइस्ट चर्च कॉलेज था। 1907 ई. में वे द्वितीय श्रेणी से एण्ट्रेन्स पास हो गये।

एण्ट्रेन्स पास करने के बाद सन् 1907 में गणेश जी कायस्थ पाठशाला कॉलेज, इलाहाबाद में एफ. ए. में नाम लिखाया। जब गणेश जी इलाहाबाद में पढ़ते थे तभी एक दिन पं. सुन्दरलाल से मिलने उनके छात्रावास हिन्दू बोर्डिंग हाउस गये, और उन्हीं के कहने पर शान्ति नारायण के उर्दू अखबार 'स्वराज'* के लिए लिखना शुरू कर दिया।

---

* *लोकमान्य तिलक, लाला लाजपत राय और विपिनचन्द्र पाल के इलाहाबाद में ओजपूर्ण भाषण के बाद मोतीलाल नेहरू जी के अथक प्रयास के बावजूद इलाहाबाद गरमदल का मजबूत केन्द्र के साथ क्रान्तिकारियों का भी गढ़ बन गया था। लोगों को लग रहा था कि लाहौर, कलकत्ता और पूना की तरह, इलाहाबाद को राष्ट्रवादी विचारों के पत्रों का केन्द्र बनाया जाय। इसी बीच लाहौर से निकलनेवाले उर्दू साप्ताहिक 'हिन्दोस्तान' पूर्व सह सम्पादक शान्ति- नारायण इलाहाबाद पहुँच गये। शान्तिनारायण 1901 के दिल्ली दरबार में लॉर्ड किचनर के कैम्प के इन्चार्ज थे। लगभग 1907 में तबादला कलकत्ता आर्मी हेड क्वार्टर हुआ, वहाँ पर अधिकांश गोरे कर्मचारी थे और वह बात-बात में डैम-फूल, ब्लडी-स्वाइन कह देते थे। उसी समय हुए कलकत्ता कांग्रेस अधिवेशन के बाद उन्होंने नौकरी छोड़ दी।*

गणेश जी की पत्रकारिता भी यहीं से शुरू हुई, किन्तु इलाहाबाद में वे सात-आठ महीने तक ही पढ़ पाये थे कि आर्थिक कठिनाइयों तथा गृहस्थी के झंझटों के कारण उन्हें पढ़ना

शान्तिनारायण जी के इलाहाबाद में मित्र रहे पं. सुन्दरलाल अपनी आत्मकथा में लिखते हैं—फौज की नौकरी छोड़ने के बाद शान्तिनारायण ने अपनी पत्नी को अपनी ससुराल रुड़की भेज दिया। पत्नी को अपने पति के मिशन से पूरी हमदर्दी थी। उन्होंने अपने कुल जेवर शान्तिनारायण के सुपुर्द कर दिये जिन्हें बेचकर करीब 1000 रुपये 'स्वराज' निकालने के लिए उनके पास हो गया। लाहौर में ही उन्होंने 'स्वराज' के पोस्टर छपवाये। यू.पी. के शहरों में खुद ही यह पोस्टर चिपकाते हुए वे इलाहाबाद पहुँचे। इलाहाबाद उस वक्त यू.पी. की न सिर्फ कानूनी बल्कि असली राजधानी था। शान्तिनारायण चाहते थे कि जो जिन्दादिली पंजाब में है वही यू.पी. में भी हो। इलाहाबाद पहुँचकर उन्होंने जानसेनगंज मोहल्ले में एक मकान और लिथो प्रेस का इन्तजाम किया और नवम्बर, सन् 1907 में ठीक दीपावली के मौके पर 'स्वराज' का पहला नम्बर प्रकाशित कर दिया। दीपावली के थोड़े दिन पहले लाला लाजपत राय और सरदार अजीत सिंह (सरदार भगतसिंह के चाचा) की माण्डले जेल से रिहाई हुई थी। शान्तिनारायण ने ऐलान किया कि 'स्वराज' का प्रकाशन उस रिहाई की खुशी में किया जा रहा है।

'स्वराज' के ऊपर के सफे पर भारत माता की तस्वीर होती थी, दोनों तरफ शेर थे, शेरों के हाथों में ताज था और यह ताज वे भारत माता के सिर पर रख रहे थे। फौरन ही देशभक्त नौजवानों की एक टोली 'स्वराज' के इर्द-गिर्द जमा होने लगी। शान्तिनारायण ने जिस दिन 'स्वराज' निकाला उसी दिन से उन्होंने अपनी गिरफ्तारी के बाद के लिए एक दूसरे एडिटर की तलाश शुरू कर दी थी। 'स्वराज' के पहले सफे पर उन्होंने एक विज्ञापन देना शुरू किया जो उसके हर नम्बर में छपता था। उस विज्ञापन के शब्द थे—"स्वराज के लिए एक एडिटर चाहिए जो अंग्रेजी और उर्दू का विद्वान् हो, जिसका एक पैर 'स्वराज' के दफ्तर में हो और दूसरा जेल में हो। तनखाह जौ की दो रोटी और एक प्याला पानी, इससे ज्यादा जो उसकी तकदीर में हो।"

'स्वराज' के इर्द-गिर्द नौजवान देशभक्तों की जो टोली जमा हो गयी थी उससे इलाहाबाद के काम में नयी जिन्दगी और नयी बहार आ गयी। शान्तिनारायण ने हम लोगों से जो मदद माँगी वह हमने उन्हें खुशी-खुशी दी। फिर तो उनके साथ ऐसी मोहब्बत हो गयी जो सगे भाइयों में भी देखने को नहीं मिलती। आजकल के लोगों को उस जमाने के देशभक्त अखबारों के प्रकाशन की कैफियत की कल्पना भी नहीं हो सकती। शान्तिनारायण 'स्वराज' के लिए खुद ही लेख लिखते, खुद ही उसे लिथो पर उतारते, खुद ही छापते, खुद ही रैपर लगाते और खुद डाकखाने में जाकर छोड़ आते। कभी मौका मिलता तो घूम-फिरकर उसके लिए ग्राहक भी बनाते। मगर यह काम ज्यादातर हम उनके दोस्तों और हमदर्दों के सुपुर्द था। शान्तिनारायण रोज अट्ठारह-अट्ठारह घण्टे काम करते मगर थकने का नाम भी न लेते।

अभी 'स्वराज' को निकले हुए मुश्किल से चार महीने हुए थे कि खुदीराम बोस को फाँसी की सजा मिली। 17 वर्ष का वह बहादुर नौजवान जिस तरह हँसते-हँसते फाँसी पर चढ़ा उसने देश के हजारों नौजवानों को मोह लिया। 'स्वराज' ने लिखा—'बम क्यों चला?' फिर खुद ही उसका जवाब देते हुए लिखाः 'इसलिए कि रिआया तंग आ रही थी'। शान्तिनारायण ने अपने इस लेख को नज्म की दो लाइनों से खत्म किया। खुदीराम की माँ, विलाप करते हुए कहती हैं:—

"इस तरह फाँसी पर चढ़ कर जान दी।
क्या तुम्हें पाला था इस दिन के लिए?"

बन्द करना पड़ा। गणेश जी की आगे पढ़ने की भी इच्छा थी। वे किसी प्रकार भी पढ़ाई नहीं बन्द करना चाहते थे, किन्तु परिस्थितियों के सामने उनको झुकना पड़ा। इस प्रकार सन् 1907-1913 तक अर्थात् 'प्रताप' के जन्म तक का उनका जीवन उनकी आत्मा का युद्ध था।

इस नज्म पर शान्तिनारायण 7 अप्रैल, 1908 को गिरफ्तार कर लिये गये। उन पर ताजीरात हिन्द की दफा 120बी, 124बी और 153ए के मातहत मुकदमा चला। 8 अप्रैल, 1908 को वे इलाहाबाद के डिस्ट्रिक्ट मजिस्ट्रेट मैकनेयर के इजलास में पेश किये गये। पण्डित मदन मोहन मालवीय जी ने जब सुना तो बाबू पुरुषोत्तमदास टण्डन को शान्तिनारायण की तरफ से वकील बनाकर भेजा, मगर शान्तिनारायण ने मजिस्ट्रेट से साफ-साफ कह दिया कि, "मैंने अपने मुल्क के लिए जो कुछ बेहतर समझा वह किया है अब आप अपने मुल्क के लिए जो कुछ बेहतर समझें करें।"

नतीजा यह हुआ कि शान्तिनारायण को चार बरस की सख्त सजा और एक हजार रुपये जुर्माना किया गया। थोड़े दिनों तक वे नैनी जेल में रखे गये, फिर बाद में आगरा सेण्ट्रल जेल भेज दिये गये।

शान्तिनारायण के जेल जाने के बाद हम सब साथियों ने आपस में सलाह-मशविरा किया। यह तय पाया गया कि 'स्वराज' के प्रकाशन का काम तो रामदास सरालिया देखें और एडिटरी का काम बाबूराम हरी करें। बाबूराम हरी आज तो 68 बरस के बूढ़े और बीमार हैं। उस समय वे 18 बरस के नौजवान थे। मँझोला छरहरा बदन, गोरा रंग, सुर्ख गाल, अभी उनकी मसें तक नहीं भींगी थीं हरी का अल्लाह स्वभाव साथियों की टोली में जिन्दगी फूँक देता था। कुल जमा दो पर्चे 'स्वराज' के उनकी एडिटरी में निकले।

...इस नम्बर के छपने के एक हफ्ते बाद भी हरी गिरफ्तार कर लिये गये। उन पर भी ताजीरात हिन्द की वही दफाएँ लगायी गयीं जो शान्तिनारायण पर लगायी गयी थीं। डिस्ट्रिक्ट मजिस्ट्रेट मैकनेयर हैरान था कि इस मासूम नौजवान के खिलाफ ब्रिटिश सरकार को उलटने की साजिश का ऐसा जबरदस्त इलजाम क्यों लगाया गया है? मगर फौरन ही उनकी गलतफहमी दूर हो गयी। उसने समझ लिया कि इन्कलाब की धधकती हुई लपटें इस नौजवान के सीने में उठ रही हैं। हरी ने अपने बयान में कहा—"जब तक हिन्दुस्तान गुलाम है तब तक हिन्दुस्तान के हर बाशिन्दे का यह फर्ज है, खासकर हिन्दुस्तान के नौजवानों का कि वह हर मुमकिन तरीकों से विदेशी हुकूमत को उखाड़ फेंकने की कोशिश करें और इस कोशिश में अपने-आपको फना कर देने के लिए तैयार रहें।"

मुकदमे की खानापूरी कर ली गयी और हरी को सात बरस के काले पानी की सजा सुना दी गयी। बाद में जेल में झगड़ा होने पर सजा और बढ़ा दी गयी। हरी को अण्डमान भेज दिया गया। सजा सुनने पर हरी को थोड़ी मायूसी हुई कि इतनी कम सजा उन्हें क्यों दी गयी। उन्होंने मजिस्ट्रेट से कहा कि ताजीरात हिन्द की जो धारा उन पर लगायी गयी है मजिस्ट्रेट उसके मातहत फाँसी की सजा दे सकता था। फिर क्यों उन्हें सिर्फ काले पानी की सजा मिली? अदालत से चलते वक्त मजिस्ट्रेट को उन्होंने यह शेर सुनाया—

आह! सय्याद तू आया मेरे पर काटने को!
मैं तो खुश था कि छुरा लाया है सर काटने को!

बाबूराम हरी के बाद जल्दी-जल्दी 'स्वराज' के सम्पादक बदलते गये, गिरफ्तार होते गये और लम्बी-लम्बी सजाएँ उन्हें मिलती गयीं। देहरादून के देशभक्त बैरिस्टर बुलाकी रामजी के

नौकरी के लिए विद्यार्थी जी प्रयाग से लौटकर कानपुर ले आये और करेन्सी ऑफिस (जहाँ से सिक्के तथा नोट निकाले जाते हैं) में 6 फरवरी, 1908 को नौकरी कर ली। उस समय गणेश जी को 30 रुपये मासिक मिलते थे। करेन्सी में वे अपना काम बड़ी सफाई और परिश्रम से किया करते थे। अध्ययन के प्रति रुचि होने से वे अवकाश के क्षणों में पुस्तकें भी पढ़ा करते थे। एक बार गणेश जी को जीर्ण-शीर्ण नोटों के जलाने का काम मिला। वे उनके जलाने का प्रबन्ध कर वहीं किताब खोलकर पढ़ने लगे। इतने में उनका अंग्रेज अफसर आ गया और गणेश जी को पुस्तक पढ़ता देखकर वह उनसे विवाद करने लगा। उसने उनसे कई प्रश्न पूछे, वे सबका उत्तर निर्भीकता से देते रहे। उनसे अधिकार के मद में आकर कहा, "मैं अपने अधीन लोगों का निरंकुश शासक हूँ।" गणेश जी स्वाभिमानी व्यक्ति थे वह कैसे सह सकते थे। उन्होंने नौकरी से 26 नवम्बर, 1909 को त्याग-पत्र दे दिया।

गणेश जी की शादी 4 जून, 1909 को मुन्शी विशेश्वरदयाल कानूनगो की पौत्री के साथ हरबंशपुर तहसील सोराँव जिला इलाहाबाद में हुई थी। जब गणेश जी करेन्सी

पुत्र नन्दगोपाल 'स्वराज' के तीसरे सम्पादक थे। नन्दगोपाल गम्भीर और संजीदा तबीयत के नौजवान थे। नन्दगोपाल को दस बरस के काले पानी की सजा मिली। नन्दगोपाल के बाद मुन्शीराम 'सेवक', रामचरण और लद्दा राम कपूर 'स्वराज' के सम्पादक की गद्दी पर आये। दस बरस से लेकर काले पानी तक की सजाएँ हासिल कीं और हँसते हुए जेलखाने की दीवारों के भीतर चले गये। इसी बीच अधिकारियों ने रामदास सरालिया को भी गिरफ्तार कर लिया और जेलखाने भेज दिया। सरालिया के बाद अमीरचन्द बमवाल 'स्वराज' के आठवें एडिटर की हैसियत से इलाहाबाद आये। इधर कैफियत यह थी कि खोज-खोजकर 'स्वराज' के ग्राहकों को पुलिस परेशान कर रही थी। उन्हें हर तरह से धमकियाँ दी जा रही थीं। मगर जैसा नायाब अखबार था और जैसा नायाब उसके एडिटर थे वैसे ही नायाब उसके ग्राह ग्राहक भी साबित हुए। कोई अपनी जगह से टस-से-मस नहीं हुए।

आखिर भारत सरकार को नये प्रेस ऐक्ट का सहारा लेना पड़ा। यह प्रतिक्रियावादी कानून सन् 1910 का प्रेस ऐक्ट कहलाता है। इस कानून के मातहत पुलिस ने छापा मारकर 'स्वराज' को प्रेस से जब्त कर लिया, दफ्तर पर ताला डाल दिया और अखबारों का प्रकाशन गैर कानूनी कर दिया। रौलट कमेटी की रिपोर्ट ने इस सम्बन्ध में अपनी नीचे लिखी टिप्पणी दी है–

"यू.पी. के शान्त सूबे में सबसे पहला जोरदार और लगातार क्रान्तिकारी आन्दोलन नवम्बर, 1907 में इलाहाबाद से 'स्वराज' के प्रकाशन यू.पी. ही के रहनेवाले शान्तिनारायण नाम के एक शख्स ने शुरू किया। शान्तिनारायण पहले पंजाब के एक समाचार-पत्र के उपसम्पादक थे और लाजपत राय और अजीतसिंह की रिहाई की खुशी में उन्होंने यह अखबार निकाला। शुरू से ही इस अखबार का रुख सरकार के खिलाफ था। उसका सरकार विरोध धीरे-धीरे तेज होता गया। आखिर में शान्ति नारायण को मुजफ्फरपुर हत्याकाण्ड पर आपत्तिजनक लेख लिखने के लिए लम्बी कैद की सजा दे दी गयी। मगर 'स्वराज' एक के बाद दूसरा आठ सम्पादकों के सम्पादन में बराबर जहर उगलता रहा। इन सम्पादकों में से तीन को आपत्तिजनक लेख लिखने के लिए काले पानी की सजाएँ मिलीं और बाकी को लम्बी-लम्बी कैद की सजा मिली।" (स्रोत–पुस्तक : "कर्मवीर पण्डित सुन्दरलाल सद्भावना हेतु" बनारसीदास चतुर्वेदी विशम्भरनाथ पाण्डे सम्पादक)

ऑफिस में नौकरी करते थे, तब भी प्रयागनारायण शिवाला में स्थित राय देवीप्रसाद 'पूर्ण' के वाचनालय में समाचार-पत्र पढ़ने जाया करते थे। यहीं पर उनकी भेंट नारायण प्रसाद अरोड़ा से हुई, जो पण्डित पृथ्वीनाथ मिडिल स्कूल में अध्यापक थे। दोनों में मित्रता का परिणाम था कि वे कानपुर के पृथ्वीनाथ मिडिल स्कूल (अब पी पी एन डिग्री कॉलेज) में करेन्सी ऑफिस की नौकरी छोड़ने के बाद 1 दिसम्बर, 1909 ईस्वी से 20 रुपये मासिक पर अध्यापक हो गये। उन्हीं दिनों महावीरप्रसाद द्विवेदी ने जो जूही में रहते थे, नारायण प्रसाद अरोड़ा से कहा कि वे अपने मित्र गणेशशंकर की कोई रचना 'सरस्वती' में भिजवायें। और उन्होंने 'आत्मोत्सर्ग' (परिशिष्ट–1) के नाम से एक लेख लिखा जो 1909 की 'सरस्वती' में छपा। "इसी समय उन्होंने दिल्ली-दरबार के सम्बन्ध में एक बड़ा लेख लिखा, जो कलकत्ते की 'हितवार्त्ता' में छपा। बात यह थी कि दिल्ली-दरबार के समय बड़ौदा-नरेश ने दरबार की प्रथा के खिलाफ कोई आचरण किया; परन्तु था वह आत्माभिमान से भरा हुआ। इस पर अख़बारवालों ने बड़ौदा-नरेश की बड़ी आलोचना की। विद्यार्थी जी को अखबारवालों का यह ढंग बड़ा बुरा लगा और इसी के सम्बन्ध में बिलकुल निष्पक्ष भाव से उन्होंने यह लेख लिखा।"[4] "उन दिनों सुन्दरलाल के क्रान्तिकारी पत्र 'कर्मयोगी' की बड़ी धूम मची थी, 'कर्मयोगी' को बम-विस्फोट-सा समझा जाता था। विद्यार्थी जी 'कर्मयोगी' में लिखने के साथ-साथ, पाठक और प्रचार-प्रसार व बिक्री के लिए अरोड़ा जी के साथ संयुक्त रूप से पत्र की एजेन्सी भी ले ली थी। एक बार स्कूल में अवकाश के समय विद्यार्थी जी कक्षा में बैठे 'कर्मयोगी' पढ़ रहे थे। हेडमास्टर सजीवनलाल ने आकर देख लिया, उन्होंने क्लास में पढ़ने पर आपत्ति की। बस वाद-विवाद छिड़ गया और विद्यार्थी जी ने 5 सितम्बर, 1910 को यहाँ से त्याग-पत्र दे दिया। इसके उपरान्त कुछ दिन उन्हें कानपुर के उदार विचारोंवाले एक उद्योगपति लाला रामगोपाल के निजी सचिव तथा हिन्दुस्तान इन्श्योरेन्स कम्पनी में क्लर्की जैसी नौकरी करनी पड़ी। जो रुपया बीमा कम्पनी से मिला, उससे उन्होंने होम्योपैथिक किताबें और बक्स आदि खरीद लिये। पड़ोसियों और अपने कुटुम्ब के लोगों को वह आवश्यकतानुसार दवा दिया करते थे।

उन्हीं दिनों कानपुर में 'हिन्दू फ्रेण्ड एसोसिएशन'[5] नामक संस्था के सदस्य महाशय काशीनाथ जो लाहौर में पं. सुन्दरलाल के सहपाठी रह चुके थे विद्यार्थी जी के पृथ्वीनाथ स्कूल से अध्यापकी छोड़ने का समाचार महाशय काशीनाथ ने महावीरप्रसाद द्विवेदी को दी। द्विवेदी जी को उन दिनों एक सहायक की आवश्यकता थी और उन्होंने विद्यार्थी जी को 2 नवम्बर, 1911 से 25 रुपये, मासिक पर 'सरस्वती' के सम्पादन कार्य में अपना सहायक बना लिया। 'सरस्वती' में गणेश जी को पत्रकारिता का उचित मार्गदर्शन तो प्राप्त हुआ, परन्तु 'सरस्वती' उनके राजनीतिक विचारों का वाहक नहीं हो सकी। जिस कारण से गणेश जी ने 'अभ्युदय' जो एक राजनीतिक पत्र था में काम

करना स्वीकार कर लिया। महावीरप्रसाद द्विवेदी का मानना था कि 'सरस्वती' में उनकी कीर्त्ति सुनकर 'अभ्युदय' वालों ने उन्हें बुलाया और गणेश जी ने स्वीकार कर लिया। वेतन उनके लिए गौण रहा। गणेश जी बहुत दिनों से कानपुर में एक राजनीतिक पत्र निकालना चाहते थे और जब उन्हें 'अभ्युदय' का निमन्त्रण मिला तो उन्होंने उसे स्वीकार कर लिया। उन्होंने 'अभ्युदय' में 9 दिसम्बर, 1912 से लेकर 23 सितम्बर, 1913 तक ही काम किया। 'अभ्युदय' में वे अग्रलेख भी लिखते थे और टिप्पणियाँ भी। उनके समय में 'अभ्युदय' की प्रसार संख्या में भी वृद्धि हुई।

श्रीराम शर्मा जी ने अन्यत्र लिखा है—"अभ्युदय की आर्थिक स्थिति कुछ बिगड़-सी गयी और मालवीय-परिवार ने उसे बेचने का विचार किया। सस्ते दामों पर बिकाने की आशंका थी। युवा गणेशशंकर ने अभ्युदय को स्वयं मोल लेने का प्रयत्न किया और अपने प्रिय मित्र पण्डित शिवनारायण मिश्र को रुपये प्रबन्ध करने के लिए लिखा। पर अभ्युदय की बिक्री रोक दी गयी और मिश्र जी के प्रयत्न निरर्थक ही रहे।"[6]जब वह 'अभ्युदय' में थे तब बीमार पड़ गये और कानपुर लौट आये। कानपुर आकर फिर इलाहाबाद जाने की उनकी इच्छा नहीं हुई।

गणेश जी, शिवनारायण मिश्र तथा नारायणप्रसाद अरोड़ा के सहयोग से 'देवोत्थान एकादशी विक्रम संवत् 1970 यानी 9 नवम्बर, 1913 को साप्ताहिक 'प्रताप' को प्रकाशित कर दिया। प्रारम्भ में इसके चार साझीदार थे—गणेशशंकर विद्यार्थी, नारायण-प्रसाद अरोड़ा, शिवनारायण मिश्र और कारोनेशन प्रेस के मालिक पण्डित यशोदानन्दन। उन्हें साझीदार इसलिए रखा गया था कि उनके प्रेस में ही अखबार छपाया जाये। चारों भागीदारों ने सौ-सौ रुपये की पूँजी लगायी। नारायणप्रसाद अरोड़ा मैनेजर, विद्यार्थी जी सम्पादक और शिवनारायण मिश्र मुद्रक तथा प्रकाशक हुए। "अखबार की शुरुआत टेब्लॉयड से बड़े आकार में 16 पृष्ठों से हुई। उस समय 'प्रताप' का कार्यालय शहर के एक छोर पर पीली कोठी में रखा गया था। सोलह अंकों के बाद, छपाई का भुगतान समय से न हो पाने के कारण यह व्यवस्था रुक गयी। यशोदानन्दन ने अपना हिस्सा भी वापस ले लिया। लगभग साल भर बाद नारायणप्रसाद अरोड़ा भी अपना निजी अखबार निकालने के इरादे से अलग हो गये। बाकी बचे विद्यार्थी जी और शिवनारायण जी। उनका तो संकल्प ही था 'प्रताप।'"[7]

विद्यार्थी जी के प्रथम जीवनीकार दिवंगत देवव्रत शास्त्री के शब्दों में—"पास में पैसा नहीं, अपना प्रेस नहीं, दूसरे प्रेसवाले छापने को तैयार नहीं और अखबार निकलना ही चाहिए। पर विद्यार्थी जी इससे जरा भी विचलित न हुए।...इस समय कानपुर के प्रसिद्ध विद्वान् काशीनाथ से काफी मदद मिली।...इस तरह करोनेशन प्रेस की छपाई की बकाया रकम अदा की गयी और एक छोटा-सा अपना प्रेस भी खड़ा कर लिया गया।[8] जल्द ही साप्ताहिक 'प्रताप' का कार्यालय भी पीली कोठी से उठकर फीलखाना मोहल्ले के एक

अँधेरे और टूटे-फूटे मकान में आ गया (यहीं पर लखनऊ अधिवेशन से लौटते समय गाँधी जी दो दिन रुके थे।) जिसका किराया चार रुपये महीना था। यहाँ पर 'प्रताप' कार्यालय अन्तिम समय (1964) तक रहा। इस परिवर्तन के बावजूद 'प्रताप' की आर्थिक दशा में कोई सुधार नहीं हुआ। कुर्सी, मेज खरीदने की सामर्थ्य न थी, दरी और चटाई पर बैठकर सम्पादन, प्रबन्धन और डिस्पैच के सब काम अंजाम दिये जाते थे।

'प्रताप' की नीति के विषय में उन्होंने लिखा था कि, "हमारी यह कोशिश होगी कि हमारे देशवासियों के रास्ते से वे तमाम रुकावटें और कठिनाइयाँ दूर हो जायें, जिनके कारण हिन्दुस्तानी उच्च-से-उच्च पद और मान को नहीं पा सकते। जिन देशों में अंग्रेजी झण्डा फहराता है, उनमें एक ही राजा की प्रजा होने के नाते से, हमारे समान अधिकार होने चाहिए। हम सरकार और प्रजा के सम्बन्ध को ज्यादा मजबूत बनाने का प्रयत्न करेंगे। प्रजा की सच्ची शिकायतों और तकलीफों को गवर्नमेण्ट तक पहुँचाने में हम कभी किसी से पीछे नहीं रहेंगे। इस काम के लिए हमें अपने अस्तित्व तक की परवाह नहीं होगी, क्योंकि हम होना और न होना उस दिन बराबर मानेंगे जिस दिन हम अपने-आपको इस काम के लिए तैयार न पावेंगे। हम न्याय में राजा और प्रजा दोनों का साथ देंगे, परन्तु अन्याय में दोनों में से किसी का भी नहीं।"

पत्रकारिता में गणेश जी के गुरु पं. महावीरप्रसाद द्विवेदी के ये शब्द 'प्रताप' के आदर्श एवं ध्येय वाक्य थे, जो 'प्रताप' के प्रत्येक अंक के मुख्य पृष्ठ में छपा रहता था—

जिसको न निज गौरव तथा निज देश का अभिमान है
वह नर नहीं, नर पशु निरा है और मृतक समान है।

यद्यपि 'प्रताप' की ओर से उन्हें जीवनयापन के लिए मात्र तीस रुपये मिलते थे। लेकिन उनका काम केवल सम्पादन करना ही नहीं था। मैथिलीशरण गुप्त ने अपने संस्मरण में लिखा है, "शिवनारायण जी ने मुझे बताया कि गणेश जी केवल सम्पादक ही नहीं, 'प्रताप' के क्लर्क भी हैं। कभी-कभी पर प्लाईब्वाय का काम भी उन्हें करना पड़ता है। मैंने हँसकर पूछा कि उस समय आप क्या करते हैं? बोले—"मैं रोला लेकर फार्म पर स्याही देता हूँ।" 'प्रताप' गणेश जी का मानसपुत्र था।

1915 में रात के समय प्रताप प्रेस, विद्यार्थी जी और मिश्र जी के घरों पर पुलिस का छापा पड़ा और जर्मन जासूस की राम कहानी, कुछ चिट्ठियाँ हिसाब की किताब, ग्राहकों के पते का रजिस्टर और अन्य जरूरी कागजात उठवा लिये गये। लक्ष्मणसिंह चौहान (कवयित्री सुभद्रा कुमारी चौहान के पति) का नाटक 'कुली प्रथा' 'प्रताप' से छपकर आया। उसे भी सरकार ने तुरन्त जब्त कर लिया और प्रेस ऐक्ट के तहत 30 अक्टूबर, 1916 को 'प्रताप प्रेस' से 1000 रुपये की जमानत तलब की गयी। फिर बिहार के चम्पारण में नील की खेती करनेवाले किसानों पर निलहों के अत्याचार का

घोर विरोध करते हुए 'प्रताप' में लेखों का सिलसिला शुरू कर दिया। 'चम्पारण का उद्धार' शीर्षक एक पुस्तक भी 'प्रताप प्रेस' से आयी। इस प्रकरण में 9 अगस्त, 1917 को सरकार की ओर से 'प्रताप' अखबार और प्रेस को हिदायत दी गयी। 22 अप्रैल, 1918 को 'प्रताप' में छपी नानक सिंह 'हमदम' की कविता 'सौदा-ए-वतन' को राजद्रोहात्मक करार देकर 'प्रताप' द्वारा जमा की गयी 1000 रुपये की जमानत जब्त कर ली गयी। यह एक ऐसा आर्थिक झटका था जिसे बर्दाश्त करने के लिए कुछ वक्त चाहिए था। दोबारा जमानत जमा करने तक अखबार का प्रकाशन जारी रखना सम्भव नहीं था और तत्काल 1000 रुपये का प्रबन्ध भी नहीं हो सकता था। इसलिए एक महीने तक अखबार का प्रकाशन बन्द करना पड़ा।

जब 8 जुलाई, 1918 को 'प्रताप' में अखबार के साहस और सरकारी दमन-नीति का पूरा ब्योरा छपा था। पाठकों, ग्राहकों और आम जनता पर इसका इतना गहरा असर पड़ा कि लोग मुक्तहस्त 'प्रताप' को आर्थिक सहयोग भेजने लगे। देखते-देखते 8000 रुपये का फण्ड एकत्र हो गया। खुला जनसहयोग देखकर विद्यार्थी जी के मन में विचार उठा कि अब 'प्रताप' मात्र दो व्यक्तियों का उपक्रम नहीं है। इसके साथ एक सामूहिक स्वदेशी शक्ति आ जुटी है। इसलिए 15 मार्च, 1919 को 'प्रताप ट्रस्ट' का रजिस्ट्रेशन कराया गया, जिसके ट्रस्टियों में थे—गणेशशंकर विद्यार्थी, शिवनारायण मिश्र वैद्य, मैथिलीशरण गुप्त, जवाहरलाल रस्तोगी और लाला फूलचन्द। तय हुआ कि सम्पादन का दायित्व स्वतन्त्र रूप से गणेशशंकर विद्यार्थी का होगा और मुद्रक-प्रकाशक शिवनारायण मिश्र होंगे।

आठवें वर्ष में 'प्रताप' ने साप्ताहिक से आगे बढ़कर दैनिक पत्र का रूप ले लिया। दैनिक के रूप में 'प्रताप' का पहला अंक 23 नवम्बर, 1920 को आया। 13 जनवरी, 1921 को 'प्रताप' में अवध किसान-आन्दोलन के दौरान रायबरेली के मुन्शीगंज गोलीकाण्ड पर 'डायरशाही' शीर्षक से लेख लिखा गया। फलस्वरूप ताल्लुकेदार वीरपाल सिंह ने 'प्रताप' पर मानहानि का मुकदमा किया। इस मुकदमे में करीब 30 हजार रुपये ही नहीं खर्च हुए दौड़-भाग भी बहुत करनी पड़ी। नतीजतन 6 जुलाई, 1921 का अंक निकालने के बाद 'प्रताप' के दैनिक संस्करण को बन्द करना पड़ा। इस केस में गणेश जी और शिवनारायण मिश्र दोनों को अवध के किसानों की आवाज बनने के कारण जेल भी जाना पड़ा।

इस दौरान कृष्णदत्त पालीवाल एम.ए. 3 मई, 1921 से 'प्रताप' के मुद्रक, प्रकाशक और सम्पादक हुए और उसके बाद दो अंकों का सम्पादन बालकृष्ण शर्मा 'नवीन' ने किया फिर अक्टूबर, 1923 से 3 मार्च, 1924 तक माखनलाल चतुर्वेदी जी ने 'प्रताप' का सम्पादन किया और पालीवाल जी के बाद मुद्रक और सुरेन्द्र शर्मा जी हुए और 31 जुलाई तक रहे। इसके अतिरिक्त समय-समय पर प्रकाशनारायण शिरोमणि और श्रीनिवास बाला जी हार्डीकर गणेश जी के जेल जाने पर 'प्रताप' के सम्पादक रहे।

'प्रताप' के साथ मासिक पत्रिका 'प्रभा' भी विद्यार्थी जी की थी। इस पत्रिका को पहले 7 अप्रैल, 1913 से खँडवा में कालूराम गंगवाडे जी प्रकाशित करते थे और मुद्रण पुणे से होता था। 'प्रभा' को वास्तव में माखनलाल चतुर्वेदी और गंगवाडे जी ने मिलकर प्रारम्भ की थी। 'प्रभा' से पत्रकारिता की शुरुआत करनेवाले माखनलाल चतुर्वेदी जी पत्रिका के सह-सम्पादक थे। माखनलाल जी ने इस पत्रिका में अपनी सभी जमा-पूँजी लगा दी थी। आरम्भिक दिनों में 'प्रभा' एक सफ़ल पत्रिका रही, लेकिन 1916 की शुरुआत में चतुर्वेदी जी को 'प्रभा' का प्रकाशन बन्द करना पड़ा। जब यह बात गणेश जी को पता चली, तो उन्होंने माखनलाल चतुर्वेदी को प्रताप प्रेस में बुला लिया, और 'प्रभा' जनवरी, 1920 से मई, 1925 से प्रताप-परिवार की पत्रिका के रूप में निकली। उसके सम्पादकों में गणेश जी के अलावा बालकृष्ण शर्मा 'नवीन', कृष्णदत्त पालीवाल भी रहे। प्रताप प्रेस से 'प्रभा' का पुनर्प्रकाशन-काल में उसका स्वभाव राजनीतिक और साहित्य का सम्बन्ध में रहना। न शुद्ध राजनीतिक न शुद्ध साहित्यिक। 'प्रभा' ने भाषा और साहित्य के विकास में उल्लेखनीय भूमिका अदा करने के साथ-साथ लेखकों की एक पूरी पीढ़ी भी विकसित की। प्रेमचन्द की अनेक कहानियाँ 'प्रभा' में प्रकाशित हुईं, मैथिलीशरण गुप्त, माखनलाल चतुर्वेदी, 'सनेही', निराला और सियारामशरण गुप्त की कविताएँ उसमें छपीं। हरिऔध और रामचन्द्र शुक्ल, पाण्डेय बेचन शर्मा 'उग्र', विश्वम्भरनाथ शर्मा कौशिक, सम्पूर्णानन्द आदि उसके नियमित लेखक थे।[9]

गणेशशंकर विद्यार्थी केवल चालीस वर्ष के ही थे जब उनका बलिदान हो गया। लेखक तथा पत्रकार के रूप में उन्होंने बीस-इक्कीस वर्ष बिताये परन्तु इस छोटे-से काल में वे अपने समय के श्रेष्ठ पत्रकार माने जाने लगे। वे लोकमान्य तिलक, अरविन्द घोष या लाला लाजपत राय की परम्परा के जुझारू पत्रकार थे। उन्होंने पत्रकारिता की स्वाधीनता तथा अस्मिता की ही रक्षा नहीं की, बल्कि उसे सर्वगुण-सम्पन्न बनाया। हिन्दी दैनिक पत्रकारिता के आदि गुरु पं. मदनमोहन मालवीय और साहित्यिक पत्रकारिता के मुकुटमणि पं. महावीरप्रसाद द्विवेदी थे और शान्तिनारायण जिन्होंने 'स्वराज' के द्वारा पत्रकारिता को ब्रिटिश सरकार के विरुद्ध एक शक्तिशाली अस्त्र के रूप में विकसित किया था। विद्यार्थी जी का सौभाग्य था कि उन्हें इन तीनों दिग्गजों से सीखने का, प्रेरणा प्राप्त करने का अवसर मिला। उनका पहला लेखन 'स्वराज' से ही प्रारम्भ हुआ, महावीरप्रसाद द्विवेदी जी को उन्होंने 'सरस्वती' के सम्पादन में सहायता दी और राजनीतिक पत्रकारिता में अपना हाथ माँजने के लिए, उन्होंने पं. मदनमोहन मालवीय के 'अभ्युदय' की सेवा की। परिणामस्वरूप विद्यार्थी जी में इन तीनों के गुण सम्मिलित थे।

'प्रताप' की शुरुआत से पहले हिन्दी पत्रकारिता के भीष्म पितामह गणेशशंकर विद्यार्थी की पृष्ठभूमि को समझना भी आवश्यक है। गौरतलब है कि गणेश जी ने पत्रकारिता 'स्वराज' से आरम्भ किया था। उर्दू साप्ताहिक 'स्वराज' से सरकार इतनी

रुष्ट थी कि उसके एक के बाद एक आठ सम्पादकों (शान्तिनारायण, बाबूराम हरी, नन्दगोपाल चोपड़ा, मुन्शीराम सेवक, रामदास सरालिया, अमीरचन्द बमवाल, रामचरण, लद्दा राम कपूर) को जेल भेजा गया, जिनमें सबसे कम सजा पानेवाले सम्पादक को तीन साल की कड़ी कैद की सजा दी गयी और कई को काले पानी की सजा सुनायी गयी। जब जेल जाने के दण्ड से 'स्वराज' का प्रकाशन नहीं रुका तब भारत सरकार ने 1908 और 1910 के प्रेस कानूनों के अन्तर्गत इन समाचार-पत्रों से बड़ी-बड़ी जमानतें माँगकर इसे बन्द कर दिया। 'स्वराज' कुल ढाई साल चल सका। इन्होंने विद्यार्थी जी की पत्रकारिता के आयाम निश्चित किये थे। अपनी बात दबंगई से कहना, परिणाम से न डरना, पत्रकारिता को भारत की जनता की सेवा और मुक्ति का एक माध्यम मानना और उसे व्यक्तिगत लाभ या स्वार्थ का साधन न समझना। ये मर्यादाएँ ऐसी थीं जिसका पालन करना साधारणतया कठिन है और जिस समय विद्यार्थी जी पत्रकारिता के काम में लगे हुए थे, देश में अनेक पत्र और पत्रकार थे। किन्तु वे इन मर्यादाओं पर चलने का साहस नहीं कर सकते थे।

उन्होंने 16 मई, 1930 को विष्णुदत्त शुक्ल की पुस्तक 'पत्रकार कला' की भूमिका में लिखा था—"संसार के अधिकांश समाचार-पत्र पैसे कमाने और झूठ को सच और सच को झूठ सिद्ध करने में उतने ही लगे हुए हैं, जितने कि संसार के बहुत-से चरित्रशून्य व्यक्ति।—इस देश में भी दुर्भाग्य से समाचार-पत्र और पत्रकारों के लिए यही मार्ग बनता जाता है। हिन्दी पत्रों के सामने भी यह लकीर खींचती जा रही है। यहाँ भी अब बहुत-से समाचार-पत्र सर्वसाधारण के कल्याण के लिए नहीं रहे, सर्वसाधारण उनके प्रयोग की बहुत वस्तु बनते जा रहे हैं। एक समय था, इस देश में साधारण आदमी सर्वसाधारण के हितार्थ एक ऊँचा भाव लेकर पत्र निकालता था और उस पत्र को जीवन क्षेत्र में स्थान मिल जाया करता था। आज वैसा नहीं हो सकता। आपके पास जबर्दस्त विचार हों और पैसा न हो और पैसेवालों का बल न हो तो आपके विचार आगे न फैल सकेंगे, आपका पत्र न चल सकेगा। इस देश में भी समाचार-पत्रों का आधार धन हो रहा है।"

विद्यार्थी जी स्वयं तो श्रेष्ठ पत्रकार थे ही उन्होंने 'प्रताप' को श्रेष्ठ पत्रकारों का प्रशिक्षण केन्द्र बना दिया था। उनके अनेक साथी अपने-अपने समय में हिन्दी के प्रथम कोटि के सम्पादक बने। ये थे—बालकृष्ण शर्मा 'नवीन', पं. श्रीकृष्णदत्त पालीवाल, माखनलाल चतुर्वेदी, देवव्रत शास्त्री, दशरथप्रसाद द्विवेदी, प्रकाशनारायण शिरोमणि, हरिशंकर विद्यार्थी, श्रीराम शर्मा, काकोरी काण्ड से जुड़े रहे क्रान्तिकारी सुरेन्द्र भट्टाचार्य और रामदुलारे त्रिवेदी, श्रीनिवास बालाजी हार्डीकर तथा अनेकों अन्य।

गणेश जी के बाद 'प्रताप' के सम्पादक रहे बालकृष्ण शर्मा 'नवीन' जी ने जब मैट्रिक की परीक्षा पास की, पिता का निधन हो चुका था। अस्तु, माँ ने चाहा कि वह

भी पिता जी की तरह कथावाचक बने और उनके पास रहे। परन्तु नवीन जी ने माँ से कहा कि, "भगवान् की झारी तू भर। मैं तो अब भारत माता की झारी भरूँगा और इस जीवन को देश के लिए अर्पित करूँगा।" और नवीन जी आगे पढ़ना चाहते थे, उन्हें गणेश जी याद आ गये जिनसे वह संयोगवश 1916 में लखनऊ कांग्रेस अधिवेशन पर मिले थे और उन्होंने सहायता का यथोचित आश्वासन भी दिया था। जून, 1917 को नवीन जी उज्जैन से विद्यार्थी जी के पास कानपुर चले आये, गणेश जी ने उनका प्रवेश क्राइस्ट चर्च कॉलेज में एफ.ए. में करा दिया और बीस रुपये मासिक की एक ट्यूशन का भी प्रबन्ध कर दिया। 'प्रताप प्रेस' निवास स्थल व गणेश जी अभिभावक बने। कालान्तर में 1927 के काकोरी केस के वीरों पर गणेश जी और नवीन जी दोनों लोगों ने 'प्रताप' के एक ही अंक में लेख लिखा। दोनों के लेखों में गुरु-चेले का अन्तर तो अवश्य है, पर 'चेला तो शक्कर निकला।'[10]

समाजसेवी गणेश जी से "मिलने के लिए आनेवालों के साथ उनका व्यवहार बड़ा मधुर था। अधिकांश में उनके पास दुःखी और सताये हुए लोग ही आते थे। उनके साथ बड़ा ही सहानुभूतिपूर्ण व्यवहार करते थे और उनकी सेवा के लिए प्रयत्न भी करते थे। उनके पास आकर कोई बिरला ही अभागा विमुख होकर लौटा होगा।"[11] यह महत्त्वपूर्ण इसलिए है कि वह साधन सम्पन्न नहीं थे। अधिकार, पद या धन कुछ भी नहीं था उनके पास। इन सबके अभाव में दूसरों के दुःख का भार उठाये घूमते रहते थे। खुद उनकी हालत क्या थी? ब्रिटिश राज्य, देसी रियासतों, सरकारी नौकरशाही इन सब के अत्याचारों, निरंकुश कार्यों के विरोध में जाने के लिए हर समय उन्हें तैयार रहना पड़ता...जेल, जुर्माना, 'प्रताप' की जमानत जब्ती आदि कितनी ही दुर्दशाएँ उन्हें घेरे रहतीं। कभी-कभी लगता, 'प्रताप' की नाव अब डूबने ही वाली है, पर हर बार विद्यार्थी जी अपने धैर्य की बुलन्द पतवार से उसे बचा लेते। घर की हालत सबसे बुरी रहती। पिता को दमा के दौरे, पर पुष्टिकारक दवा का साधन नहीं। घर में इतनी जगह नहीं कि सब एक साथ रह सकें। गणेश जी के साथी रहे कृष्णदत्त पालीवाल जी के अनुसार, "घर में जगह की कमी से उसने कितनी ही दुपहरिया फूलबाग (कानपुर) की बेंचों पर बितायी।"[12] इन सबका न मलाल, न रंज।

काकोरी केस में क्रान्तिकारी ठाकुर रोशन सिंह को फाँसी हुई। उनकी विधवा पत्नी के अतिरिक्त घर में एक युवा कन्या भी थी। पैसे की कमी, संरक्षक का अभाव एवं विपन्नता अवरोध रूप में सामने खड़ी थी। ऐसी स्थिति में एक शिक्षित युवक क्रान्तिवीर की बेटी से विवाह हेतु आगे आया परन्तु स्थानीय दारोगा ने युवक को धमकी दी कि अब तुम्हारे पीछे भी पुलिस पड़ेगी क्यों झंझट में पड़ते हो? युवक डर गया। यह घटना जब गणेश जी को पता चली तो उन्होंने उन अधिकारियों से जाकर बात की, उन्हें समझाया कि यदि आप उस क्रान्तिकारी के स्थान पर होते तो क्या आपको यह अच्छा

लगता? यदि आप किसी के आँसू पोंछ नहीं सकते तो रुलाने का भी अधिकार नहीं है। पुलिस अधिकारी पानी-पानी हो गया उसने क्षमा माँगी। बाद में ठाकुर रोशन सिंह की लड़की की बारात आयी। आतिथ्य का सारा भार दारोगा जी ने स्वयं वहन किया। पर अब जब विवाह के समय यह प्रश्न उठा कि लड़की का पिता कौन है? तब तपस्वी सम्पादक (गणेशशंकर विद्यार्थी) ने आगे आकर कहा, "रोशन सिंह के अभाव में लड़की का पिता मैं हूँ।"[13] ऐसे थे गणेश जी।

हिन्दी पत्रों की भाषा कैसी होनी चाहिए इसके लिए गणेश जी ने आदर्श मानक स्थापित किये। वे हिन्दी-उर्दू दोनों में समान ढंग से लिख सकते थे। प्रसिद्ध पत्रकार जगदीश प्रसाद चतुर्वेदी के अनुसार, "अग्रलेख, विशेष लेख और समाचार में 'प्रताप' की शैली ने आगामी हिन्दी पत्रकारों का मार्ग प्रशस्त किया। यदि हिन्दी पत्रों में यही शैली प्रचलित रहती—जो हिन्दी-भाषी क्षेत्र की अपनी असली शैली थी—और गुरुकुलों अथवा संस्कृत कालेजों से प्रभावित क्षेत्रों की क्लिष्ट शैली न अपनायी गयी होती तो हिन्दी पत्र अधिक लोकप्रिय नहीं होते बल्कि हिन्दी को सारे देश के सम्पर्क-भाषा बनाने में अधिक सुविधा होती। हिन्दी-सेवियों ने अहिन्दी प्रान्तों की ग्राह्यता स्वीकार करने के लिए जब से संस्कृतबहुल भाषा का प्रयोग शुरू किया उसको अपने घर में स्वीकृति के लिए संघर्ष करना आवश्यक हो गया, अहिन्दी प्रान्तों को हम तब भी अपनी ओर न ला सके वह अलग।"[14]

तिलक से प्रभावित गणेश जी 1916 में शायर हसरत मोहानी के आग्रह पर लखनऊ कांग्रेस अधिवेशन गये थे। उस अधिवेशन में लोकमान्य तिलक और गाँधी जी दोनों को बम्बई वापस जाने के लिए कानपुर होकर गुजरना था। गणेश जी ने उन्हें कानपुर रुकने के लिए राजी कर लिया। गाँधी जी और उनके दक्षिण अफ्रीका सत्याग्रह के सहयोगी रहे मिस्टर पोलक प्रताप प्रेस कार्यालय में दो दिन रुके थे। यहीं पर चम्पारण में निलहों के अत्याचार के विषय में 'प्रताप' में छपे लेखों को पढ़ने के बाद गाँधी जी को विश्वास हुआ कि चम्पारण के किसानों की समस्या वाकई दयनीय है और वहीं प्रताप कार्यालय में चम्पारण के किसान नेता राजकुमार शुक्ल जी को उन्होंने विश्वास दिलाया कि वह चम्पारण अवश्य आयेंगे।

गणेश जी कानपुर के पहले नेता थे जिन्होंने किसानों और मजदूरों के दुःखों को समझा और उनको दूर करने के लिए संघर्ष किया। गणेश जी ने मजदूरों के लिए केन्द्र कानपुर को बनाया। एक समय था जब कानपुर की मजदूर सभा भारतवर्ष में सबसे शक्तिशाली मजदूर संगठनों में गिनी जाती थी, उसका श्रेय भी गणेश जी को ही है। जिसके वे जीवन पर्यन्त अध्यक्ष रहे। एक बार कानपुर की मिलों में 25000 मजदूरों ने हड़ताल कर दी जिसको दबाने के लिए पुलिस ने गोलियाँ तक चलायीं। विद्यार्थी जी ने मिल मालिकों और अधिकारियों का डटकर विरोध किया। वे जितने प्रतिभाशाली लेखक थे उतने ही प्रभावशाली वक्ता भी थे। परिणामस्वरूप सार्वजनिक जीवन में वे

अधिकाधिक छा गये। वहीं दूसरी ओर गणेश जी की किसानों के प्रति संवेदनशीलता कम नहीं थी। किसानों के लिए चम्पारण में गाँधी जी के सत्याग्रह में उन्होंने निर्णायक भूमिका निभायी। राजस्थान के बिजोलिया किसान आन्दोलन में विजय सिंह 'पथिक' के आग्रह पर उन्होंने अपने 'प्रताप' के माध्यम से वहाँ के किसानों की समस्या को सम्पूर्ण भारत के सामने रखा। अवध किसान आन्दोलन के दौरान तो रायबरेली के मुन्शीगंज में हुए नरसंहार को गणेश जी ने दूसरा जलियाँवाला बाग हत्याकाण्ड का नाम दिया। नरसंहार के ऊपर 'प्रताप' में छपे लेख 'डायरशाही' के कारण उन्हें मानहानि का मुकदमा भी झेलना पड़ा। लेकिन सत्यपथ पर डटे रहे और अवध के किसानों के आत्मबल को बनाये रखने के लिए उन्होंने अपने कदम पीछे नहीं खींचे। इसके अतिरिक्त 'प्रताप' लगातार किसानों की आवाज को एक सशक्त प्रहरी की भाँति मुखरता से उठाता रहा।

किसानों की समस्या के हल के लिए गणेश जी ने विकल्प की तलाश के लिए कानपुर शहर से सुदूर 'झण्डा गीत' के रचयिता श्यामलाल गुप्त 'पार्षद' जी के गाँव नरवल में 'ग्राम सेवा आश्रम' की स्थापना की। ग्राम सेवा आश्रम ने गाँधी की विचारधारा के अनुकूल कृषि और उद्योग को परस्परानुकूलन के आधार पर किसानों को आत्मनिर्भर बनाने आदि के लिए काम किया और गणेश जी की इच्छा थी कि 'प्रताप' का कार्यालय ही नहीं, सम्पादन और मुद्रण भी नरवल से किया जाये। वह शहरी झंझावातों से दूर हटकर किसानों के बीच, किसानों के लिए, किसानों के द्वारा, किसानों की समस्या का हल ढूँढ़ रहे थे। गौरतलब है कि विषम परिस्थिति में भी यह सभी प्रकल्प 'गणेश सेवा आश्रम' के नाम से वर्तमान में नरवल में संचालित हो रहा है।

किसानों, मजदूरों के बारे में गणेश जी के विचार कितने स्पष्ट थे और उन्होंने किस प्रकार भारत की राजनीति को प्रभावित किया। उन्हीं के इन शब्दों से समझा जा सकता है—"भविष्य किसानों और मजदूरों के हाथ में है। जो संस्था भविष्य में कृषक-मजदूर-सेवा से वंचित रहेगी, वह शक्तिहीन और निकम्मी सिद्ध होगी।"

"हम लोगों को कागजी स्वराज्य-मसविदे बनाने के झंझट में न पड़कर सीधे गाँवों की ओर मुड़ना चाहिए। हिन्दू-मुस्लिम वैमनस्य दूर करने का एकमात्र यही तरीका है कि ग्राम-संगठन को हाथ में लेकर बिना भेदभाव के भारत के दीन किसानों की सेवा की जाये। उसी तरह शहरों की मिलों में काम करनेवाले लाखों मजदूरों के संगठन की भी आवश्यकता है। किसान और मजदूरों का युग आ गया है। थोथी राजनीति से अब काम नहीं चलेगा।"

गाँधी जी जब 'प्रताप' कार्यालय में रुके थे तभी उन्हीं से प्रेरित होकर गणेश जी राजनीतिक गतिविधियों में सक्रिय हो गये थे। गणेश जी कानपुर के पहले सार्वजनिक नेता और धीरे-धीरे वह उत्तर प्रदेश के सर्वमान्य नेता हो गये। सन् 1920 के लगभग गणेश जी बम्बई गये थे। सौभाग्यवश पंजाब केसरी लाजपत राय भी वहाँ उपस्थित थे।

कुछ दिनों पूर्व वे कलकत्ता कांग्रेस अधिवेशन का सभापतित्व कर चुके थे। लाला जी ने यू.पी. कांग्रेस का कार्यभार सँभालने के लिए गणेश जी से अनुरोध किया। इस पर गणेश जी ने हँसकर कहा—"मैं तो बहुत दुबला-पतला आदमी हूँ। पर हाँ, इस दुबले-पतले शरीर से जो कुछ बन पड़ेगा करूँगा।"

सन् 1917-18 में जब श्रीमती एनी बेसेण्ट ने होमरूल आन्दोलन चलाया, तो गणेश जी ने उसमें भी रुचि ली। सन् 1925 में जब अखिल भारतीय कांग्रेस का 40वाँ अधिवेशन श्रीमती सरोजिनी नायडू की अध्यक्षता में कानपुर में करने का निर्णय लिया गया तो उसका मुख्य कारण गणेश जी का प्रतिभाशाली नेतृत्व था। वह ही स्वागत कार्यकारिणी के प्रधानमन्त्री बनाये गये। कानपुर कांग्रेस अधिवेशन के पहले गणेश जी बेलगाँव कांग्रेस अधिवेशन देखने गये थे और वहाँ उन्होंने कांग्रेस का जैसा इन्तजाम होता है उसका पूरा अनुभव प्राप्त किया था। सन् 1926 में उन्हें संयुक्त प्रान्त काउन्सिल के सदस्य के लिए कानपुर के उम्मीदवार के रूप में खड़ा किया गया और उन्होंने उद्योगपति चुन्नीलाल गर्ग को पराजित किया। सफलता प्राप्त करने के लिए सेठ जी ने रुपया पानी की तरह बहाया। कहते हैं कि चुनाव में इनका एक लाख रुपया खर्च हुआ, फिर भी हार हुई जबकि विद्यार्थी जी की ओर से लगभग 20 हजार रुपये खर्च हुए, यह सारी रकम उनके मित्रों ने दी थी। सन् 1929 में कांग्रेस ने निर्णय लिया कि कांग्रेसी सदस्य काउन्सिल की सदस्यता छोड़ दें, तो उन्होंने सबसे पहले त्यागपत्र दे दिया। बनारसीदास चतुर्वेदी को एक पत्र में गणेश जी ने चुनावी अनुभव लिखा था कि, "हिन्दू-मुसलमानों के झगड़े का मूल कारण इलेक्शन आहद को समझता हूँ और काउन्सिल में जाने के बाद आदमी देश और जनता के काम का नहीं रहता।"

सन् 1929 में फर्रुखाबाद में हुए युक्त प्रान्तीय राजनीतिक सम्मेलन के अध्यक्ष चुने गये और उसके बाद प्रान्तीय कांग्रेस कमेटी के अध्यक्ष चुन लिये गये। सन् 1930 का कांग्रेस का सविनय अवज्ञा आन्दोलन या सत्याग्रह प्रारम्भ हुआ तो गणेश जी संयुक्त प्रान्त में उसके प्रथम टिक्टेटर मनोनीत हुए। जब तक वे जेल से बाहर रहे, उन्होंने प्रान्त-भर में सत्याग्रह का जोरों से संचालन किया। प्रधानमन्त्री पं. जवाहरलाल नेहरू के यह शब्द "वह अत्यन्त प्यारे साथी और दोस्त थे। जवाँमर्द और निडर, दूरदर्शी और निहायत अक्लमन्द सलाहकार, कभी हिम्मत न हारनेवाले, चुपचाप काम करनेवाले। नाम, पद और प्रसिद्धि से दूर भागनेवाले।" वह गणेश जी से इस तरह प्रभावित थे कि उनके कमरे में जो दो विशिष्ट चित्र लगे रहते, उनमें एक राष्ट्रपिता बापू का था और इस बलिदानी का। [15]

उत्तर प्रदेश के फतेहपुर जिले में स्थित गाँव हथगाँव में गणेश जी का पैतृक गाँव था। बचपन में वह अपने बड़े भाई के साथ हथगाँव आया करते थे और उनका लगाव लगातार फतेहपुर से बना रहा। गणेश जी ने ही व्यक्तिगत प्रयास से कानपुर जिले के

नरवल गाँव के श्यामलाल गुप्त 'पार्षद' जी को फतेहपुर भेजा और उन्होंने फतेहपुर जिला कांग्रेस कमेटी की स्थापना की। 'पार्षद' जी 1920 में फतेहपुर जिला कांग्रेस कमेटी के अध्यक्ष बने व नमक सत्याग्रह तथा भारत छोड़ो आन्दोलन में प्रमुखता से संचालन किया। 1923 में फतेहपुर जिला कांग्रेस का अधिवेशन हुआ। सभापति के रूप में मोतीलाल नेहरू अधिवेशन में उपस्थित रहे, दूसरे दिन ही जरूरी काम से अचानक उन्हें मुम्बई जाना पड़ा। पार्षद जी के अनुरोध पर सभापतित्व गणेश जी ने सँभाला। गणेश जी का वह भाषण अंग्रेजों को भड़काऊ लगा, इस भाषण के लिए उन्हें एक वर्ष की जेल हुई। कांग्रेस ने उस समय तक तिरंगा झण्डा तय कर लिया था लेकिन प्रेरित कर सकनेवाला कोई झण्डा गीत नहीं था। गणेश जी की इच्छा थी कि 1925 कानपुर कांग्रेस अधिवेशन में एक झण्डा गीत गाया जाय इसके लिए गणेशशंकर विद्यार्थी जी ने श्यामलाल गुप्त 'पार्षद जी' से अनुरोध किया। फलस्वरूप पार्षद जी ने फतेहपुर में झण्डा गीत लिखा–

विजयी विश्व तिरंगा प्यारा,
झण्डा ऊँचा रहे हमारा।
सदा शक्ति सरसानेवाला
प्रेम-सुधा बरसानेवाला
वीरों को हरसानेवाला
मातृभूमि का तन-मन सारा,
झण्डा ऊँचा रहे हमारा।

उत्तर प्रदेश में उनका क्या स्थान था, इसकी झलक जवाहरलाल नेहरू की उस भूमिका से मिलती है जो उन्होंने विद्यार्थी जी की मृत्यु के बाद देवव्रत शास्त्री द्वारा लिखी पुस्तक 'गणेशशंकर विद्यार्थी' के लिए लिखी थी। उन्होंने लिखा था–"लखनऊ का स्टेशन था। मार्च का महीना। देहली के समझौते होने पर सत्याग्रही कैदी जेलों से छूट रहे थे और गणेश जी भी छूटकर आ रहे थे। हम लोग अपने प्रान्त के सेनापति का स्वागत करने स्टेशन पर गये और उनका हँसमुख चेहरा एक साल-भर बाद देखकर खुश हुए। बहुत-कुछ बातें करनी थीं, बहुत-कुछ मनसूबे गाँठने थे, लेकिन समय कम था। कुछ बातें हुईं, फिर कहा कि बाद में होगी। वह बाद फिर नहीं आया।"

वह कांग्रेसी थे, पर दूसरे देशभक्तों जैसे क्रान्तिकारियों के प्रति उदासीन नहीं थे। विपत्तिग्रस्त षड्यन्त्रकारियों की मदद करना वह अपना कर्त्तव्य समझते थे। उनके मुकदमों की पैरवी और उनके माता-पिता और सम्बन्धियों की सहायता आदि के अभियुक्तों के मुकदमों की पैरवी और प्रति लोगों की सहानुभूति आकृष्ट करने के लिए उन्होंने बड़ी कोशिश की थी। षड्यन्त्र के इन मुकदमों की महत्ता विद्यार्थी जी और उनके 'प्रताप' ने ही लोगों को बतलायी तथा शुरू से आखिर तक अभियुक्तों को बचाने, उन्हें न्याय दिलाने की शक्ति-भर चेष्टा की।

एक पितृहीन युवक रामदुलारे त्रिवेदी जो कभी बेरोजगारी का शिकार होकर पान की दुकान करता था, तो कभी बिस्कुट का खोनूचा लगाता था, और कभी अखबार बेचनेवाला हॉकर रहा था, और देश की आजादी की लड़ाई में सक्रिय होकर एक बार नहीं छह बार गिरफ्तार हुए, उन्हें काकोरी केस में साढ़े छह बरस जेल में सड़ना पड़ा। सजा पूरी होने के बाद वह 'प्रताप' से जुड़े और साप्ताहिक 'प्रताप' के अन्तिम सम्पादक रहे। काकोरी काण्ड के इस कैदी ने एक 'काकोरी काण्ड के दिलजले' नामक पुस्तक लिखी, जो गणेश जी के 'प्रताप प्रेस' से ही सन् 1939 में प्रकाशित हुई और प्रकाशित होते ही अंग्रेज अफसरों ने इसे जब्त कर लिया था। रामदुलारे त्रिवेदी के अनुसार, "काकोरी षड्यन्त्र के मुकदमे में अभियुक्तों की ओर से मुकदमा लड़ने का आदि से अन्त तक प्रबन्ध करने में भी विद्यार्थी जी का व्यक्तित्व ही एकमात्र प्रमुख संचालक शक्ति थी। स्वर्गीय लाला लाजपत राय और श्री मोतीलाल नेहरू जैसे नेताओं को इस मुकदमे के प्रति आकृष्ट करा देना, चौधरी खलीकुज्जमा व पण्डित जवाहरलाल नेहरू को उन अभियुक्तों से भेंट करने के लिए भेजना, मौलाना शौकतअली आदि को अदालत में मुकदमा देखने के लिए भिजवा देना और पण्डित गोविन्द वल्लभ पन्त, श्री मोहनलाल सक्सेना, श्री हरिकरणनाथ मिश्र, श्री चन्द्रभानु गुप्त आदि को अभियुक्तों की ओर से वकील के रूप में खड़ा करवाना उन्हीं (गणेशशंकर विद्यार्थी जी) के प्रयत्नों का बहुलांश में परिणाम था।"[16]

"काकोरी मुकदमे के सजायाफ्ता नौजवानों ने अपने साथ होनेवाले दुर्व्यवहार के कारण 1917 ईस्वी में विभिन्न जेलों में अनशन शुरू कर दिया। इन अनशनकारियों में राजकुमार सिंह, रामकृष्ण खत्री, मुकुन्दीलाल, विष्णुशरण दुबलिश थे। विद्यार्थी जी दस दिन, बीस दिन, पच्चीस दिन देखते रहे, पर सरकार टस-से-मस न हुई। विद्यार्थी जी ने होम मेम्बरों को चिट्ठी लिखी, तार भेजे कि जनाब कुछ न सही, इन्सानियत के नाते इन नौजवानों पर रहम खाकर प्राण बख्शे जायें पर कुछ भी न हुआ। चालीस-पैंतालीस दिन हो गये, मौत की नौबत पहुँच गयी, फिर भी जब कुछ होते न देखा तो विद्यार्थी जी को उनका अनशन बन्द कराने की सूझी, क्योंकि उनकी प्राणरक्षा का अब कोई तरीका न रह गया था। फतेहगढ़ जेल दौड़ते हुए गये और बहुत समझा-बुझाकर योगेश चटर्जी, गोविन्दचरण और रामदुलारे का 41 दिन के उपवास के बाद अनशन बन्द करवाया। उसके बाद नैनी जेल गये और उपवास में 47वें दिन विष्णुशरण दुबलिश, मन्मथनाथ का अनशन बन्द करवाया इनकी प्राणरक्षा की। आगरा तथा बरेली जेल में रहनेवालों के पास भी वह जानेवाले थे, पर इन दोनों जगहों के भाइयों के अनशन बन्द करने की बात सुनकर उन्होंने स्वयं ही अनशन बन्द कर दिया। इसी प्रकार 1929 में जब लाहौर षड्यन्त्र केस में सरदार भगतसिंह, बटुकेश्वर दत्त आदि अभियुक्तों को अनशन करते दो-दो मास से भी अधिक हो गये तो वहाँ भी दौड़े गये और उन लोगों का अनशन भी बन्द कराने की पूरी चेष्टा की।"

काकोरी काण्ड में जब क्रान्तिकारियों को सजा हो गयी और कांग्रेसियों द्वारा एक बहस हिंसा-अहिंसा के आधार पर शुरू की गयी तब गणेश जी ने 'प्रताप' में एक लेख 'वे दिवाने' शीर्षक से लिखा, लेख की शुरुआत वह इन शब्दों में करते हैं—"अनुत्तरदायी? जल्दबाज? अधीर, आदर्शवादी? लुटेरे? डाकू? हत्यारे? अरे, ओ दुनियादार, तू किस नाम से, किस गाली से, विभूषित करना चाहती है? वे दिवाने हैं। वे इस दुनिया से नही हैं। वे स्वप्नलोक की वीथियों में विचरण करते हैं। उनकी दुनिया में शासन की कटुता से, माँ धरित्री का दूध अपेय नहीं बनता। उनके कल्पना-लोक में ऊँच-नीच का धनी-निर्धन का, हिन्दू-मुसलमान का भेद नहीं है।"

उन्होंने 'प्रताप' को जो क्रान्तिकारियों के लिए सहायता और स्नेह केन्द्र था। चन्द्रशेखर आजाद, भगतसिंह, शचीन्द्रनाथ सान्याल तथा उनके कितने ही साथियों को वे आश्रय देते, उनके लिए धन की व्यवस्था करते तथा उनके सुख-दुःख के साथी बनकर प्रोत्साहन देते थे। गौरतलब है कि कानपुर में क्रान्तिकारियों का अड्डा 'पीली कोठी' और 'प्रताप प्रेस' कार्यालय के बीच की दूरी महज 20 मीटर की है, और गणेश जी का राष्ट्रप्रेम इसलिए सहज भी था कि गणेश जी का कार्यालय क्रान्तिकारी गतिविधियों का केन्द्र हो। गणेश जी ने ही 'प्रताप प्रेस' में पहली बार सरदार भगतसिंह और चन्द्रशेखर आजाद का आपस में परिचय करवाया था। क्रान्तिकारी रासबिहारी बोस के साथी शचीन्द्रनाथ सान्याल आजन्म कालापानी की सजा भुगतने के बाद, पुनः उत्तर प्रदेश (बनारस) आये तब विद्यार्थी जी ने उन्हें कानपुर बुलाकर बराबर सहयोग दिया। लाहौर षड्यन्त्र केस में यतीन्द्रनाथ दास के लिए विद्यार्थी जी लाहौर तक गये। यतीन्द्रनाथ दास जी का अनशन के कारण जर्जर शरीर देख गणेश जी अपने को रोक नहीं पाये और फूट-फूटकर रोने लगे थे। ब्रिटिश सरकार ने बल प्रयोग करके यतीन्द्रनाथ जी का अनशन तोड़ना चाहा पर सब व्यर्थ हुआ। उन्होंने प्राण दिया, पर अनशन नहीं तोड़ा।

"जब भगतसिंह क्रान्तिकारी रासबिहारी बोस से मिलने तथा सहायता प्राप्त करने जापान भागना चाहते थे और पंजाब से कानपुर पहुँचे तो 'प्रताप प्रेस' में काफी दिनों तक ठहरे थे। विद्यार्थी जी के स्नेह और सद्भाव से वे बहुत प्रभावित हुए थे। गणेश जी ने सरदार भगतसिंह को 'प्रताप' में क्रान्तिकारी विषयों पर जी खोलकर लिखने की अनुमति दे दी। और सरदार भगतसिंह 'प्रताप' में बलवन्त सिंह के नाम से महीनों काम किया। उन्हीं दिनों बबर अकालियों के खून से अंग्रेजों ने अपने हाथ लाल किये थे। होली के पर्व के दिन थे। 'प्रताप' में 'खून की होली' शीर्षक लेख, उस समय सरदार भगतसिंह का लिखा हुआ निकला।"[17] गणेश जी का सम्बन्ध अशफाकउल्ला खाँ से कैसा था इसकी झलक अशफाकउल्ला जी के बड़े भाई रियासतउल्ला खाँ द्वारा लिखित लेख 'ये दो अमर शहीद' के कुछ अंश से स्पष्ट है—

अशफाकउल्ला खाँ पर श्री गणेशशंकर विद्यार्थी बहुत मेहरबान थे। अशफाकउल्ला खाँ जब मकान से भागे, तो नेपाल गये थे। वहाँ से कानपुर गणेश जी के पास पहुँचे।

गणेश जी ने उनको दो रोज 'प्रताप' अखबार के दफ्तर में रखा और कुछ रुपये देकर उन्हें बनारस भेज दिया। बनारस से उनके साथियों ने उनको डाल्टेनगंज (बिहार) पहुँचा दिया और इंजीनियर साहब, डाल्टेनगंज के दफ्तर में उनको नौकर रख दिया। करीब आठ महीने वे वहाँ मुलाजिम रहे। किसी तरह पुलिस को इसकी खबर हो जाने पर वे वहाँ से फिर कानपुर आ गये। कानपुर में फिर दो रोज 'प्रताप' अखबार में इनका कयाम हुआ। गणेश जी ने फिर इन्हें दो सौ रुपये देकर भोपाल रवाना कर दिया।...

...16 अक्टूबर, 1927 ई. को सजा-ए-मौत मुकर्रर हुई। मैं अशफाकउल्ला खाँ से मिला। उन्होंने मुझसे कहा कि श्री गणेशशंकर विद्यार्थी से मिलिये। मैं वहाँ गया, तो मालूम हुआ कि विद्यार्थी जी सख्त बीमार हैं और किसी से मिलते नहीं। मैं जानने दरवाजे से घर गया, इत्तला करायी। मैं अन्दर बुला लिया गया। वहाँ एक लम्बा कमरा था, जिसमें विद्यार्थी जी एक पलँग पर लेटे थे। सात लंघन कर चुके थे। मैं जब बालाखाने के दरवाजे पर गया, तो देखा कि दो औरतें बैठी हैं। मैं झिझका तो बहुत कमजोर आवाज से विद्यार्थी जी ने फरमाया, "अन्दर आ जाइये, एक आपकी भावज है और एक आपकी भतीजी।" मैं अन्दर गया। विद्यार्थी जी के आँसू जारी थे। मुझसे कहा, "आप मि. कृपाशंकर हजेला, एडवोकेट से तार दिला दीजिये कि हम प्रिवी काउन्सिल में अपील करेंगे, सजा-ए-मौत अभी टाल दी जाये आप घर जाइये, हम रुपया आपको भेज देंगे।

मैं वहाँ से घर आया और तार दिलवा दिया। दूसरे रोज मैं शाहजहाँपुर से लखनऊ फिर आया फिर मैंने पचास पाउण्ड मि. कृपाशंकर हजेला, एडवोकेट को दिये। उन्होंने तार गवर्नमेण्ट को भेजा दिया। मैं रुपया जमा कर चुका था कि श्री गणेशशंकर विद्यार्थी का एक आदमी लिफाफा सील मोहर लगा हुआ लेकर आया। मैंने खोलकर देखा तो 1200 रुपये के नोट थे। चूँकि मैं रुपया जमा कर चुका था और अब रुपयों की जरूरत नहीं थी, मैंने एक लिफाफा कृपाशंकरजी से लेकर परचे पर गणेशशंकर जी का शुक्रिया अदा करते हुए लिखा, "चूँकि मैं रुपया जमा कर चुका हूँ, इसलिए इन रुपयों की जरूरत नहीं है, जो वापस किये जाते हैं। लिफाफे में बन्द करके हजेला साहब की मोहर लगाकर रुपये मैंने वापस कर दिये। खत में लिख दिया कि आपका हजार-हजार शुक्रिया।"

श्री कृपाशंकर हजेला साहब ने कुल मुकदमे के कागजात श्री सी. बी. गुप्ता एडवोकेट को विलायत रवाना कर दिया। विलायत में अपील पेश होने पर खारिज हो गयी और 19 दिसम्बर, 1927 को सजा-ए-मौत मुकर्रर की गयी। मैं अशफाक से मिला। अशफाकउल्ला खाँ निहायत खुश थे और मुझसे कहा, "एक दिन मौत का मुकर्रर था, वह आ गया। रंज करने की कोई बात नहीं। एक दिन सभी के लिए मुकर्रर है।" एक दिन पश्चात् यानी 18 दिसम्बर, 1927 को अशफाकउल्ला खाँ एक तार कण्डैम्ड सेल से विद्यार्थी जी के नाम मुझको दिया। उसमें लिखा था, "19 दिसम्बर को दो बजे दिन में लखनऊ स्टेशन पर मुझसे मिलना। उम्मीद है कि आप मुझसे आखिरी मुलाकात जरूर करेंगे।" और एक खत गणेश जी के नाम मुझको यह दिया कि, "मेरे भाई तबाह और बर्बाद हो चुके हैं। मेरी कब्र

पुख्ता बनाने का इन्तजाम आप करें और मेरे भाइयों का ख्याल रखें, वक्त जरूरत उनकी मदद करें तथा उनको निराश न करें।" तार मैंने भेज दिया।

दूसरे रोज इनकी लाश नहलाकर और कफनाकर एक पलँग पर एक डिब्बे में रखी गयी और फैजाबाद से लखनऊ हम लोग दो बजे पहुँचे। स्टेशन पर श्री गणेश जी नौ साथियों के साथ मौजूद थे। मेरे पास तशरीफ लाये और फरमाया कि किस डिब्बे में अशफाकउल्ला खाँ हैं? मैंने आखिरी डिब्बा उनको दिखलाया। वे डिब्बे के अन्दर आ गये और अशफाकउल्ला खाँ का कफन मुँह से हटाकर परसी शाह फोटोग्राफर से उनका फोटो लिवाया और मुझसे कहा कि इनकी कब्र कच्ची बनवा देना। हम पुख्ता करा देंगे और इनका मकबरा हम वैसा बनवायेंगे कि जिसकी नजीर यू.पी. में न होगी। किन्तु अफसोस कि मकबरा बनवाने से पेश्तर वे खुद ही शहीद हो गये, किन्तु श्री मोहनलाल सक्सेना के जरिये उन्होंने मुझको 200 रुपये भेजे थे, जिससे कि मैंने कब्र पुख्ता करा दी। मकबरा उनका अब तक न बन सका।

एक महीने बाद उनका खत मेरे पास आया कि आप राजा मोतीचन्द, बनारस के पास चले जाइये। वह सौ रुपये माहवार व खाना देंगे तथा उनकी हिफाजत जान की करते रहें और कोई काम न होगा, लेकिन अशफाक को शहीद हुए कुछ ही दिन गुजरे थे। मेरी माता ने मुझको जाने न दिया। मैंने गणेशशंकर जी को लिखा कि अभी ताजा जख्म है, वालिदा रोकती हैं। विद्यार्थी जी ने मुझको जवाब दिया, "अच्छा, हम दूसरा इन्तजाम करेंगे और आप कतई परेशान न हों, हम आपके खानदान की मदद करेंगे और ख्याल रखेंगे।

गणेशशंकर जी खुद शहीद हो गये। अपने इन दो शहीद भाइयों की याद में आँसू बहाने के लिए मैं अब भी जिन्दा हूँ। उनमें एक मेरा छोटा भाई था और दूसरा मेरे ही नहीं, भारत के दीन-दुखियों के संरक्षक थे।

गणेश जी को सन् 1921 से लेकर 1931 तक पाँच बार जेल जाना पड़ा। उनका यह जेल जाना प्रायः 'प्रताप' में प्रकाशित किसी समाचार या अग्रलेख को लेकर हुआ या उनके राजनीतिक विचारों के कारण।

गणेश जी पहली बार जेल अवध किसान-आन्दोलन के दौरान रायबरेली के मुन्शीगंज गोलीकाण्ड पर निरपेक्ष लेख लिखने के कारण प्रताप *बनाम* वीरपाल मानहानि केस के कारण गये थे, पर मित्रों ने उन्हें जमानत पर छुड़ा लिया था और सिर्फ एक घण्टे ही जेल में रहे। उनकी दूसरी जेल-यात्रा दफा 108 के अभियोग में हुई थी। उन्हीं दिनों 'प्रताप' का रायबरेली-मानहानि का प्रसिद्ध मुकदमा चल रहा था, इसलिए उसे सँभालने की गरज से पहले तो उन्होंने जमानत दे दी, पर मुकदमे से फुर्सत पाते ही जमानत तोड़कर 16 अक्टूबर, 1921 को खुद ही जाकर मजिस्ट्रेट के यहाँ उपस्थित हो गये। उन्हीं दिनों रायबरेलीवाले मुकदमे की 'प्रताप' की अपील चीफ कोर्ट से खारिज कर दी गयी तथा नीचे की अदालत की तीन महीने की उनकी सजा बहाल रही; पर वह अलग

न चलकर 108 वाली सजा के साथ ही चली। इसलिए दोनों सजाएँ एक साथ ही काटकर वह 22 मई, 1922 ई. को लखनऊ जिला जेल से मुक्त हुए। गिरफ्तारी के 10 दिनों बाद तक वह कानपुर के ही जिला जेल में रखे गये, पर बाद को लखनऊ सेण्ट्रल जेल और वहाँ से 26 दिसम्बर को लखनऊ जिला जेल में भेज दिये गये। संयुक्त प्रान्त के सभी बड़े नेता—पं. मोतीलाल नेहरू, पं. जवाहरलाल नेहरू, पुरुषोत्तमदास टण्डन, आचार्य कृपलानी, डॉ जवाहरलाल, मोहनलाल सक्सेना, पं. कृष्णकान्त मालवीय, चौ. खलीकुज्जमा आदि वहीं थे।

उनकी तीसरी जेल-यात्रा फतेहपुर जिला-कान्फ्रेन्स (1923) के सभापति से दिये गये भाषण के सम्बन्ध में हुई थी। वह अध्यक्षता स्वीकार नहीं कर रहे थे। किन्तु श्यामलाल गुप्त 'पार्षद जी' के आग्रह से उन्होंने वैसा किया। गणेश जी की जेल-यात्रा से पार्षद जी को बड़ा दुःख था। वे जीवन के अन्तिम समय में भी उस दिन को याद करके पछताने लगते थे।[18] दफा 124 ए. (राजद्रोह) के अभियोग में एक साल की सजा तथा 100 रुपये जुर्माना (जुर्माना न देने पर तीन महीने की और कैद) की सजा हुई थी। जिस समय सजा दी गयी थी वह इतने अस्वस्थ और शरीर दुर्बल था कि जेल की कठिन यन्त्रणाओं को सहकर जीवित जेल से बाहर निकलेंगे कि नहीं। कुछ दिन फतेहपुर जेल में रखने के बाद उन्हें नैनी सेण्ट्रल जेल भेज दिया गया। नैनी जेल में आठ बार रामायण का पाठ किया और वहाँ से लौटने पर जाजमऊ (कानपुर से छह मील पूरब) नामक स्थान में, नवीं बार रामायण का पाठ पूरा किया।[19] 20 मार्च, 1923 ई. को उनको सजा हुई थी और 29 जनवरी, 1924 को नैनी सेण्ट्रल जेल से वे मुक्त हुए।

चौथी बार शिकोहाबाद के थानेदार शिवदयाल सिंह लोगों से खूब रिश्वत लेता था और उन्हें खूब सताया करता था। 'प्रताप' ने पहले अपनी तरफ से इस बात की खूब जाँच करायी, उसकी विस्तृत रिपोर्ट 'प्रताप' में छपी। शिवदयाल सिंह के रिश्वतखोर होने के 13 मामले अदालत में पेश किये गये। पर मैनपुरी में डिप्टी-कलक्टर बाबू ज्वालाप्रसाद की नजरों में उसकी कोई वकत न मालूम हुई और उनको 'प्रताप' सम्पादक तथा उसके मुद्रक और प्रकाशक ही दोषी दिखायी पड़े। 17 नवम्बर, 1926 को उन्होंने अपना फैसला सुनाया जिसमें 400 रुपये जुर्माना या 6 महीने कैद की सजा हुई थी। उन्होंने जुर्माना न दिया, और जेल चले भी गये; पर मित्रों ने जुर्माने का रुपया दाखिल कर दिया और इस बार सिर्फ 24 घण्टे ही जेल में रहे। बाद में हाईकोर्ट के जज ने मुकदमा खारिज कर दिया और विद्यार्थी जी को निर्दोष बताकर कहा कि, "किसी आदमी को असहयोगी और कांग्रेसी होने से सत्य और न्याय से दूर नहीं रखा जा सकता है। मैनपुरी का केस अभी समाप्त हुआ था कि 'प्रताप' के सम्पादन के कारण साईं-खेड़ा मानहानि का केस उन पर चला। लखनऊ में 19 मार्च, 1928 को मामला होने जा रहा था। नालिश हो चुकी थी, मुकदमा अभी प्रारम्भ नहीं हुआ था कि बाराबंकी के राजा पृथ्वीपाल सिंह ने बीच में पड़कर दोनों दलों में समझौता करा दिया।"

पाँचवीं बार मई, 1930 में वह जेल गये थे। उसी साल अप्रैल में कानपुर में हुए प्रान्तीय राजनीतिक सम्मेलन में दिये गये भाषण को राजद्रोहात्मक बताकर 25 मई को दफा 117 में गिरफ्तार हुए और उसी दिन एक साल की सख्त सजा दे दी गयी। जिस दिन उन्हें सजा हुई (25 मई), उसी दिन शाम को कानपुर से हटाकर हरदोई जेल में 12 बजे रात को पहुँचाये गये। उस समय देश नमक सत्याग्रह के आगोश में आन्दोलित था और उत्तर प्रदेश के प्रदेश कांग्रेस अध्यक्ष और डिक्टेटर, गणेश जी की गिरफ्तारी के बाद पुरुषोत्तमदास टण्डन दूसरे डिक्टेटर बने। टण्डन जी की गिरफ्तारी के बाद पं. सुन्दरलाल को डिक्टेटर बनाया गया।

'कर्मयोगी' अखबार के सम्पादक व 'भारत में अँगरेजी राज' जैसी पुस्तक के लेखक पं. सुन्दरलाल अपनी आत्मकथा में लिखते हैं कि, "उत्तर प्रदेश कांग्रेस के अध्यक्ष श्री गणेशशंकर विद्यार्थी के पास से तकाजे-पर-तकाजे आ रहे थे कि मैं तुरन्त उत्तर प्रदेश लौट (उस समय बम्बई में थे) आऊँ। कानपुर में प्रदेश कांग्रेस का प्रान्तीय सम्मेलन हो रहा था। स्वागतकारिणी समिति ने मुझे अध्यक्ष चुना था। गणेश जी स्वागतकारिणी समिति को सभापति थे। ... उत्तर प्रदेश के सब बड़े नेता, जवाहरलाल जी को छोड़कर, कानपुर सम्मेलन में उपस्थित थे। नमक सत्याग्रह का बिगुल बज चुका था।... फूलबाग में सम्मेलन का विशाल पण्डाल प्रतिनिधियों, सत्याग्रही स्वयंसेवकों और युवा कार्यकर्त्ताओं से ठसाठस भरा था। गणेशशंकर विद्यार्थी ने स्वागतकारिणी के सभापति की हैसियत से प्रतिनिधियों का स्वागत किया। उन्होंने सावधान किया कि सरकार और उसके गुर्गे, इस बात की चेष्टा करेंगे कि प्रदेश को साम्प्रदायिक दंगों में उलझा दें। इसलिए हमें सावधानी बरतनी होगी और यदि कहीं भी साम्प्रदायिक उत्पात होते हैं तो हमें उन्हें रोकने में अपने प्राणों की बाजी लगा देनी चाहिए। उन्होंने युवा देशभक्तों से भी अपील की कि उन्हें अहिंसात्मक उपायों को अपनाकर नमक सत्याग्रह में पूरे मनोबल के साथ भाग लेना चाहिए। तब किसे पता था कि गणेशशंकर जी विद्यार्थी की वाणी में सरस्वती बोल रही हैं। ठीक दस महीने बाद 25 मार्च, सन् 1931 को भयानक साम्प्रदायिक दंगे में गणेश जी ने हिन्दू-मुसलिम एकता की बलि-वेदी पर अपने प्राणों की आहुति चढ़ा दी।"[20]

सजा पूरी होने के छह दिन पहले गाँधी-इरविन समझौते के अनुसार जेल से 15 मार्च, 1931 के स्थान पर 9 मार्च को रिहा हुए थे (16 दिन बाद कानपुर दंगे में गणेश जी शहीद हो गये)। गाँधी-इरविन समझौते में राजनीतिक कैदियों को रिहा करना था, परन्तु शहीदे आजम भगतसिंह, सुखदेव और राजगुरु को रिहा नहीं किया गया। उन्हें 23 मार्च, 1931 को लाहौर के किले में फाँसी दे दी गयी और फिरोजपुर के पास सतलुज के किनारे उनके शवों को अत्यन्त गोपनीय तरीके से अग्नि के सुपुर्द किया गया। जवाहरलाल नेहरू के आदेश पर 25 मार्च को सारे देश में हड़ताल हुई। बम्बई, कराची, लाहौर,

कलकत्ता, मद्रास और दिल्ली में यह हड़ताल शान्तिपूर्वक रही, किन्तु कानपुर में अंग्रेजों ने हड़ताल को हिन्दू-मुसलिम दंगे में बदल दिया। कई दिन तक दंगा चलता रहा, हजारों घर जला दिये गये और 500 से अधिक लोग मारे गये।

24 मार्च, 1931 को जब दंगा शुरू हुआ तो गणेश जी घर से निकलकर झगड़े के स्थानों में पहुँचकर लोगों को शान्त करने, उनकी प्राणरक्षा करने और उनके मकानों और दुकानों को जलने एवं लूटे जाने से बचाने की कोशिश करने लगे। शाम तक उसी धुन में मारे-मारे फिरते रहे। लोगों को बाते वक्त उनके पैर में कुछ चोट भी आयी।...24 तारीख की रात में और 25 की सुबह दंगे का रूप और भी भीषण हो गया।...और वह नौ बजे सुबह सिर्फ थोड़ा-सा दूध पीकर लोगों को बचाने के लिए चल पड़े। उनकी धर्मपत्नी ने जाते समय कहा—"कहाँ इस भयंकर दंगे में जाते हो?" उन्होंने जवाब दिया—"तुम व्यर्थ घबराती हो। जब मैंने किसी की बुराई नहीं की तब मेरा कोई क्या बिगाड़ेगा? ईश्वर मेरे साथ है।"[21] इतना कहकर हिन्दी पत्रकारिता के भीष्म पितामह, कर्मवीर गणेश मृत्यु को मृत्युञ्जय बनाने के लिए घर से निकल पड़े। इसके बाद कालजयी अखबार 'प्रताप' के सम्पादक कभी अपने घर वापस नहीं आये, उन्होंने अपने जीवन को आत्मोत्सर्ग कर दिया। शहीद होने के लगभग 22 बरस पहले 'सरस्वती' में लिखे जीवन के प्रथम लेख 'आत्मोत्सर्ग' से गणेश जी ने अपना कर्मपथ स्पष्ट कर दिया था। लेख के अन्तिम शब्द, "यदि आप में आत्मोत्सर्गी बनने की अभिलाषा हो तो आपको अवसर की राह देखने की आवश्यकता नहीं है, क्योंकि आत्मोत्सर्ग करने का अवसर प्रत्येक मनुष्य के जीवन में, पल-पल में आया करता है। देशकाल और कर्त्तव्य पर विचार कीजिये और स्वार्थरहित होकर साहस को नहीं छोड़ते हुए कर्त्तव्यपरायण बनने का प्रयत्न कीजिये।" इससे अनुकूल अवसर शायद नहीं था।

उन्होंने पटकापुर, बंगाली-मोहाल, इटावा बाजार में करीब 150 मुसलमान स्त्री, पुरुष और बच्चों को वहाँ से बचाया।... उस समय जिन्होंने उन्हें देखा कि विद्यार्थी जी अपना डेढ़ पसली का दुबला-पतला शरीर लिये नंगे पाँव, नंगे सिर, सिर्फ एक कुर्ता पहने, बिना कुछ खाये-पिये, बड़ी मुस्तैदी और लगन के साथ घायलों और निःसहायों को बचाने में व्यस्त थे। किसी को कन्धे पर उठाये हुए हैं तो किसी को गोदी में लिये अपनी धोती से उसका खून पोंछ रहे हैं। किसी को डाँटकर तो किसी को आरजू-मिन्नत से, किसी जगह सत्याग्रह द्वारा तो कहीं प्रेम के साथ वह विपत्तिग्रस्त लोगों को नर-पिशाचों के चंगुल से बचाते रहे।...इसी बीच उनसे लोगों ने मुसलमानी मोहल्लों में हिन्दुओं पर होनेवाले अत्याचारों का हाल कहा। यह जानते हुए भी कि जहाँ की बात कही जा रही है, वहाँ मुसलमान-ही-मुसलमान रहते हैं और वे इस समय बिलकुल धर्मान्ध होकर पशुता का ताण्डव-नृत्य कर रहे हैं, विद्यार्थी जी निर्भीकता के साथ उधर चल पड़े। रास्ते में उन्होंने मिश्री बाजार और मछली बाजार के कुछ हिन्दुओं को बचाया और वहाँ से

चौबेगोला पहुँचे। वहाँ पर विपत्ति में फँसे हुए बहुत-से हिन्दुओं को उन्होंने निकलवाकर सुरक्षित स्थानों में भेजा औरों के विषय में पूछ ही रहे थे, कि मुसलमानों ने उन पर और उनके साथ के स्वयंसेवकों पर हमला करना चाहा।[22]

दूसरे दिन 5:30 बजे 'प्रताप' प्रेस और विद्यार्थी जी के घरवालों को खबर लगी कि विद्यार्थी जी कहीं पर घायल हो गये हैं। पहले तो लोगों को विश्वास नहीं हुआ कि विद्यार्थी जी पर कोई हाथ उठायेगा, पर जब घण्टे-डेढ़-घण्टे बाद तक भी उनके विषय में कुछ निश्चित पता न चला कि वह कहाँ है और कहाँ घायल हुए, तब सन्देह बढ़ा और कई मित्रों ने उन्हें ढूँढ़ना शुरू किया। 11:00 बजे रात तक बराबर उनकी खोज होती रही, पता लगाया जाता रहा, पर कुछ भी पता न चला। चौबेगोला आने तक की बात लोग बतलाते थे, पर इसके बाद कहाँ गये, कैसे घायल हुए, यह कोई न बतलाता था। यह हाल देख विद्यार्थी जी के घरवालों और मित्रों को यह प्रायः निश्चय हो गया कि वह मार डाले गये, परन्तु फिर भी 26 तारीख को दिन भर खोज होती रही। 27 मार्च को एकाएक पता चला कि अस्पताल में जो बहुत-सी लाशें पड़ी हुई हैं, उनमें एक के विद्यार्थी जी की लाश होने का सन्देह है। परन्तु पण्डित विश्वनारायण मिश्र और डॉ. जवाहरलाल वहाँ पहुँचे और यद्यपि लाश फूलकर काली पड़ गयी थी, बहुत कुरूप हो गयी थी, फिर भी उन्होंने खद्दर के कपड़े, उनके अपने ढंग के निराले बाल और हाथ में खुदे हुए 'गजेन्द्र' नाम आदि देखकर पहचान लिया कि दरअसल वह विद्यार्थी जी ही की लाश थी। उनका कुर्ता अभी तक उनके शरीर पर था और उनकी जेब से तीन पत्र भी निकले, जो लोगों ने विद्यार्थी जी को लिखे थे। उन्हें देखकर यह बिल्कुल निश्चय हो गया कि लाश विद्यार्थी जी की ही है।[23]

जिस समय गणेश जं। शहीद हुए उस समय कराची में कांग्रेस का अधिवेशन चल रहा था। गणेश जी अस्वस्थ होने के कारण कराची कांग्रेस में नहीं गये थे और वह घर से बाहर भी नहीं निकल रहे थे, परन्तु जब दंगे और नरसंहार की बात सुने तो बीमारी को भूलकर दंगा शान्त करने निकल पड़े। कराची में कांग्रेस के नेताओं को जब सूचना मिली तो कराची कांग्रेस ने इस दुःखद घटना पर निम्नलिखित प्रस्ताव पास किया—

"कांग्रेस कानपुर के दंगे में उत्तर प्रदेश कांग्रेस कमेटी के अध्यक्ष गणेशशंकर विद्यार्थी की मृत्यु के समाचार पर अपना गहरा दुःख प्रकट करती है। श्री गणेशशंकर विद्यार्थी कांग्रेस जनों में सबमें अधिक बेलौस कांग्रेस जन थे। उनमें किसी प्रकार की साम्प्रदायिकता छू भी नहीं गयी थी। इसलिए वे हर दिल और हर सम्प्रदाय के लोगों में हर-दिल-अजीज थे। कांग्रेस शोक सन्तप्त परिवार के प्रति अपनी संवेदना प्रकट करते हुए इस बात पर अभिमान प्रकट करती है कि प्रथम पंक्ति के काम करनेवालों में श्रेष्ठ कांग्रेस के कार्यकर्त्ता ने अपना बहुमूल्य जीवन, मुसीबत और खतरे में पड़े लोगों को बचाने के प्रयत्न में और मारकाट तथा पागलपन को रोककर शान्ति की स्थापना में बलिदान किया। कांग्रेस सब लोगों से यह अपील करती है कि इस अत्यन्त बहुमूल्य

और उदार बलिदान का वे प्रतिशोध के लिए नहीं बल्कि शान्ति स्थापना के लिए, एक आदर्श के रूप में उपयोग करेंगे। कांग्रेस दंगे के कारणों की जाँच करने के लिए और उचित उपाय सुझाने के लिए तथा जख्म को भरने के लिए तथा आस-पास के जिलों में दंगे को फैलने से रोकने के लिए एक समिति मुकर्रर करती है। समिति के 6 सदस्य होंगे। उसके चेयरमैन डॉ. भगवानदास होंगे और मन्त्री पण्डित सुन्दरलाल।"

दंगे की जाँच-पड़ताल के सिलसिले में डॉ. भगवानदास, पुरुषोत्तमदास टण्डन, अब्दुल लतीफ बिजनौरी, मंजर अली सोख्ता और जफरूल मुल्क को महीनों कानपुर में रहना पड़ा। कानपुर में रहकर सैकड़ों व्यक्तियों की गवाही लेनी पड़ी और बाद में बाबू शिवप्रसाद गुप्त के बनारस के निवास-स्थान 'सेवा उपवन' में बैठकर रिपोर्ट लिखी गयी। समिति ने बड़े परिश्रम, अनुसन्धान और छानबीन के बाद कई सौ पृष्ठों की एक रिपोर्ट तैयार करके वर्किंग कमेटी के सामने पेश की। काफी समय बाद वह रिपोर्ट छपी। परन्तु सरकार ने उसके प्रकाशन के 24 घण्टे के अन्दर उस रिपोर्ट को जब्त कर लिया।

रिपोर्ट के अनुसार कानपुर में भीषण दंगा होने की सूचना सरकारी हलकों में बहुत पहले से थी। मौलाना मोहम्मद अली की मृत्यु पर कानपुर के हिन्दू दुकानदारों ने अपनी दुकानें नहीं बन्द कीं। इसलिए मुसलमान दुकानदारों ने तय किया कि आगे किसी हिन्दू नेता के मरने पर जब हड़ताल होगी तो मुसलमान भी दुकानें बन्द नहीं करेंगे। पुलिस के कुछ अफसर, जिनके परिवार शहर में रहते थे, उन्होंने अपने परिवारों को बाहर भेज दिया और अपने रिश्तेदारों को यह पत्र लिख कि चूँकि अनकरीब दंगा होनेवाला है, इसलिए सुरक्षा की दृष्टि से हम अपने परिवारों को आपके यहाँ भेज रहे हैं। ऐसे पत्र कमेटी ने अपने कब्जे में ले लिये।

स्वर्गीय गणेशशंकर विद्यार्थी ने अनेक मुसीबतजदा मुस्लिम परिवारों को सुरक्षित स्थानों तक पहुँचाया। उनकी अपील से और रक्षा के प्रयत्नों से दंगे में उफान नहीं आ रहा था। इसलिए सरकारी अधिकारियों ने प्रयत्न किया कि उन्हें किसी तरह से समाप्त किया जाये। उनसे कहा गया कि कुछ हिन्दू परिवार फँसे हुए हैं उन्हें आप बचाइये। यह कहकर उन्हें चौबेगोला की गलियों में ले गये और वहाँ ले जाकर एकान्त में उन पर छुरे से आक्रमण किया गया। अपने बलिदान से पूर्व उन्होंने सर झुकाकर कहा कि, "मेरी हत्या करने से ही यदि आपको सन्तोष होता है तो सर हाजिर है।" निर्दयी गुर्गों ने बेरहमी के साथ उन्हें कत्ल कर दिया।

गणेश जी के चार बेटियाँ—कृष्णा, विमला, सरला (अल्पवय में मृत्यु) व उर्मिला तथा दो बेटों हरिशंकर व ओंकार शंकर थे। यह दुर्भाग्यपूर्ण था कि अपने भरपूर उत्तरदायित्व के बावजूद वे स्वयं उनके जीवन-निर्माण में अधिक सहायक नहीं हो पाये और असमय ही देश के लिए अपना जीवन आत्मोत्सर्ग कर दिया।

सन्दर्भ

1. डॉ. लल्लन मिश्र, गणेशशंकर विद्यार्थी निबन्ध तथा पत्रकारिता में देन, संजय बुक सेण्टर, वाराणसी, 2002 पेज नं. 1
2. स्व. शिवव्रत नारायण, हमारे राष्ट्र निर्माता, साहित्य भारती, जयपुर, पेज नं. 44
3. वही, पेज नं. 45
4. देवव्रत शास्त्री, गणेशशंकर विद्यार्थी, आत्माराम एण्ड सन्स दिल्ली, 2011, पेज नं. 22
5. इस संस्था के सदस्य नारायण प्रसाद अरोड़ा, मुन्शी दयानारायण, शिवनारायण मिश्र, महाशय काशीनाथ आदि थे। जिसमें वाद-विवाद हुआ करता था।
6. सुरेश सलिल, पत्रकारिता के युग निर्माता : गणेशशंकर विद्यार्थी, प्रभात प्रकाशन दिल्ली 2010 पेज नं. 44
7. सुरेश सलिल, एक था 'प्रताप', एक थी 'प्रभा', रविवारीय, जनसत्ता, 25 नवम्बर, 2012
8. वही
9. वही
10. विष्णु त्रिपाठी, पत्रकारिता के युग निर्माता : बालकृष्ण शर्मा 'नवीन', माखनलाल चतुर्वेदी राष्ट्रीय पत्रकारिता एवं संचार विश्वविद्यालय भोपाल व प्रभात प्रकाशन दिल्ली 2010, पेज नं. 1231
11. विष्णुदत्त शुक्ल, पहले देश, फिर 'प्रताप', श्रीतिलक सम्पादित, युगपुरुष गणेशशंकर विद्यार्थी व्यक्तित्व और कृतित्व 1, प्रभात प्रकाशन, नयी दिल्ली, 2013 पेज नं. 255
12. विद्या प्रकाश (सम्पादन), निर्भीक राष्ट्रनायक गणेशशंकर विद्यार्थी, अनुराग प्रकाशन नयी दिल्ली 2015, पेज नं. 66
13. श्रीराम शर्मा, लड़की का पिता, पुरुषोत्तमदास मोदी (सम्पादित), अमर शहीद गणेशशंकर विद्यार्थी, अनुराग प्रकाशन, वाराणसी, 2011
14. जगदीश प्रसाद चतुर्वेदी (सम्पादन), श्री गणेशशंकर विद्यार्थी की लेखनी, साहित्य संगम, इलाहाबाद, 1987, पेज नं. viii-ix
15. विद्या प्रकाश (सम्पादन), निर्भीक राष्ट्रनायक गणेशशंकर विद्यार्थी, अनुराग प्रकाशन नयी दिल्ली 2015, पेज नं. 66
16. श्री रामदुलारे त्रिवेदी, क्रान्तिकारियों के साथ, बनारसीदास चतुर्वेदी, झबरमल्ल शर्मा, परिपूर्णानन्द वर्मा (सम्पादित), अमर शहीद श्री गणेशशंकर विद्यार्थी, हिन्दी भवन, कालपी 1960
17. डॉ. लल्लन मिश्र, गणेशशंकर विद्यार्थी निबन्ध तथा पत्रकारिता में देन, संजय बुक सेण्टर, वाराणसी, 2002 पेज नं. 25
18. डॉ. लल्लन मिश्र जी से व्यक्तिगत बातचीत से
19. डॉ. लल्लन मिश्र, गणेशशंकर विद्यार्थी निबन्ध तथा पत्रकारिता में देन, संजय बुक सेण्टर, वाराणसी, 2002 पेज नं. 37
20. बनारसीदास चतुर्वेदी, विश्वम्भरनाथ पाण्डे (सम्पादित), कर्मवीर पं. सुन्दरलाल सद्‌भावना के सेतु, सस्ता साहित्य मण्डल नयी दिल्ली, 1986, पेज नं. 136-137
21. देवव्रत शास्त्री, गणेशशंकर विद्यार्थी, आत्माराम ऐण्ड सन्स दिल्ली, 2011, पेज नं. 105
22. वही, पेज नं. 106-107
23. वही, पेज नं. 109

गणेश किसानों के प्रहरी

देश की आधी आबादी किसान है। मेरा उद्देश्य देश में समाज को आपस में किसान और गैर किसान, खेतिहर और खेतिहर मजदूर आदि आधारों पर विभाजन करने का नहीं है, न ही इसके पक्ष में हूँ। परन्तु यह एक चिन्ता का विषय है कि, देश के राजनैतिक हलकों, समाचार-पत्रों, इलेक्ट्रॉनिक मीडिया, विश्वविद्यालय के अध्ययन व विमर्श आदि विषय में यह किसान कहीं विलुप्त-सा है या आंशिक रूप में दिखायी पड़ता है। जबकि खाद्यान्न संकट से उबारने के लिए कृषि के विकास पर चर्चा, शोध और योजनाओं का क्रियान्वयन हुआ। तथ्यात्मक रूप से यह सही हो सकता है कि देश की आधी आबादी किसान है और दो-तिहाई आबादी कृषि में रोजगार और अपनी जीविका के लिए निर्भर है और इस आधार पर विभिन्न संचार, सामाजिक और राजनैतिक मंचों से किसानों पर चर्चा हो। मात्र सामाजिक न्याय के नाम पर यह अनुचित है लेकिन यह भी उचित नहीं है कि किसान जहाँ आत्महत्या कर रहा हो, कृषि के मूलाधार खाद, बीज, पानी, मिट्टी और श्रमिक की समस्या से किसान ग्रस्त हो, जहाँ किसानों को उसकी कृषिगत लागत के बराबर भी फसल का मूल्य नहीं मिल पा रहा हो, जहाँ यदि किसानों की फसल प्राकृतिक आपदा से बर्बाद हो जाये तो उसके जीविका का संकट खड़ा हो जाये, ऐसी स्थिति में मीडिया मौन रहे यह देश-समाज दोनों के लिए उचित भी नहीं है।

डिजिटलीकरण के बाद देश के अधिकांश समाचार-पत्र अपनी वेबसाइट पर समाचार-पत्रों के समस्त विषयों को प्रकाशित किये हुए हैं। इसलिए इस विषय पर अध्ययन करना आसान है कि मीडिया किसानों की समस्या को लेकर कितना सजग है। पिछले दो वर्षों के समाचार-पत्रों में प्रकाशित लेखों के मुद्दों का अध्ययन करने के बाद, एक चौंकानेवाला आँकड़ा उभरकर सामने आता है कि लगभग प्रत्येक समाचार-पत्रों में कृषि और किसानों से जुड़ी समस्या पर केन्द्रित लेख व विमर्श प्रति भाह औसतन एक से दो प्रकाशित हुए हैं, अर्थात् पिछले दो वर्षों में औसतन प्रत्येक वर्ष 15 से 20 लेख। एक अन्य शोध के अनुसार हिन्दी और अंग्रेजी में प्रकाशित होनेवाले समाचारों और लेखों में केवल तीन से चार फीसदी ही कृषि, किसान और गाँव से जुड़ी होती है। जबकि

यह वह समय था जब किसान सूखे से परेशान था, किसानों की फसल नष्ट हो रही थी, किसानों को लागत के बराबर भी मूल्य नहीं मिल पा रहा था। ऐसी स्थिति में भी विभिन्न बैंकों द्वारा किसानों को दिये गये ऋणों की वसूली पर किसान ने अपना विरोध प्रदर्शन दर्ज कराया और किसानों द्वारा यह माँग लगातार उठती रही कि उनकी उपज का कम-से-कम लागत के बराबर तो मूल्य मिले।

शायद किसानों के प्रति मीडिया के उपेक्षित रवैये का ही परिणाम था कि आजादी के बाद समय-समय पर किसानों के आन्दोलन होते रहे और कुछ आन्दोलन अत्यन्त हिंसक रूप में भी सामने आये। जिसमें राज्य का करोड़ों रुपये का नुकसान हुआ, साथ ही हफ्तों जन-जीवन अस्त-व्यस्त रहा और इन आन्दोलनों में ऐसा नहीं था कि किसानों को सब-कुछ मिल गया हो, किसानों ने बहुत-कुछ खोया है। अभी हाल ही में मध्यप्रदेश में हुए किसान आन्दोलनों में मन्दसौर इलाके में पुलिस की गोलीबारी में 5 किसानों की मृत्यु हो गयी। क्या इस विषय पर विचार नहीं होना चाहिए कि यह आन्दोलन क्यों हुआ? इस आन्दोलन से कितना आर्थिक नुकसान हुआ? जन-जीवन कितना अस्त-व्यस्त हुआ और अन्ततोगत्वा इन गतिविधियों के बाद किसानों को इस सम्पूर्ण आन्दोलन से क्या वही मिला जो वह चाहते थे। देश की मीडिया को इस विषय पर विमर्श करना होगा कि आखिर वर्तमान समय में राज्य और किसान एक-दूसरे के आमने-सामने क्यों खड़े हैं? किसानों को यह क्यों लगता है कि राज्य हमारा शोषण कर रहा है?

गाँधी जी ने संसदीय प्रणाली के विषय में 1909 में प्रकाशित अपनी पुस्तक 'हिन्द स्वराज' में लिखा है कि, "पार्लमेण्ट तो बाँझ और वेश्या है यह दोनों शब्द बहुत कड़े हैं, तो भी उस पर अच्छी तरह लागू होते हैं। मैंने उसे बाँझ कहा क्योंकि अब तक उस पार्लमेण्ट ने अपने-आप एक भी अच्छा काम नहीं किया। अगर उस पर जोर दबाव डालनेवाला कोई न हो तो वह कुछ भी न करे, ऐसी उसकी कुदरती हालात है और वह वेश्या है क्योंकि जो मन्त्रिमण्डल उसे रखे उसके पास वह रहती है।"[1] ऐसी स्थिति में मीडिया की भूमिका महत्त्वपूर्ण हो जाती है। देश में लोकतन्त्र के चौथे स्तम्भ को अपना दायित्व समझना होगा। वह देश के उपेक्षित, परेशान और यहाँ तक कि गरीबी के पर्याय बन चुके किसानों के मुद्दों को समाचार-पत्रों और इलेक्ट्रॉनिक मीडिया के माध्यम से सामने रखना होगा ताकि देश की संसद् इन मुद्दों पर विमर्श करने के लिए विवश हो सके। साथ ही मीडिया को अपनी इस जिम्मेदारी का भी निर्वहन करना चाहिए कि वह यह सामने लाने का प्रयास करे कि वास्तविक रूप से किसानों की आर्थिक, सामाजिक और राजनैतिक स्थिति क्या है? इसके साथ ही इस विषय पर भी विचार हो कि किसानों की इस समस्या का स्थायी निदान क्या है? जब इन मुद्दों पर मीडिया में विमर्श शुरू होगा तब मजबूरन देश की संसद् इस विषय पर विमर्श करने तथा स्थायी हल की तरफ बढ़ने को विवश होगी। नहीं तो यह सत्य है कि लोकतान्त्रिक और संसदीय राजनैतिक प्रणाली में सत्ताधारी दल का उद्देश्य यही होता है कि वह अगला चुनाव कैसे जीत

सकती है, उसके अधिक-से-अधिक सदस्य जीतकर कैसे पुनः संसद् के सदस्य बन सकते हैं। उनका देश के मुद्दों और समस्याओं से उतना ही सरोकार होता है, जितना कि वह चुनावी जीत में सहायक हो सके। इसलिए मीडिया को आगे आकर स्वयं को कलम के सिपाही होने का प्रमाण देना होगा।

गणेशशंकर विद्यार्थी जी के शहीद होने के बाद पत्रकारशिरोमणि बाबू बनारसीदास चतुर्वेदी ने लिखा था कि, "आज उस दीनबन्धु के लिए किसान रो रहा है। कौन उनकी उदर ज्वाला को शान्त करने के लिए स्वयं आग में कूद पड़ेगा?"[2] किसानों की वास्तविक स्थिति और उनकी समस्याओं के निदान के लिए देश के सामाजिक कार्यकर्त्ता, राजनेता और मुख्यतः पत्रकारों को गणेश जी की पत्रकारिता के विषय में गहन अध्ययन करना चाहिए। जब 1910 में बेतिया के पत्रकार पीर मोहम्मद मुनीस इलाहाबाद शहर में कर्मयोगी सुन्दरलाल के घर में रुके हुए थे, तभी उनकी मुलाकात गणेश जी से हुई थी और उन्होंने गणेश जी से चम्पारण के नील के किसानों के ऊपर हो रहे निलहों के अत्याचारों के विषय में विस्तृत जानकारी दी और 1907 से 1909 के बीच हुए चम्पारण में शेख गुलाब के नेतृत्व में हुए हिंसक आन्दोलन के विषय में भी बताया। विषय को सुनकर गणेश जी ने यह कहा कि इसमें आगे हमीं लोग कुछ करेंगे, अन्ततः गणेश जी ने गाँधी जी को विवश किया कि वह चम्पारण जायें और शोषक निलहों से वहाँ के किसानों का उद्धार करें। राजस्थान के बिजोलिया किसान सत्याग्रह के नेता विजय सिंह 'पथिक' ने जब गणेश जी को पत्र लिखा कि अपने समाचार-पत्र 'प्रताप' में बिजोलिया किसान आन्दोलन के लिए लिखें। पत्र के जवाब में गणेश जी ने 'पथिक' जी को लिखा था कि बिजोलिया किसान आन्दोलन के लिए 'प्रताप' के दरवाजे हमेशा के लिए खुले हुए हैं। इसके बाद किसान सभा में सक्रिय भूमिका निभायी व कांग्रेस और विभिन्न मंचों से बिजोलिया किसान आन्दोलन को उठाया। ठीक इसी प्रकार अवध किसान आन्दोलन में जब मुन्शीगंज में किसानों के ऊपर गोली चली, जिसमें गोली चलाने में महती भूमिका वहाँ के जमींदार राजा वीरपाल सिंह की थी तब उन्होंने अपने विशेष संवाददाता को भेजकर रायबरेली से सम्पूर्ण सूचना एकत्र करने के बाद एक लेख 'डायरसाही' नामक शीर्षक से लिखा। जिसमें गणेश जी ने मुन्शीगंज गोलीकाण्ड की तुलना जलियाँवाला बाग नरसंहार से की। इसके बाद उन पर वीरपाल सिंह द्वारा मानहानि का मुकदमा चलाया गया, इस मुकदमे में गणेश जी आर्थिक रूप से टूट गये और उन्हें जेल भी जाना पड़ा। इसका कारण था अगर वह मुकदमा वापस लेते हैं तो अवध के किसानों का मनोबल टूट जाता, इसलिए वह मुकदमा लड़ते रहे। ऐसे अनेक उदाहरण हैं, जैसे—चाहे अंग्रेजों के समय गठित किसानों के लिए समितियाँ। किसानों के इन सब विषय पर गणेश जी का पत्र 'प्रताप' लगातार लिखता रहा। इन तथ्यों के आधार पर गणेश जी को किसानों का पहला पत्रकार कहा जाये तो यह अतिशयोक्ति नहीं होगी।

डॉ. गंगानारायण त्रिपाठी अपनी पुस्तक 'कालजयी एक पुरुष' में लिखते हैं कि "समाज की दयनीय स्थिति पर विद्यार्थी जी की लेखनी ने आँसू ही नहीं, क्षोभ और आक्रोश की एक धधकती हुई अग्नि का अनुभव कराया था। इसके साक्षी स्वयं उन्हीं के ये शब्द हैं—"जिनके लिए आनन्द और सुख स्वप्न है, जिनके लिए जीवन का अर्थ इसके सिवा कुछ नहीं कि पिल्ले की भाँति आँखें मूँदे जन्म लो...एड़ियाँ रगड़-रगड़कर उसे किसी प्रकार व्यतीत करो और समय से पहले हलके ही में एक दिन कुत्ते की भाँति मर जाओ, कोई हृदय के गम करनेवाला नहीं और अधिक जीने से किसी को कोई राहत पहुँचनेवाली नहीं।"[3]

गणेश जी ने भी शहरों के विकास के स्थान पर गाँव को प्राथमिकता दी वह भी गाँधी जी के अनुरूप यह मानते थे कि हमारे देश की आत्मा गाँव में ही बसती है। इसीलिए गणेश जी के मन में गाँव की दरिद्रता की पीड़ा सर्वप्रथम उठती थी। गाँव की गरीबी का मर्मभेदी चित्र उन्होंने कई बार सार्वजनिक रूप में प्रस्तुत किया था। 'प्रताप' के लेख से ही उनके भाव—"शहरों की चमक-दमक को मत देखिये। उन लाखों झोंपड़ों की ओर नजर उठाइये, जो गाँव में हैं और जिनमें देश की आत्मा निवास करती है। देश के इन देवालयों पर घोर दरिद्रता और अज्ञान की काली घटा छायी हुई है।...साधारण समय में इन करोड़ों आदमियों को पेट चलाना कठिन होता है। ताप और शीत के कठिन थपेड़ों को खानेवाले लोगों के पास अपने पेट का अन्न दूसरों के सामने रख देने के पश्चात् इतना भी मुश्किल से बचता है कि वह किसी प्रकार साल के इस छोर से उस छोर तक सँभल जाये। (वे) वस्त्रहीन और गृहहीन! साल के कई मास पेड़ की छालों के आटे, गाजर के टुकड़ों और आम, इमली, जामुन और महुआ पर दिन काटनेवालों के चूल्हों में सोना गड़े होने का स्वप्न देखा जाता है।"

प्रान्त की राजनीतिक कान्फ्रेन्स में, सभापति डॉ. तेज बहादुर सप्रू ने अपने भाषण में किसानों पर जमींदार अत्याचार न कर सके, उनके सिर पर बेदखली का भूत सदा न मँडराया करे इसके लिए जमींदारों की निरंकुशता कानून द्वारा कुछ कम करके किसानों को बेदखली के भय से कुछ छुटकारा दिलाना चाहिए जबकि सप्रू जी स्वयं जमींदार थे फिर भी कुछ जमींदारों ने उनसे बहस कर ली। इस पर गणेश जी ने 24 मई और 31 मई, 1914 को क्रमशः 'हमारे अन्नदाता—1 और—2' शीर्षक से 'प्रताप' में सम्पादकीय लिखा। उन्होंने 24 मई, 1914 के सम्पादकीय में तीखे शब्दों से प्रतिक्रिया दी और लिखा "यह बड़े-बड़े अनर्थों का मूल है लेकिन ऐसे भी लोग मौजूद हैं जिनको किसानों के लिए यह छोटी, सरल और आवश्यक रिआयत भी पसन्द नहीं आयी।" लेख की शुरुआत में उन्होंने लिखा, "वही लोग, जो अपनी गणना विशेष कोटि के मनुष्यों में करते हैं, जो उन लोगों को, जो उनके सुख के सामान जुटाने के लिए दरिद्रता और कठोर परिश्रम का जीवन व्यतीत कर रहे हैं, 'कमीना' के नाम से पुकारने में उनके अपने हृदय

की संकीर्णता और लज्जा नहीं बोध करते, जो ढकोसले से भरी हुई अपनी 'जातीय' उच्चता और महत्ता के अभिमान में अपने से नीच पुकारे जानेवाले लोगों को धृणा की दृष्टि से देखते हैं और जिन्होंने चाँदी और सोने के टुकड़े को संसार की सभी चीजों का दाता समझकर उनके आगे अपने घुटने और मस्तक नवा दिया है—वही लोग देश के उन करोड़ों प्राणियों को 'अन्नदाता' के नाम से पुकारने में हमारे साथ एक स्वर्णा होंगे, जो देश के झोंपड़ों में रहते हैं और धूप, वर्षा और जाड़े में एक समान मेहनत करते हुए अपने और साथ ही संसार की उत्पत्ति का केवल अपव्यय करनेवाले लोगों के लिए भी, बिना किसी ईर्ष्या के भाव के अन्न उत्पादन करते हैं। लोग उनका अनादर करते हैं। वे उनका मूल्य नहीं जानते। आँखों पर पट्टी बँधी हुई है, इसलिए वे उन लोगों की दया के पात्र हैं, जो सच्चे हीरे की परख जानते हैं। किसान प्रकृति का सच्चा लाल है। यदि प्राकृतिक उदारता, स्नेह, स्वस्थता और अन्य सद्गुणों का संसार में कहीं भी राज्य हो सकता है, तो वह किसानों के निवास-स्थान ही में हो सकता है। संसार के उन थोड़े-से व्यक्तियों में, जो संसार में खर्च करने के लिए पैदा नहीं हुए, परन्तु जो संसार को खर्च करने के लिए अपने बाहुबल से पदार्थों को देने को पैदा हुए हैं, उन सबमें किसानों ही का श्रेष्ठ स्थान है। परन्तु उच्च स्थान रखते, परोपकारी होते और शान्ति और सुख के केन्द्र बनते हुए भी चिरकाल से किसान ही सबसे तुच्छ, लगभग सभी के अत्याचारों के पात्र और दरिद्रता और दुष्काल के शिकार समझे जाते रहे हैं। राजा उन्हें सताता, अमीर उन्हें सताते और नगर में सड़नेवाला नागरिक भी उन पर तान तोड़ना अपना कर्त्तव्य समझता है। संसार की प्रथाओं की बलिहारी है जो बहुत अधिक प्रेम और सम्मान के पात्र हैं और जिसके उपकार के सामने लोगों के सिर नहीं उठ सकते, उसी को पैरों तले कुचलना, उसी को सताना और तंग करना लोग अपने परम कर्त्तव्य समझें और उन्हें अपने इस काम पर तनिक भी शर्म नहीं, यह खयाल भी न आवे कि वे स्वयं संसार में अधिक मूल्य के नहीं, क्योंकि उन्हें केवल खाना, पीना, खर्चना और आराम से दिन काटना ही आता है।

और 31 मई, 1914 सम्पादकीय में लिखते हैं कि, "लेकिन स्वर्गीय रमेशचन्द्र दत्त के इन शब्दों को व्यावहारिक रूप किस तरह दिया जा सकता है? हम अपने अन्नदाता को किस तरह इस बात का विश्वास दिला सकते हैं कि कुछ भी क्यों न हो, तेरी गाढ़ी कमाई के इस हिस्से पर सांसारिक पदार्थों के केवल भोग करनेवाले लोगों का निरंकुश हाथ कभी न पड़ेगा। हम उसे किस तरह समझा सकते हैं कि प्रकृति के लाल! जा, जोत, बो, शान्त चित्त से फसल काट और भूमि को उपजाऊ बना, और तेरी शान्ति में हस्तक्षेप करना पाप या अत्याचार समझा जायेगा। यह दो बातें हैं परन्तु यदि वह की जायें।" वह आगे लिखते हैं कि, "वर्षों में जो मेहनत की गयी, उसका सारा फल

बन्दोबस्त के हेर-फेर की नजर होकर सरकारी खजाने में पहुँचने लगता है। फिर, भला किसान किस आशा से अपने खेत को खूब बनावें? सरकारी खजाने को भरने ही के लिए मेहनत करना सरासर बेवकूफी होगी और सीधा-सादा किसान इतना बेवकूफ नहीं कि उसे अपने लाभ-हानि का कोई खयाल ही न हो।"

गणेश जी की अन्तरात्मा में किसानों के लिए कितना आँसू और स्नेह था, सत्ता के प्रति कितना आक्रोश था और राष्ट्र निर्माण को लेकर किसानों से कितनी आशा थी। इसको समझने के लिए समय-समय पर 'प्रताप' में प्रकाशित उनके लेखों से समझा जा सकता है। अक्टूबर-नवम्बर 1917 के साप्ताहिक 'प्रताप' के वार्षिक विशेषांक में उन्होंने 'भारतीय किसान' (पूरा लेख परिशिष्ट—2 में) शीर्षक से एक लेख में लिखा जिसमें वह लिखते हैं कि, "कृषक समस्त संसार के अन्नदाता हैं। वे मनुष्य जाति के प्राणाधार हैं। स्वामी राम के शब्दों में कृषक-समाज राष्ट्र की जड़ है और भारत के एक अन्य अनुपम नर-रत्न की सम्मति में देश की सच्ची जनता। परन्तु साथ ही, संसार-भर में सबसे अधिक अत्याचार के विश्वव्यापी लक्ष्य भी वे ही रहे हैं। संसार के अन्य किसी समुदाय के साथ इतना अधिक अत्याचार और अन्याय नहीं किया गया जितना कृषकों के साथ किया गया है। वास्तव में, यदि कृषकों के साथ किया गया अत्याचार और अन्याय नहीं तो फिर संचार में अत्याचार और अन्याय जैसी कोई चीज ही नहीं। क्या पश्चिम, क्या पूर्व, क्या यूरोप, क्या एशिया, सर्वत्र कृषक समाज अत्याचार का, धार्मिक, सामाजिक और राजनीतिक, आर्थिक शिकार बना रहा है।" लेख का निष्कर्ष उन्होंने इस प्रकार प्रस्तुत किया था— "यथार्थ में हमारे किसानों की दशा इतनी शोचनीय है कि उनके उद्धारार्थ भगीरथ प्रयत्न की आवश्यकता होगी। सामाजिक और धार्मिक, आर्थिक और राजनीतिक उनके जीवन का एक भी विभाग ऐसा नहीं जिसमें से अवनति के अधःतम गर्त में न पड़े हों।"

28 जून, 1915 के 'प्रताप' में उन्होंने 'राष्ट्र की नींव' शीर्षक से लेख में लिखा, "राष्ट्र महलों में नहीं रहता। राष्ट्र के निवास-स्थल अगणित झोंपड़े हैं जो गाँव और पुरवों में फैले हुए आकाश के देदीप्यमान् सूर्य, शीतलचन्द्र और तारागण से प्रकृति का सन्देश लेते हैं। इसलिए राष्ट्र का मंगल और उसकी जड़ मजबूत उस समय तक नहीं हो सकती, जब तक इन अगणित लहलहाते पौधों की जड़ों में जीवन का मजबूती का जल नहीं सींचा जाता। भारतीय राष्ट्र के निर्माण के लिए उसके गाँव और पुरुषों में जीवन की ज्योति की आवश्यकता है।"

गणेश जी ने 10 जुलाई, 1925 के 'प्रताप' के सम्पादकीय पृष्ठ पर एक छोटी टिप्पणी लिखी थी, 'भारतीय किसानों के नये हितैषी' लार्ड बर्कनहेड की चालाकी पर कटाक्ष करते गणेश जी ने लिखा था, "अभी तक खेती और किसानों के सुधारने की ओर हाकिमों का खयाल क्यों नहीं गया? इस समय उनका ध्यान क्यों गया? इसके लिए कुछ कारण

हैं। इस देश में राजनैतिक जागृति की कमी है। अधिकांश लोग दरिद्रता की मार से व्यथित होकर विदेशी शासन को बुरा समझते हैं, वे उसे इसलिए बुरा नहीं समझते कि वह विदेशी है। हमारे हाकिम इस बात को समझते हैं कि यदि दरिद्रता की मार से पीड़ित लोगों के सामने रोटी के कुछ टुकड़े डाल दिये जायें, तो इनमें सच्चा स्वदेश प्रेम अभी तक जगा ही नहीं, वे चट से राजी हो जायेंगे और हमारी जय-जयकार करेंगे। हमारे हाकिम किसी भी उद्देश्य से किसानों की दशा सुधारने, किन्तु सुधारे तो पंजाब को छोड़कर और कहीं किसानों की दशा अच्छी नहीं है। इस प्रान्त में तो उनकी दशा बहुत ही बुरी है, किन्तु उनकी दशा के सुधार का अर्थ यह होगा कि गाँवों में पुलिस और ज़मींदारों की धाँधली कम हो। क्या हमारे हाकिम होने देंगे?"[4]

उन्होंने इस शाही कमीशन पर 'प्रताप' में 'किसानों पर सरकारी नजर' शीर्षक से पुनः 25 जनवरी, 1926 को सम्पादकीय लिखा और यह शंका किया था कि, "हमारे प्रभु यह चाहते हैं कि किसानी का धन्धा जो बहुत पिछड़ा हुआ है और अनुन्नत है, नयी और वैज्ञानिक क्रियाओं द्वारा उत्पन्न किया जाये। इसका अर्थ यह है कि यूरोप और अमेरिका में फसलों के पैदा करने और उपज बढ़ाने के जो नये ढंग हैं और वहाँ इस काम के लिए जो कीमती नये तन्त्र काम में लाये जाते हैं, उनमें से अधिकांश का प्रचार भारतवर्ष में भी हो। सरकार इसके लिए देश के किसानों और जमींदारों को खूब उत्साहित करेगी। तनिक भी गहराई के साथ विचार करने पर यह मालूम हो सकता है कि इस तरकीब के अनुसार काम करने पर किसानों को विशेष लाभ न होगा। देश की खेती में विलायती कल-पुर्जों का बहुत व्यापार होने लगेगा और उनके खरीदने के लिए भारतवर्ष का पैसा इंग्लैण्ड के कल-पुर्जे बनानेवालों की जेबों में जाया करेगा। किसानों और किसानी की दशा सुधारने के लिए जो कमीशन नियत किया गया है, उसे जमींदारी, लगान, बन्दोबस्त और इसी प्रकार के अन्य मामलों पर विचार करने का कोई अधिकार नहीं होगा। स्पष्ट रूप से ये बातें उसके अधिकार के बाहर कर दी गयी हैं।" वह आगे लिखते हैं कि, "देश के हजारों देहातों के अगणित झोंपड़े में देश की बड़ी भारी शक्ति दबी पड़ी हुई है। देश के अग्रसर कार्यकर्त्ता देश के नाम की दुहाइयाँ देते हैं और संसार के सामने लम्बे-लम्बे दावे करते हैं किन्तु अभी तक उन्होंने इस बात का कोई सतत उद्योग नहीं किया कि दबी हुई शक्ति को विकसित करके उसे वे देश के लीला-क्षेत्र में लावें। अधिकारी हमारी इस कमजोरी को खूब जानते हैं। वे अपनी इस कमजोरी को भी जानते हैं कि यदि वह अनन्त शक्ति यों ही पड़ी रही, दरिद्रता और अन्याय का यों ही शिकार बनती रही तो घूम-फिरकर वह उसके विरोधियों के हाथों में पड़ जायेगी और बारूद के ढेर की भाँति केवल एक चिनगारी द्वारा देश-भर को अग्निमय कर देगी।" इसलिए लार्ड रेडिंग और लार्ड बरगेनहेड यह बनावटी प्रयास कर रहे हैं।

"अंग्रेजी सरकार के इस कृषि कमीशन की कमियों पर तीखी टिप्पणी करते 8 जुलाई, 1928 के 'प्रताप' में गणेशशंकर विद्यार्थी जी ने कमीशन के अंग्रेज अध्यक्ष का चित्र

इस टिप्पणी के साथ छापा था—"ये कृषि कमीशन के अध्यक्ष हैं, जिसने किसानों के लिए पहाड़ खोदकर चूहा निकाला है।"[5] 1 जुलाई, 1928 के 'प्रताप' का अग्रलेख 'कृषि कमीशन के कारनामें' पर केन्द्रित था। 1926 को भारत की खेती किसानी की उन्नति के उपाय सोचने और परिकल्पना रचने के लिए लार्ड लिनलिथगो की अध्यक्षता में जो कमीशन बना था, उसके श्रम का सार 'प्रताप' में 18 जून, 1928 को प्रकाशित हुआ था, जिसका तटस्थ मूल्यांकन करके किसान पत्रकार गणेश जी ने कृषि कमीशन के प्रस्ताव की तीखी आलोचना करते हुए कई खामियों को लिखा था। उनका कहना था कि, "यह कितना क्रूर उपहास है कि कुछ खूब खाये-पिये लोग बैठकर सूद, भू-राजस्व और भू-कर की निर्दय पद्धतियों के नीचे पिसे हुए प्राणी किसान के नाम पर तजबीजों को पेश करें, जिससे उसका तो भला तनिक भर भी न हो, किन्तु जिससे उसके नाम पर भू-पतियों और धन-पतियों को चौड़ा रास्ता मिले, और विशेषज्ञों की जेबें भरे।... किसान के लिए तो यह सब ढोंग है। किसानों के लिए तो यह सब उनके नाम और काम के नाम पर एक भीषण मजाक है। पैसेवालों के लिए बढ़-बढ़कर हाथ मारने के लिए रास्ते खोजो और फिर कहो कि गरीबों के लिए यह राह निकाली गयी तो इससे बढ़कर, गरीबी का कोई और उपहास नहीं हो सकता।" तात्कालिक अंग्रेजी शासन का रहस्य समझाते गणेश जी ने भारतीय किसानों को आश्वासन प्रेरणा दी थी, प्रशासन की स्वार्थ दृष्टि "केवल साधारण आदमी की भलाई के लिए कोई काम करती है यह बात नितान्त भ्रमात्मक है। वह तो कुछ समुदायों को सृजती रहती है।...उन्हीं के आधार पर, वह अपना सिंहासन साधारण आदमियों के सिरों पर स्थापित करती है। इस कृषि कमीशन ने भी यही किया है।... जिन्दगी की अठखेलियाँ जब हम गरीबों के साथ नित्य इसी प्रकार का खेल खेला करती हैं तो साधारण किसान तुम क्यों घबराते हो, आज यह खेल और भी सही अन्त में, तो बाजी अपने ही हाथ आनी है।"[6]

प्रान्तीय काउन्सिल में लगान कानून पेश हुआ और उसे सेलेक्ट कमेटी को दे दिया गया। इस पर 4 अप्रैल, 1926 को 'किसानों और जमींदारों की भलाई' नाम से प्रकाशित सम्पादकीय में वह लिखते हैं कि, "यदि वे (जमींदार) सारी व्यवस्थाओं पर नयी दृष्टि से देखना नहीं सीखेंगे, तो जमाने का बवण्डर उन्हें किसी दिन साफ उड़ा देगा। उनके इस रूप का कहीं पता नहीं चलेगा। लोग केवल इतिहासों में उनका जिक्र पढ़ा करेंगे। जमींदारी का पेशा चाहे जितना शानदार मालूम पड़ता हो, किन्तु अब अंग्रेजी राज्य में उसका नैतिक मूल्य कुछ भी नहीं रहा। पहले जमींदार राजा थे। लगान की आय का बड़ा हिस्सा अपना होता था।...आजकल की भाँति उनकी हैसियत केवल कमीशन एजेण्ट की न थी...किन्तु जमाना जिस तेजी के साथ बड़े परिवर्तन बदल रहा है, उससे देश की शासन-प्रणाली बहुत दिनों तक ऐसी न रहेगी, उसमें बड़े-बड़े परिवर्तन अवश्य होंगे। और किसान और गरीब आदमियों को भी अपने अधिकारों का ज्ञान बढ़ेगा। और

उनका संगठन भी होगा। उस दशा में, जमींदारों की मिथ्या शान किस काम आवेगी? कमीशन एजेन्सी कोई विशेष लाभदायक चीज भी तो नहीं है। कमीशन इतना भी तो नहीं होता कि उससे मजे के साथ बसर हो सके। आगे जो बात आनेवाली है, जिसे कोई नहीं रोक सकता, ब्रिटिश गवर्नमेण्ट भी नहीं रोक सकती, उससे अभी से हमारे देश के जमींदार क्यों न खबरदार हों?, क्यों न वे अपने ढंग के बदलने की फिक्र करें? क्या अपने देश भाइयों के अज्ञान का बेजा लाभ उठावें?, क्यों उनकी गाढ़ी कमाई में अपना बेजा हिस्सा लगावें?, क्यों गरीबों की हाय के शिकार बनें? क्यों समाज के रक्त-पोषक की पदवी ग्रहण किये रहें? क्यों शासन-मशीन के छोटे पुर्जों के सामने सदा घुटने टेकते और माथा रगड़ते रहें? क्यों न अपने पैरों पर खड़े हों? क्यों न अपने पुरुषार्थ से धनोपार्जन करने का मार्ग ग्रहण करें? क्यों न अधिक लाभदायक मार्ग में अपनी शक्तियाँ लगाकर अपनी निर्जीवता, अपनी निष्क्रियता को दूर करें? क्यों न व्यापार व्यवसाय में लगाकर अधिक स्वतन्त्रता और स्वावलम्बी प्राणी बनें? इसी प्रकार की कार्यशैली के अवलम्बन से इस देश का कल्याण होगा, और किसान और जमींदार भी भले रास्ते पर लग जायेंगे। अन्य साधारण ढंग और छोटी-मोटी काट-छाँट प्यासे के लिए ओस के समान है, उनसे प्यासे की प्यास न बुझेगी।''

सेलेक्ट कमेटी में जमींदारों द्वारा कानून को नाजायज मानने और यह कहना कि स्वतन्त्रतापूर्वक किसान और जमींदार के बीच जो समझौता हो जाये वह कानून में न बाँधा जाये। पर गणेश जी 27 जून, 1926 के सम्पादकीय में लिखते हैं कि, ''वह से सिद्धान्त! हाथी और खरगोश के बीच, शेर और बकरी के बीच, भेड़िये और मेमने के बीच अगर स्वतन्त्रतापूर्वक कोई समझौता हो सकता है, तो शायद जमींदारों और किसानों के बीच भी स्वतन्त्र समझौते हो सकते हैं। अपना मतलब गाँठने के लिए, आज हमारे जमींदार काउन्सिलर समझौतों की पवित्रता की दुहाई दे रहे हैं। लेकिन समझौते हुए भी, वे भूल जाते हैं कि असमान बलवालों में कोई स्वतन्त्र समझौता नहीं हो सकता।''

5 अगस्त, 1928 के 'प्रताप' के 'किसान-मजदूर और कांग्रेस' शीर्षक अग्रलेख द्वारा गणेश जी ने राजनेताओं को आगाह किया था। ''किसान और मजदूरों का युग आ गया है। थोथी राजनीति से अब काम नहीं चलेगा। देश की सर्वमान्य राजनैतिक संस्था राष्ट्रीय महासभा कांग्रेस के सामने इस समय मात्र एक यही काम है। यदि कांग्रेस इस किसान-मजदूर आन्दोलन की गतिविधि को समझकर काम नहीं करती तो उसका भविष्य उज्ज्वल नहीं कहा जा सकता।'' उनका यह भी मानना था कि—''जो संस्था किसानों और मजदूरों की सेवा से वंचित रहती है, वह अधिक समय तक जीवित नहीं रह सकती है।''[7]

'प्रताप' अपने शुरुआती दिनों में अधिक लोकप्रिय नहीं हुआ था। उस समय अधिकतम ग्राहक लगभग 200 के आस-पास थे, इसके अतिरिक्त 40-50 प्रतियाँ

प्रतिदिन और बिक जाती थीं। चम्पारण के निलहों के अत्याचार पर लगातार लेख, समाचार और सम्पादकीय छापने के कारण संयुक्त प्रान्त और बिहार के गाँवों में 'प्रताप' की लोकप्रियता अधिक थी। ग्रामीण क्षेत्रों में जितनी लोकप्रियता 'प्रताप' की थी उतनी उस समय अन्य किसी समाचार-पत्र की नहीं हुई। इस विषय पर गणेश जी पर प्रथम शोध करनेवाले डॉ. लल्लन मिश्र जी का मानना है कि—"'प्रताप' के अधिकांश पाठक किसान और मजदूर थे, अतः गणेश जी इस बात का खयाल रखते थे कि जो विषय दिये जायें, वे इतने सरल हों, और जो भाषा लिखी जाये वह इतनी सुबोध हो, तथा जो विचार व्यक्त किये जायें, वे इतने सुलझे हुए हों कि मामूली किसान और मजदूर भी उसे समझ सके। साथ ही, वे भाषा में विचारों के साथ भावुकता का पुट देने के भी पक्षपाती थे। सम्भवतः इसीलिए कि भाव जनता के हृदय को स्पर्श करते हैं और उनके कारण लेख पढ़ने में अधिक रोचक मालूम होते हैं।"[8]

गणेश जी के समाचार-पत्र 'प्रताप' और किसानों के बीच में सम्बन्ध का अनुमान इसी बात से लगाया जा सकता है कि "गुरु रघुवरदयाल ने कानपुर नगर के ग्रामीण क्षेत्र में गणेश जी और उनके 'प्रताप' के प्रभाव को कम करने के उद्देश्य से 1924 में 'किसान' नामक पत्र भी प्रकाशित किया था।"[9]

'प्रताप' के पाठक सत्यभक्त जी लिखते हैं कि, "मैं आरम्भ से ही 'प्रताप' का पाठक था। सम्भवतः उसका प्रथम अंक भी मैंने बड़े शौक से पढ़ा था। साठ वर्ष बीत जाने पर भी यह मुझे अच्छी तरह याद है कि उस समय के अन्य समाचार-पत्रों की तुलना में 'प्रताप' एक नयी ही चीज था। अन्य पत्र जहाँ अधिकांश अंकों में इधर-उधर के संग्रह किये समाचार और लेखों से भरे रहते थे, 'प्रताप' का मुख्य कार्य जनता की शिकायतों को प्रकाशित करना और उनके लिए आन्दोलन करना था। देसी रियासतों के अन्याय पीड़ित निवासी तो उसे अपना उद्धारक ही समझने लगे थे। जमींदारों और ताल्लुकेदारों के अत्याचारों से पीड़ित अवध के किसानों के लिए विद्यार्थी जी ने घनघोर आन्दोलन किया और उनके लिए बड़े-बड़े मुकदमे में फँसकर बहुत अधिक आर्थिक और शारीरिक हानि सहन की।"[10]

किसानों और मजदूरों की दुर्दशा की चर्चा बहुत-से नेता, कार्यकर्त्ता किया करते हैं, किन्तु हृदय से ग्रामीणों और मजदूरों की शोचनीय अवस्था को अनुभव कर उसे दूर करने का प्रयास करनेवाले बहुत कम लोग होते हैं। गणेश जी ऐसे ही व्यक्तियों में से एक थे। देश के सभी किसान और मजदूरों का उत्थान हो, उन्हें भरपेट खाने को अन्न और अच्छी तरह से लज्जा निवारण के लिए वस्त्र मिले, वे सत्ताधारियों के आये दिन होनेवाले अत्याचारों और उनकी ज्यादतियों से बचे, इसके लिए गणेश जी ने 'प्रताप' द्वारा अथवा यों ही जहाँ कहीं भी आवश्यकता पड़ती थी, प्रयत्न करते थे। आगे चलकर इस कार्य के लिए उन्होंने दो स्थानों पर केन्द्र बनाने का निश्चय किया, किसानों के लिए नरवल में और मजदूरों के लिए कानपुर में।"[11]

गणेश जी ने एक दिन विजय कुमार सिन्हा जी को 'प्रताप' कार्यालय में बुलाकर नरवल में अपनी योजना के विषय में बताया। इस विषय में सिन्हा जी ने अपने एक लेख में लिखा कि, "सन् 1928 में एक दिन उन्होंने मुझे अपने दफ्तर में बुलाकर कहा कि उन्होंने अपने अधिकांश समय में पास ही के नरवल गाँव के किसानों में चुपचाप काम करने का निश्चय किया है।"[12] नरवल कानपुर से 20 किलोमीटर की दूरी पर एक छोटा-सा कस्बा है, जो गणेश जी के सम्पर्क में आने के कारण प्रान्त में सुप्रसिद्धि प्राप्त कर चुका है।

गणेश जी खादी और चरखा के अनन्य समर्थक और भक्त थे। वे गाँवों में, घर-घर में, चरखे की घर्र-घर्र सुनने के लिए मतवाले रहते थे। सत्य के बाद यदि किसी वस्तु-विशेष पर उनकी आस्था थी, तो वह एकमात्र चरखे पर। चरखे को वह गाँवों का अन्धकार दूर करने का एकमात्र सूर्य मानते थे। रामनाथ टण्डन खादी प्रेमी, खादी विशेषज्ञ और खादी भण्डार के संचालक होने के नाते उनके 'एडवाइजर-इन-चीफ' थे। नरवल में 'झण्डागीत' के लेखक श्री श्यामलाल गुप्त 'पार्षद' का घर था। वहीं ये त्रिमूर्ति गणेश जी, रामनाथ जी और पार्षद जी मिल-जुलकर आश्रम निर्माण की योजना और कल्पना बनाते, अपने प्यारे साथी, सखा नेता की हाँ-में-हाँ मिलाते-जुलाते प्रणवीर 'प्रताप' को एक दिन नरवल से ही प्रकाशित करने का सुख स्वप्न देखते। किसी दिन शहर का दूषित वातावरण छोड़ नरवल में ही रहें। आसपास के गाँवों में चरखे और खादी पर काम करें, यहीं से अखबार का प्रकाशन भी होगा, जो किसानों की तकलीफों को दूर करते हुए, उन्हें राष्ट्रीय संग्राम का सैनिक बनाने की तैयारियाँ करेगा।[13] डॉक्टर लल्लन मिश्र जी का कहना है कि 'प्रताप' का मुद्रण भले कानपुर से होता रहा, लेकिन 'प्रताप' का एक कार्यालय नरवल में भी स्थापित था। उनकी इच्छा थी कि एक दिन 'प्रताप' का मुद्रण और प्रकाशन नरवल गाँव से हो। यह इस बात का प्रमाण है, विद्यार्थी जी की आत्मा में गाँव और किसान के प्रति कितना स्थान था।

गणेश सेवा आश्रम स्थित खादी भण्डार के विक्रेता बताते हैं कि, "1929 में वहाँ एक सेवाश्रम की स्थापना कर ग्राम संगठन का काम शुरू कर दिया। पाठशाला, पुस्तकालय आदि खोले गये। चरखा चलने लगे तथा खद्दर भी तैयार होने लगा। गणेश जी प्रायः हर शनिवार को वहाँ चले जाते और रविवार को दिन-भर वहाँ रहते थे। कभी सोमवार को प्रातःकाल और कभी रविवार की शाम को लौटते वहाँ पर आस-पास के ग्रामीण तथा कार्यकर्त्ता आते, सभाएँ होतीं, ग्रामीणों की दशा सुधारने की बातें सोची जातीं, उन्हें अत्याचारों-अन्यायों का मुकाबला निर्भीकता और बहादुरी के साथ करने की बात बतलायी जाती। धीरे-धीरे उन्होंने यह काम बढ़ाया और आस-पास के लगभग 250 गाँवों में संगठन का काम होने लगा।" पुस्तक लेखन के दौरान अपने शोध के लिए जब मैं नरवल गया तो मेरे लिये एक आश्चर्य का विषय था कि आज भी गणेश सेवा

आश्रम में गणेश जी द्वारा स्थापित कार्य निरन्तर अपनी प्रगति पर है और प्रतिदिन उस गाँव में आज भी 200 से 300 लोगों के लिए रोजगार की व्यवस्था है वहाँ आज भी चरखा चलाये जाते हैं। मुझे गाँधी जी के ग्रामोद्योग, ग्राम स्वराज के साक्षात् दर्शन नरवल गाँव में हुए। हालाँकि ऐसा भी नहीं है कि बाजारवाद से उत्पन्न समस्याओं का प्रभाव इन उद्योगों पर न पड़ा हो।

गणेश जी के आमन्त्रण पर लखनऊ अधिवेशन कांग्रेस के बाद जब गाँधी जी कानपुर आये थे तब उनका रुकना 'प्रताप' कार्यालय में हुआ, उसी समय गाँधी जी से प्रेरित होकर विद्यार्थी जी ने राजनीति में काम करना शुरू किया। जिस समय उनकी हत्या हुई थी, उस समय वह संयुक्त प्रान्त (वर्तमान उत्तर प्रदेश) के प्रदेश अध्यक्ष थे। सत्येन्द्र शुक्ल जी की बात से कांग्रेस में उनके राजनीतिक हैसियत का अन्दाजा इसी से लगाया जा सकता है। सत्येन्द्र शुक्ल जी लिखते हैं, "प्रदेश में भी कांग्रेस सरकार बन गयी थी और पण्डित गोविन्द वल्लभ पन्त (यूनाइटेड प्रोविन्सेज ऑफ आगरा ऐण्ड अवध) जिसे हिन्दी में संयुक्त प्रान्त आगरा और अवध को मिलाकर कहते थे और अब इसका नाम उत्तर प्रदेश है, के प्रधानमन्त्री कहे जाते थे। यों तो मेस्टन रोड की गोष्ठियाँ केवल समय काटने का ही साधन होती थीं, परन्तु कभी-कभी इनमें भी गम्भीर चर्चाएँ हो जाती थीं और इनमें स्वर्गीय विद्यार्थी जी का नाम एक टीस के साथ लिया जाता था। प्रायः सभी एकमत होकर कहते थे कि यदि आज विद्यार्थी जी जीवित होते तो निश्चित रूप से वे ही संयुक्त प्रान्त (उत्तर प्रदेश) के 'प्रधानमन्त्री' होते। सर्वसम्मति से कही हुई यह बात इंगित करती है कि विद्यार्थी जी का व्यक्तित्व कितना ऊँचा था, यानी पण्डित पन्त, आचार्य नरेन्द्रदेव, सम्पूर्णानन्द जी व सी. बी. गुप्त सभी से ऊँचा था।"[14]

1924 में कांग्रेस अधिवेशन के दौरान जब कार्यकर्त्ताओं के लिए कोई एजेण्डा तय नहीं किया गया तो इसकी चर्चा कार्यकर्त्ताओं में थी कि इस बार का अधिवेशन तो बेकार रहा। इस बात को ध्यान में रखते हुए गणेश जी ने एक लेख 19 फरवरी, 1925 को साप्ताहिक 'प्रताप' में 'चलिये गाँव की ओर' नामक शीर्षक से प्रकाशित किया। लेख के कुछ अंश—"जिन्हें काम करना है, वह गाँव की तरफ मुड़े। शहरों में काम हो चुका है। शहरों के लोगों को इतनी तकलीफ भी नहीं। शहरों में देश की सच्ची आबादी रहती भी नहीं। देश-भर में फैलते हुए छोटे-छोटे गाँवों के छोटे-छोटे झोंपड़े ही देश की सच्ची सन्तति के निवास-स्थान हैं। यदि पंचायतों से मामले तय होने लगे तो देहातवाले अदालत के बेजा खर्च की जेरबारी से बच जायें। गाँव में चरखा चल सकता है और खद्दर बन सकता है। यदि वहाँ खद्दर बनने लगे, तो गाँव का पैसा गाँव में रहे और लोगों की खुशहाली बढ़े। गाँववालों को अछूतों के साथ अच्छे व्यवहार करने की शिक्षा देने की आवश्यकता है। गाँव के युवक स्वयंसेवक बनकर गाँवों की सेवा के लिए तैयार किये जा सकते हैं। गाँवों में मिल-जुलकर कुछ नये ढंग के साथ राष्ट्रीय और धार्मिक

तथा सामाजिक कार्यों के किये जाने की भी आवश्यकता है। इन कामों के लिए कुछ पैसों की आवश्यकता पड़ेगी। गाँववाले गरीब हैं, किन्तु यदि युक्ति से काम लिया जाये, तो अपने खर्च के लिए वे पैसे निकाल सकते हैं।"

इस लेख से पता चलता है कि गणेश जी की पत्रकारिता में किसानों के लिए जितनी जगह थी। वही उनके राजनीतिक जीवन में भी साफ-साफ दिखायी पड़ती है। गणेश जी कानपुर से संयुक्त प्रान्त की काउन्सिल के सदस्य बने थे। इस काउन्सिल में लगातार समाज के विभिन्न मुद्दों को उठाया गया। उन्होंने कुछ मुद्दे किसानों सम्बन्धी भी उठाये। उनके एक भाषण से अन्दाजा लगाया जा सकता है कि किसानों की समस्या पर गणेश जी किस तरह जमीनी हकीकत से वाकिफ रहा करते थे जो अंग्रेजों के लिए एक मुँह पर तमाचा था, 24-09-1928 को प्रान्तीय काउन्सिल में उनके भाषण के कुछ अंश—

"मेरी धारणा तो यह है कि आगे भी पानी शायद ही बरसे। हालात दिन-ब-दिन खराब ही होती जायेगी और साथ ही इस बात पर भी गौर करने की जरूरत है कि पानी की कमी या फसल की खराबी सिर्फ इसी साल से ताल्लुक नहीं रखती, बल्कि पिछले दो साल से बराबर हमारे सूबे की हालत खराब ही होती चली आयी है। मेरे पास इस तरह के केस मौजूद हैं जिनको मैं पेश कर सकता हूँ कि तकलीफ की वजह से, भूख की वजह से एक आदमी ने रायबरेली जिले में खुदकुशी कर ली। इसी तरह के केस भी मेरे पास मौजूद हैं और वह मैं आपके सामने रख सकता हूँ कि कई किसानों ने मजबूर होकर अपनी लड़कियाँ तक भेज दीं। केवल कुछ रुपये के लिए, कि किसी तरह से भी लगान दें, जिन्दगी बसर करें। फसल के सम्बन्ध में, सरकारी अहलकारों ने अक्सर जगह-जगह पर बड़ा गलत अन्दाजा किया है।

मैं आपको जौनपुर और प्रतापगढ़ के एक खेत का कुछ थोड़ा-सा खुलासा सुनाता हूँ, जिससे आपको मालूम होगा कि पटवारियों ने क्या रिपोर्ट दी थी और उनके ऊपर जो अहलकार थे उन्होंने किस तरह की रिपोर्ट लेना पसन्द किया था? मेरा रिपोर्टर लिखता है कि यहाँ पर कोई भी फसल चार आने से ज्यादा नहीं हुई, तहसीलदार पट्टी रुद्रपुर आये थे, उनके साथ कानूनगो भी आये थे, कुछ देर में सब पटवारियों ने कानूनगो साहब को एक पर्चा दिया, जिस पर कानूनगो साहब ने कहा कि क्यों जी, नुकसान तो ज्यादा हुआ है, तुम दो आने क्यों दिखाते हो? इस पर सब पटवारियों ने कहा कि तहसीलदार साहब का यह हुक्म है। कानूनगो साहब चुप ही रहे। उनके पास बैठे हुए दो-चार आदमियों ने कहा कि गेहूँ खराब हो गया है, तहसीलदार साहब को क्यों नहीं दिखलाते। उन्होंने कहा कि हुक्म के पाबन्द हैं, अपने मन से कुछ नहीं कर सकते। जिस शख्स ने यह खत लिखा उसका पता मेरे पास मौजूद है।

इस तरह के वाकियात एक जिले में नहीं, कई जिलों में हुए हैं, जहाँ पटवारियों ने ठीक-ठाक अन्दाजा देना चाहा, लेकिन ऊपर के हाकिमों ने उसका लेना मुनासिब नहीं

समझा और उन्होंने कोशिश की कि यह दिखलाया जाये कि फसल इतनी बुरी नहीं है जितनी वह कही जाती है।

यह कहना मजाक है कि किसानों को तकलीफ है, आप और हम तो आराम के साथ अपनी जिन्दगी बसर करते हैं, बिजली की रोशनी और बिजली के पंखे के नीचे आराम करते हैं। आराम से मोटर और डाँडी में चलते हैं। आपकी सारी स्कीमें इस समय बन्द हो जानी चाहिए। उनको बन्द करके आप किसानों को तकाबी दें और लगान की माफी करें। आपके इण्टरेस्ट में यह बात जरूरी है कि आप किसानों की इस तरह से मदद करते। आपका इण्टरेस्ट इस तरह से है कि अगर किसान खुशहाल रहेंगे तथा किसानी अच्छी होगी तो हमारी आपकी सब की हालत अच्छी रहेगी। किसान सोने का अण्डा देनेवाली मुर्गी है और अगर आपने इसलिए की और स्कीमों के लिए पैसा है, लेकिन किसानों की मदद के लिए पैसा नहीं है, इसलिए उनकी पूरी मदद नहीं की तो यह बहुत मुमकिन है कि किसानों की हालत बहुत बुरी हो जाये और आपको जो आराम है किसानों की वजह से, उसमें बड़ा फर्क पड़ जाये।

मैं कहता हूँ आपको ऐसी बात क्यों करना पड़े। अभी से ऐसा क्यों न करें कि किसान खुश रह सके। अगर बड़े आदमी मोटरकार में रह सकते हैं, अगर बड़े आदमियों के यहाँ खाना इतना रह सकता है कि खराब तक होकर फेंका जाये तो हमारे गरीब आदमियों को पेट-भर खाना तन-भर कपड़ा मिलने दो! अगर आप इतना नहीं कर सकते तो मैं कहता हूँ कि आपके इन्तजाम में किसी तरह का नुक्स है फिर बलवा होता है तो उसका दोष गरीबों पर नहीं, सरकार पर है, आप पर है।"

गणेश जी के राजनीतिक एजेण्डे तथा सामाजिक कार्यों में किसान किस हद तक केन्द्र बिन्दु पर था इसका अन्दाजा भी उनके इसी शब्द से लगाया जा सकता है। उनका कहना था कि, "हम लोगों को कागजी स्वराज मसविदा बनाने के झंझट में न पड़कर सीधे गाँव की ओर मुड़ना चाहिए। हिन्दू-मुस्लिम वैमनस्य दूर करने का एकमात्र यही तरीका है कि ग्राम संगठन के काम को हाथ में लेकर बिना भेदभाव के भारत के दीन किसानों की सेवा की जाये। उसी तरह शहरों की मिलों में काम करनेवाले लाखों मजदूरों के संगठन की आवश्यकता है। किसान और मजदूरों का युग आ गया है। थोथी राजनीति से अब काम न चलेगा। भविष्य किसानों और मजदूरों के हाथ में है। जो संस्था भविष्य में कृषक मजदूर सेवा से वंचित रहेगी, वह शक्तिहीन और निकम्मी सिद्ध होगी।"

सन् 1913 से सन् 1930 तक लगातार इस देश में कोई भी ऐसा आन्दोलन नहीं रहा, जिसका प्रचार-प्रसार और आंशिक नेतृत्व विद्यार्थी जी व उनके 'प्रताप' ने न किया हो। 1917 में बिहार में चम्पारण के किसानों की दुर्दशा हुई। चम्पारण के किसानों के दुखों की पृष्ठभूमि को समय-समय पर गणेशशंकर ने अपने 'प्रताप' के माध्यम से देश

के सामने रखा। निलहे द्वारा किसानों की दुर्दशा, बिजोलिया सत्याग्रह, अवध किसान आन्दोलन (जिसमें उन्हें जेल भी जाना पड़ा) और वारदोली किसान सत्याग्रह के संग्राम को गणेश जी ने 'प्रताप' के माध्यम से झकझोर दिया और ब्रिटिश सरकार की आँखें खोलकर ही दम लिया। गणेश जी ने अपने 'प्रताप' के माध्यम से दिनांक 29 फरवरी, 1928 को अपने प्रकाशित सम्पादकीय लेख 'जमीन किसान के लिए' शीर्षक से वारदोली किसान सत्याग्रह रूपी संग्राम के सेनापति लौहपुरुष सरदार पटेल के प्रयासों की सराहना की।[15] बम्बई प्रान्त के सूरत जिले के वारदोली ताल्लुका का मनमाने ढंग से बन्दोबस्त हुआ। यथार्थ में बन्दोबस्त विभाग सभी जगह मनमानी करता है। वारदोली के नये बन्दोबस्त का फल यह हुआ कि किसानों की लगान 23 प्रतिशत बढ़ गयी। वारदोली के लोगों ने मिलकर बम्बई सरकार से प्रार्थना की कि यह तो घोर अनर्थ है, अन्याय न कीजिये।[16]

बिजोलिया आन्दोलन

देश के प्रथम राष्ट्रपति डॉ. राजेन्द्रप्रसाद जी ने अपनी पुस्तक 'चम्पारण में महात्मा गाँधी' में लिखा है कि, "सहन करने की भी सीमा होती है चींटी पर यदि अनजाने भी पैर पड़ जाये तो वह भी बदला लेने की कोशिश करती है और काटने के लिए अपना छोटा-सा मुँह खोल देती है।" यह बात जितनी चम्पारण के नील के किसानों के ऊपर लागू होती है उतनी ही बिजोलिया के किसानों पर लागू होता है। जिनके ऊपर भूमि कर के अतिरिक्त अन्य लगभग 80 प्रकार के कर लगाये गये थे, जिसका परिणाम यह था कि किसान दिनभर वर्ष भर मजदूरी करता रहे, लेकिन फिर भी उसका ऋण समाप्त नहीं होता था। किसान अर्द्धनग्न, आधे भूखे जीवन को ही वास्तविक जीवन के रूप में स्वीकार कर चुके थे। कभी-कभी तो यह होता था कि साधारण किसान के पास लागत देने के बाद खाने को भी नहीं बचता था। वह ऋण लेकर महाजनों के दास हो गये थे। इसके अतिरिक्त किसानों का शोषण किसी से छिपा नहीं था। वह अपनी प्रजा पर पहले तो बेगार कराते थे अगर बेगार न करें तो पग-पग पर अपमानित भी करते थे, और उनके स्वाभिमान पर चोट पहुँचाते थे। किसान के घर में चाहे जितना भी आवश्यक कार्य हो लेकिन अगर ठिकाने का सिपाही चाहे तो वह बेगार के लिए पकड़कर ले जा सकता है।

ऐसी स्थिति में राजस्थान के ही बुलन्दशहर जिले के गुठावली गाँव के निवासी भूप सिंह जो बाद में विजय सिंह 'पथिक' के नाम से प्रसिद्ध हुए। उन्होंने बिजोलिया के किसानों के इस संघर्ष को अपनी सूझ-बूझ और पारदर्शिता से आन्दोलन का रूप दे दिया, और एक अनोखा क्रान्तिकारी संगठन खड़ा कर दिया। उन्होंने सहयोगी माणिक्यलाल शर्मा और साधू सीताराम को भी तैयार किया। विजय सिंह 'पथिक' पहली बार चर्चा में तब आये जब उन्होंने प्रथम विश्व युद्ध के आरम्भ होने पर ब्रिटिश सरकार

द्वारा किसानों से बलपूर्वक वसूले जा रहे चन्दे का विरोध किया और किसानों से कहा कि वह चन्दा न देने और बेगार न करने का फैसला करें। इसी पर ठिकाने के कर्मचारी गोविन्द निवास ने नारायण जी पटेल को बन्दी बनाकर बिजोलिया भेज दिया। इस पर पथिक जी 2000 किसानों का एक जत्था बनाकर बिजोलिया नारायण जी को छुड़ाने के लिए पहुँच गये। इतनी भीड़ देखकर नारायण जी को छोड़ दिया गया और यहीं से किसानों के अन्दर भी आत्मविश्वास और उत्साह की लहर भी फैल गयी।

पथिक जी ने गणेश जी को बिजोलिया आन्दोलन की ओर देश का ध्यान दिलाने के उद्‌देश्य से पत्र लिखा। जवाब में गणेश जी ने बिजोलिया आन्दोलन के लिए "'प्रताप' के पृष्ठ सदैव खुले रहेंगे," यह लिखकर आश्वासन दिया। इसके बाद 'प्रताप' से बिजोलिया आन्दोलन के बारे में जानकारी देश-भर में जाने लगी और 'प्रताप' से अन्य समाचार-पत्रों में। इस कारण से पूरे देश का ध्यान बिजोलिया आन्दोलन की ओर आकृष्ट हुआ। जिसके कारण 'प्रताप' मेवाड़ के महाराणा के लिए सर दर्द बन गया और उन्होंने उदयपुर राज्य में 'प्रताप' के प्रवेश पर प्रतिबन्ध लगा दिया। 'प्रताप' ने महाराणा का ध्यान जनता की समस्याओं को हल करने के लिए अपने लेखों में लिखा था। जबकि महाराणा को चाहिए कि वह तहकीकात करके स्वेच्छाचारी अधिकारियों को दण्ड देते। इसी उद्‌देश्य से उन्होंने एक पत्र भी लिखा था जिसमें उन्होंने 'प्रताप' के अतीत को भी कुरेदा था। क्योंकि 'प्रताप' अखबार का नाम महाराणा प्रताप से ही लिया गया था। उन्हीं के आदर्शों पर 'प्रताप' ने अपनी नीति तय की थी वह नीति थी 'अन्याय के विरुद्ध संघर्ष'। ये पंक्तियाँ विद्यार्थी जी ने 'प्रताप' के पहले सम्पादकीय में लिखी थी। "प्रताप दृढ़ता और उदारता का प्रताप। तू नहीं है, केवल तेरा यश और कीर्त्ति है। जब तक यह देश है, और जब तक संसार में दृढ़ता, उदारता, स्वतन्त्रता और तपस्या का आदर है तब तक हम क्षुद्र प्राणी ही नहीं, सारा संसार तुझे आदर की दृष्टि से देखेगा।"

दिल्ली में पथिक जी, गणेश जी तथा श्री हरविलास शारदा के प्रयत्नों से राजपूताना, मध्य भारत में देशी राज्यों के राजनीतिक कार्यकर्त्ताओं द्वारा 'राजपूताना मध्य भारत सभा' की स्थापना हुई। राजपूताना मध्य भारत सभा के गठन में गणेश जी की भूमिका से यह कहा जा सकता है कि आन्दोलन को केवल पत्रकारिता के माध्यम से ही नहीं अपितु वे व्यक्तिगत रूप से भी इस आन्दोलन में शामिल थे। मेवाड़ राज्य में 'प्रताप' के प्रतिबन्ध के बावजूद गणेश जी महाराणा को अत्याचारों के सम्बन्ध में लगातार लिखते रहे। 03-02-1919 को 'भयंकर स्थिति' अग्रलेख में अपनी पीड़ा को निम्न प्रकार से व्यक्त किया—"हमें मालूम हुआ है कि अत्याचारों से दुःखी होकर प्रजा के कितने ही समुदायों ने निश्चय कर लिया है कि हम अब और अत्याचारों को कदापि न सहन करेंगे और अधिकारियों के व्यवहारों का विरोध करेंगे। उनकी आज्ञा अब केवल श्रीमान् महाराणा साहब पर है। वह बड़े न्यायी नरेश हैं। प्रजा समझती है कि अभी तक

अत्याचारों की बात वहाँ तक नहीं पहुँची है। महाराणा साहब, इस भयंकर स्थिति पर अवश्य ध्यान देंगे और अनुचित करों को मेटकर अनाचारी हाकिमों को दबावेंगे और प्रजा को सुख पहुँचावेंगे।"

'प्रताप' ने मेवाड़ राज्य को चेतावनी भी दी थी कि—राज्य को चाहिए जब तक आपसी बातचीत में मामले का कोई हल नहीं निकल आता तब तक जनता पर कोई कार्रवाई न करें। इसके बावजूद जनता पर कार्रवाई अत्याचार होते रहे तथा उनसे जबरन लागतें जमा करवायी गयीं।

ठिकाने ने अत्याचारों का एक नया ढंग अपना लिया था कृषकों से जमीन छीनकर दूसरों को दे देना। इससे एक तो कृषक लागतें जल्दी जमा करवायेंगे, दूसरा आन्दोलन भी दब सकता है। शायद ठिकाने की सोच यह रही हो। इस बात का कड़ा विरोध करते हुए प्रताप लिखता है—"ठिकाने को यह अधिकार है कि किसी की जमीन जब चाहे तब छीन ले और जब चाहे जिसे दे दें। इस अधिकार की आड़ में बिजोलिया के अधिकारी प्रजा से बदला ले रहे हैं। पहले किसी की जमीन लागत बाकी रहने या बिना बोयी पड़ी रहने पर अथवा दूसरे के बहुत अधिक नजराना देने पर व लगान बढ़ाने पर छीनी जाती थी। परन्तु अब नाममात्र के लिए दो-दो रुपये तक फी बीघा को बढ़ा देने पर जमीन छीनी और दूसरों को दी जा रही है।"

ठिकाने के अत्याचार इतने अधिक बढ़ गये थे कि वे पशुओं को चरानेवाली जमीन की भी नीलामी कर रहे थे। खेत के चारों ओर की चौड़ी मेंड़ों में पर्याप्त मात्रा में घास हो जाती थी। ठिकाने ने कोई पशुओं को न चरा सके और न ही इनके किनारों से घास काट सके इसलिए उन मेंड़ों को जुतवा देते थे। इस पर 'प्रताप' ने महाराणा से अपील की थी।—"इस प्रकार की जमीन और मेंड़ लेने के पहले उनके मालिकों से कुछ पूछ-ताछ भी नहीं की जाती है। यह ढंग बुरा है और लोगों में अशान्ति पैदा कर रही है। श्रीमान्, हिन्दुआ सूर्य महाराणा साहब। बिजोलिया का फैसला शीघ्र कर डालने की कृपा करें, नहीं तो डर है कि ठिकानेवालों की बेवकूफी से कहीं प्रजा को और भी अधिक कष्ट न हो।"

'प्रताप' ने प्रशासन को सचेत किया था कि, "रूढ़ियों के उपासक। सावधान हो। जागृति का प्रवाह कहीं प्रकट रूप में और कहीं अन्तरतर में अपने पूरे बल के साथ बढ़ता चला आ रहा है। अचल युग के स्तम्भ टूट-टूटकर गिर रहे हैं। परिवर्तन की भीषण लहरें खँडहरों की प्राचीनता को धोती हुई, आगामी युग का सन्देश दे रही हैं। गहन वनों की गुंजन वृक्ष लताओं को चीरती हुई, पर्वतश्रेणियों और तमसाच्छन्न घाटियों से टकराती हुई वायु न मालूम कहाँ-कहाँ अपने भावों को चितराती फिर रही है। प्रखर प्रकाश की किरणें ऊपर नहीं, वरन् अन्तरतर में स्वयं प्रकट होनेवाली ज्योतियाँ अन्धकार में भटके हुए पथिकों को प्रकाशमान पथ की ओर लिये जा रही हैं।" गणेश जी ने राज्य को कहा

कि बिजोलिया की जनता अब अत्याचार शायद ही सहन करे। इससे अच्छा है प्रशासन उन पर अत्याचार समाप्त करे तथा उनके साथ न्याय के साथ पेश आये। उन्हीं के शब्दों में—"मनुष्य के बीच में रहनेवाले देवताओ। सावधान! भक्तों की अटल भक्ति डिग गयी है। झुकनेवाले सिर अब तुम्हारे चरणों के रखने की चौकी न रहेंगे और न उनके हृदय तुम्हारी अन्धी श्रद्धा के पिंजड़े।"

प्रतिबन्ध लगने के बाद भी 'प्रताप' ने अपनी भूमिका निभायी तथा बिजोलिया आन्दोलन पर कई विस्तृत लेख लिखे, बिजोलिया आन्दोलन को कांग्रेस अधिवेशन में उठवाने का प्रयास भी गणेश जी ने किया लेकिन मदनमोहन मालवीय ने यह आश्वासन दिया कि वे मेवाड़ महाराजा से बात करेंगे। गाँधी जी देशी नरेशों के विरुद्ध किसी प्रकार के आन्दोलनों से सहमत नहीं थे क्योंकि उस समय मुख्यतः लड़ाई अंग्रेजों के विरुद्ध लड़नी थी तथा देशी नरेशों के सहयोग की आवश्यकता थी। हालाँकि गणेश जी की तरह तिलक जी ने अत्याचारों के खिलाफ 'केसरी' में लेख लिखा था और महाराणा फतेह सिंह को एक व्यक्तिगत पत्र लिखा था उन्होंने महाराणा को सम्बोधित करते हुए लिखा, "मेवाड़ राजवंश ने स्वतन्त्रता के लिए बहुत बलिदान किये हैं आप भी स्वतन्त्रता के पुजारी हैं अतएव आपके राज्य में स्वतन्त्रता के उपासकों को जेल में डालना कलंक की बात है।" (परिशिष्ट–3)

अमृतसर के कांग्रेस अधिवेशन में, जब तय हुआ कि तीन आदमियों का एक कमीशन बिजोलिया जाकर स्थिति की जाँच करे। गणेश जी ने इस कमीशन के विषय में कहा था कि कमीशन की कोई आवश्यकता नहीं है। बिजोलिया की जनता पर होनेवाले अत्याचारों को सारा देश जान चुका है, अब केवल न्याय करने की बारी है। लेकिन उसी न्याय के लिए देर की जा रही है। गणेश जी ने इस कमीशन की सफलता पर शंका जाहिर करते हुए लिखा–

"अच्छा उद्देश्य लेकर चलनेवाले सदा अच्छा ही काम नहीं कर सकते यदि उनमें कुछ करने का बल होता तो अच्छे-से-अच्छा काम भी कर सकते हैं। स्थिति एक सीमा तक पहुँच चुकी है जहाँ पर समझौते की गुंजाइश नहीं है, केवल न्याय करने से ही मामला निपट सकता है।"

7 जुलाई, 1921 को अवध में हुए गोलीकाण्ड पर उनके लेख 'डायरसाही' के कारण हुए मुकदमे तथा फरवरी, 1922 में किसानों और मेवाड़ राज्य के बीच समझौता हो चुका था। इस वजह से उनकी सक्रियता नहीं दिखलायी पड़ती है। यह दुर्भाग्य ही रहा कि 25 मार्च, 1931 को शहीद हो गये।

पथिक जी अपने एक लेख में लिखते हैं कि, "राजस्थानी जनता की दुःख गाथाएँ प्रकाशित करने को सम्बद्ध करने में बिजोलिया की जनता की ओर से सन् 1915 की श्रावणी को एक चाँदी में 'राखी' बनाकर भेजी गयी थी। गणेश जी ने इस राखी को

स्वीकार किया और आश्वासन दिया कि वे जोखिम उठाकर भी राजस्थानी जनआन्दोलन का साथ देंगे। इस प्रतिज्ञा को उन्होंने अन्त तक निभाया भी। उन्हें बड़े-बड़े प्रलोभन दिये गये और उन पर राजाओं की ओर से भर बताये गये तथा उनके पत्र पर मुकदमे चलाने की धमकी दी गयी, परन्तु वह विचलित नहीं हुए। यह उन्हीं के साहस पथ प्रदर्शक का 'प्रताप' था कि राजस्थानी जनजागृति सब बाधाओं को कुचलती हुई आगे बढ़ सके।"[17] सन् 1929 में विजय सिंह 'पथिक' और रामनारायण चौधरी के बीच गहरे मतभेद हो गये। गणेश जी उस समय अत्यन्त अस्वस्थ थे, फिर भी वे कानपुर से मेवाड़ आये थे।

अवध किसान आन्दोलन

1856 में अवध पर अंग्रेजी हुकूमत के कब्जे के बाद पूरे प्रान्त में ताल्लुकेदार और बड़े जमींदारों ने किसानों पर अपनी पकड़ मजबूत बना ली और किसानों का बेइन्तहा शोषण करने लगे थे। पहले ताल्लुकेदारों को लगान का एक हिस्सा मिलता था, पर अब वे जमीन के मालिक हो गये मनमाना लगान वसूलने लगे। जब चाहते नजराने की रकम बढ़ा देते, जब चाहते बेदखल कर देते। इस तरह काश्तकार अब ताल्लुकेदारों की मर्जी पर जीने लगे। इनकी जिन्दगी जमींदारों, उनके लठैतों के रहम-ओ-करम पर गुजरने लगी। गाँवों में निरन्तर बेदखली से भूमिहीन खेतिहर मजदूरों की संख्या तेजी से बढ़ती जा रही थी। यद्यपि यह प्रक्रिया लम्बे समय से पूरे देश में चल रही थी परन्तु इस बीच इसकी गति में तेजी से वृद्धि आती जा रही थी। भूमिहीन मजदूरों की संख्या 1911 में 19 फीसदी, 1921 में 26.5 फीसदी और 1913 में 38 फीसदी हो गयी। इससे प्रतीत होता है कि इनकी संख्या में बढ़ोतरी जमीन से बेदखल करने पर हुई थी, क्योंकि स्वेच्छा से कोई जमीन पर अपना अधिकार नहीं छोड़ता है।

प्रथम विश्व युद्ध की समाप्ति पर जहाँ लोग महँगाई की मार से परेशान थे, वहीं रही-सही कसर 1920-21 के सूखे ने पूरी कर दी। प्रदेश के कई जिले अकाल की चपेट पर आ गये थे। अवध के जिलों में भी अकाल की छाया तेजी से फैल रही थी। फसलों के उत्पादन की कमी तथा अकाल ने किसानों की स्थिति को गम्भीर बना दिया था। प्रदेश में रेलवे का जाल तथा सूती, ऊनी उद्योग भी वैकल्पिक रोजगार देने में असमर्थ था। वैसे सूती-ऊनी उद्योग भी प्रथम विश्व युद्ध की समाप्ति के बाद मन्दी के दौर से गुजर रहा था क्योंकि युद्ध-समाप्ति के बाद निर्यात में कमी आ गयी थी तथा कारखानों के मजदूर भी स्वयं आर्थिक कठिनाइयों का सामना कर रहे थे। इस तरह से किसानों के पास आन्दोलन के अलावा कोई और विकल्प न था। अवध रेण्ट ऐक्ट, महामारी, सूखा, अकाल, बेरोजगारी, बेदखली तथा कर्ज जैसी आर्थिक समस्याओं से परेशान किसान आखिरकार आन्दोलन में कूद पड़े।

बाबा रामचन्द्र जो फिजी द्वीप में गिरमिटिया मजदूर बन गये थे जब वापस आये तो उन्होंने रामचरितमानस की चौपाइयों को सुना-सुनाकर किसानों को जागृत किया

जिससे किसान ताल्लुकेदारों के शोषण का विरोध करने लगे और जब आन्दोलन अपनी तेजी पर पहुँचा और.किसान आन्दोलन का नारा 'जय जय सीताराम' था। "कांग्रेस के नागपुर अधिवेशन (1920) में किसानों का आह्वान किया गया कि वे करों का भुगतान न करें। देश के विभिन्न प्रान्तों में कांग्रेस के इस आह्वान का किसानों पर जोरदार असर हुआ।"[18] फैजाबाद में हुए एक विशाल किसान सम्मेलन में एक स्वर से 'हक मौरूसी' की माँग की और निश्चय किया कि ऊँचाहार, जनपद रायबरेली में 15 जनवरी, 1921 को एक किसान सम्मेलन आयोजित करके नागपुर किसान सम्मेलन का सन्देश प्रसारित किया जाय। लेकिन कलेक्टर द्वारा धारा 144 की निषेधाज्ञा प्रसारित कर जन-सभाओं पर रोक लगा दी गयी। इस अवरोध ने किसानों का आक्रोश बढ़ा दिया।

आन्दोलन को बढ़ता देख ताल्लुकेदारों ने 4 जनवरी, 1921 को रायबरेली से 7 मील दूर रुस्तमपुर बाजार और अन्य बाजार लुटवायी। इसी के आधार पर किसानों पर मनगढ़न्त आरोप लगाकर प्रताड़ित किया गया। अत्याचारों का भण्डाफोड़ करने के उद्देश्य से किसानों ने चन्दनिहाँ में 5 जनवरी, 1921 को किसान सभा आयोजन का निश्चय किया गया। सभा से भयभीत कलेक्टर ए. जी. शेरिफ ने पुलिस बल के साथ सभा के विषय में पूछ-ताछ के नाम पर जनपद के जनप्रिय नेता बाबा जानकीदास, रामअधीन सिंह (सुरसना) और अमोल शर्मा को गिरफ्तार कर उन पर मुकदमा कायम किया गया और साथ ही आधे घण्टे में दोनों लोगों को एक-एक वर्ष कैद की सजा देकर दो घण्टे में लखनऊ जेल भेज दिया गया था। बाबा रामचन्द्र उन दिनों जनपद से बाहर थे। लेकिन 'जय-जय सीताराम' के घोष के साथ किसानों के जत्थे चन्दनिहाँ में एकत्र होने लगे। दोपहर तक वहाँ लगभग दस-पन्द्रह हजार व्यक्ति एकत्र हो गये। इसी बीच बाबा रामचन्द्र को मार दिया गया है इस अफवाह के साथ अन्य गिरफ्तार नेताओं को मौत के घाट उतार दिये जाने की अफवाह फैल गयी। किसानों का आक्रोश और बढ़ गया।

6 जनवरी को मार्तण्डदत्त वैद्य ने मोतीलाल नेहरू को स्थिति से अवगत कराने के लिए तार भेजकर आने का आग्रह किया। वह मौजूद नहीं थे, अतः तार जवाहरलाल नेहरू को मिला। उन्होंने गम्भीरता भाँपते हुए उत्तर दिया कि, "7 जनवरी को पंजाब मेल से मैं पहुँच रहा हूँ।" 7 जनवरी को मुन्शीगंज बाजार के पश्चिमी फाटक पर सुबह से हजारों किसान एकत्र होने लगे। भीड़ बलिदान-संकल्प से अनुप्राणित थी, तथापि हिंसात्मक आचरण के लिए कटिबद्ध थी तथा अपने नेताओं को देखना चाहती थी प्रशासन ने सेना बुला ली। हथियारों से लैस घुड़सवारों ने भीड़ को पीछे धकेलना शुरू कर दिया।

प्रशासन ने बैलगाड़ियों को पंक्तिबद्ध खड़ाकर उनकी बाड़ खड़ी कर दी, जिससे भीड़ आगे न बढ़ सके। दोपहर तक भीड़ बढ़ती जा रही थी। इसी बीच तत्कालीन कलेक्टर

ए. जी. शेरिफ, आई.सी.एस. पुल पर पहुँचा। कांग्रेसी नेताओं ने उसे नेहरू जी के आने की बात बतायी और कहा कि उनके कहने पर भीड़ चली जायेगी, बल प्रयोग की आवश्यकता नहीं पड़ेगी। शेरिफ को यह सुझाव उचित लगा, वह भी नेहरू जी की प्रतीक्षा करने लगा। इसी बीच ताल्लुकेदार सरदार वीरपाल सिंह मोटर से आ पहुँचा तथा कलेक्टर से मन्त्रणा कर कहा कि नेहरू के आने पर भीड़ उग्र हो जायेगी, हो सकता है पुल पारकर जेल पर आक्रमण कर दे। उसकी राय पर कलेक्टर ने पुलिस इन्स्पेक्टर डारसन से अतिरिक्त हथियारबन्द पुलिस मँगवाने को कहा और ऐसी व्यवस्था की कि नेहरू सभास्थल पर न पहुँच सके। किसानों को वापस जाने के लिए कहा गया। उधर रेलवे स्टेशन पर नेहरू के स्वागत में मार्तण्डदत्त वैद्य, डॉक्टर अवन्तिका प्रसाद आदि भारी संख्या में नागरिकों तथा हिन्दू स्कूल के छात्रों सहित प्रतीक्षा कर रहे थे। ट्रेन आयी, नेहरू जी उतरे तथा डॉक्टर शुक्ला के घर जाकर घटनाक्रम जाना।

किसानों को नेहरू जी के आगमन का पता चला तो नेहरू जी के स्वागत के लिए मुन्शीगंज में किसानों की और भीड़ बढ़ गयी परन्तु पुलिस ने नेहरू जी को सई नदी के उस पार ही रोक लिया। किसानों को पीछे हटाया जाने लगा लेकिन वह पीछे न हटे। किसान मुन्शीगंज के पुराने पुल से शहर के भीतर प्रवेश करना चाहते थे।

किसान विरोधी ताल्लुकेदार वीरपाल सिंह तथा तत्कालीन कलेक्टर ए. जी. शेरिफ आपस में मित्र थे। उन्होंने किसानों को सबक सिखाने के लिए पुल के एक ओर अंग्रेज सेना लगा दी। 'कोई शहर में नहीं घुसेगा', 'रुक जाओ वरना गोली मार दी जायेगी' इस तरह की चेतावनी दी जाने लगी। इस चेतावनी का उत्साहित भीड़ पर कोई असर न पड़ा। वीरपाल सिंह ने एक व्यक्ति शिवालक को ललकारा "अरे! शिवालक तू तो नेता बन गया कब से?' शिवालक ने उत्तर दिया 'राजा साहब, अब हम लगान नहीं देंगे' शिवालक के उत्तर से वीरपाल क्रोधित हो गये और उन्होंने शिवालक पर फायर कर दिया। शिवालक शहीद हो गये। सेना ने इस फायर को गोली चलाने का संकेत समझा और अन्धाधुन्ध गोली चलानी शुरू कर दी। ब्रिटिश फौज ने तीनों तरफ से नाकेबन्दी कर निहत्थे बेबस किसान-मजदूरों को गोलियों से भून दिया। सँकरे पुल पर खड़े किसान नीचे बहती सई नदी में गिर गये। मैदानी लोग वहीं गोलियाँ खाकर गिरे। धरती और नदी रक्तरंजित हो गयी। 750 से अधिक किसान शहीद हुए और 1500 से अधिक घायल हुए।[19] प्रशासन ने लाशों को जमीन में गाड़ दिया। कुछ को गंगा में फिंकवा दिया और सई नदी में बहा दिया। घटना के समय स्वयं जवाहरलाल नेहरू पुल से कुछ दूर मौजूद थे। 15 जनवरी को मदनमोहन मालवीय, डॉ. वेंकटेशनारायण तिवारी घटनास्थल में, पुआल में लिपटी लाशें और गड्ढे देखे। बाद में मोतीलाल नेहरू, मदनमोहन मालवीय आदि नेताओं ने आकर लगभग सौ घायलों से अस्पताल में तथा बाहर बातचीत की थी।

पण्डित नेहरू ने स्वीकार किया था कि काण्ड का खलनायक वीरपाल ही था, जबकि लखनऊ के तत्कालीन कमिश्नर लेफ्टिनेण्ट कर्नल फाउण्डर्स ने उसे बचाने का पूरा प्रयास किया था। दस्तावेज बताते हैं कि कर्नल घटना के समय वहाँ था। लाशों, घायलों को देख उसने इलाज से भी मना किया था। लाशों को हटवाने का कार्य इन्स्पेक्टर डारसन ने कराया था।

लाशें इतनी अधिक थीं कि उनको ढोने के लिए मुन्शीगंज से ताँगेवाले बुलवाये गये थे, जिन्हें प्रति लाश एक रुपये ढुलाई दी गयी थी। लाशें हटाने तक कर्नल फाउण्डर्स कैम्प लगाकर वहीं जमा रहा था। लाशें हट जाने पर उसने सरकारी रिपोर्ट में इसे एक सामान्य घटना करार दिया था, यह पुल आज भी उन हुतात्माओं की याद दिलाता है और पुल बलिदान स्थल में परिवर्तित हो गया। बताते हैं, सई नदी के दोनों किनारों पर मैदानी भाग शहीदों की लाशों से पट गया था। नदी के उस पार स्थित चुनौटा कुआँ भी किसानों के शव से ऊपर तक पट गया था। यह कुआँ भी शहीदों के लहू का स्मरण ताजा कर देता है। किसानों की बलिदान तिथि 7 जनवरी को आज भी प्रतिवर्ष शहीद-दिवस मनाकर सूरमाओं को श्रद्धाञ्जलि दी जाती है।

इस नृशंस नरसंहार से मर्माहत नेहरू जी ने 'रायबरेली ट्रेजडी' शीर्षक से लेख लिखा, जो 23 जनवरी, 1921 को 'द इण्डिपेण्डेण्ट' में प्रकाशित हुआ। उन्होंने लिखा कि, "मार्तण्ड दत्त को नींबू, सब्जी लूटने के आरोप में गिरफ्तार किया गया, जबकि वे निर्दोष सम्भ्रान्त व्यक्ति थे। यह झूठी शिकायत मुन्शीगंज काण्ड के खलनायक सरदार वीरपाल ने की थी। पण्डित मार्तण्ड दत्त वैद्य सत्ताधारियों की योजना के बाधक थे, उनकी शान्ति में व्यवधान डालते थे, इसलिए यह आरोप लगाकर पकड़ा गया। वीरपाल ने कहा गोली आत्मरक्षार्थ चलायी। फौजी, कलेक्टर और एस. आर. मेयर पुलिस कप्तान भी गोली चलाने से मुकरे तो प्रश्न यह उठा था कि बगैर किसी को गोली चलाये इतना बड़ा लोमहर्षक काण्ड हुआ कैसे?"

'प्रताप' ने अपना विशेष प्रतिनिधि भेजकर इस हत्याकाण्ड की जाँच करवायी और उसका पूरा-पूरा ब्योरा 'प्रताप' में छपा, टिप्पणी और अग्रलेख (परिशिष्ट-4) में उसकी निन्दा की। जाँच से काफी प्रमाणों के साथ गणेश जी को यह पता चला कि उस गोलीकाण्ड में वहाँ के ताल्लुकेदार सरदार वीरपाल सिंह का जबरदस्त हाथ था, उन्होंने भी गोली चलायी थी और 'प्रताप' में इस कारण खिलाफ लिखा।[20]

गणेश जी ने मुन्शीगंज गोली काण्ड की तुलना जलियाँवाला बाग से की थी। उन्होंने अपने लेख का शीर्षक भी जनरल डायर की क्रूरता के रूप में 'डायरशाही' का नाम दिया था। यह 'प्रताप' दैनिक में 13 जनवरी, 1921 को तथा बाद में 17 जनवरी, 1921 को साप्ताहिक में प्रकाशित हुआ।

'प्रताप' में प्रकाशित अग्रलेख का एक महत्त्वपूर्ण अंश इस प्रकार है—"इस प्रान्त में, इस समय, 1921 में शासन सुधार के सूत्रपात और ड्यूक ऑव कनाट के आगमन

के साथ ही, पंजाब में हो चुकनेवाली घटनाओं की पुनरावृत्ति हो रही है। ... जिस प्रकार उसमें जनता कुछ भी नहीं समझी गयी और शासकों ने लोगों के अधिकारों और आत्मा को अत्यन्त निरंकुशता के साथ, पैरों तले रौंदा, उसी प्रकार इस समय भी शासकों ने लोगों के मान और मर्यादा को विध्वंस किया है। कहा जाता है कि रायबरेली में इसकी पुनरावृत्ति हुई। निहत्थों और निर्दोषों पर उसने गोलियाँ चलायीं और यही काम रायबरेली में किया गया। वहाँ मशीनगन थी, यहाँ बन्दूकें थीं। वहाँ एक घिरा हुआ बाग था और यहाँ नदी का किनारा। परन्तु निर्दयता और पशुता की मात्रा में किसी प्रकार की कमी नहीं थी। मरनेवाले लोगों के लिए मुन्शीगंज की गोलियाँ, क्रूरता की क्रिया भी, उतनी ही जघन्य रूप धारण किये थी, जितना कि वह अमृतसर में धारण किये थी।

पता नहीं डायर ने जलियाँवाला में अपने हाथों से गोली चलायी थी या नहीं, परन्तु यहाँ डायर का एक भाई मौजूद था। रंग और रूप से नहीं, धर्म और जाति से नहीं परन्तु हृदय की क्रूरता में ठीक डायर-सा ही था। देश के दुर्भाग्य से यह आदमी एक भारतीय है और उसका नाम है वीरपाल सिंह। वह ताल्लुकेदार है। किसानों का कहना है कि उसने सबसे अधिक गोलियाँ चलायीं। वह इनकार करता है किन्तु उसका यह इनकार हजारों आदमियों की आँखों में धूल नहीं झोंक सकता। डायर की पीठ ठोकी थी ओ' डायर ने और आज ठीक वही बात इस घटना के सम्बन्ध में हमारे प्रान्त में हो रही है। सर हारकोर्ट बटलर, सर माइकेल ओ' डायर का काम कर रहे हैं। डायर जब बेगुनाहों के खून से हाथ रँग चुका तब उसके खूँख्वार काम पर सर माइकेल ओ' डायर ने अपनी अनुमति का तार भेजा था। हमारा विशेष संवाददाता कहता है कि रायबरेली के अधिकारियों की ओर से हत्यारे वीरपाल सिंह की पीठ ठोकते हुए तार इस प्रान्त के गवर्नर सर हारकोर्ट बटलर ने भेजा है। गवर्नर प्रसन्न है।..."

इन लेखों से बौखलाकर वीरपाल सिंह ने सभी समाचार-पत्रों को मानहानि का नोटिस दिया। 'प्रताप' को छोड़कर सभी पत्रों ने घुटने टेक दिये। जवाहरलाल नेहरू के 'द इण्डिपेण्डेण्ट' अखबार ने जो इलाहाबाद से प्रकाशित होता था, माफी माँग ली थी। इस पर सरदार वीरपाल ने मुन्शीगंज गोली काण्ड के सम्बन्ध में उनकी संलिप्तता पर 'प्रताप' के सम्पादक तथा प्रकाशक पर मानहानि का मुकदमा कर दिया।

इस अग्रलेख के प्रकाशित होने पर 'प्रताप' को मानहानि का नोटिस मिला। 'प्रताप' की ओर से नोटिस के उत्तर में कहा गया—"हमने जो कुछ लिखा है, हम पूरी तरह न्यायपथ पर हैं। हमारे पास अपने विचारों की पुष्टि में पर्याप्त साक्ष्य हैं। ... मैं समझता हूँ कि 'द इण्डिपेण्डेण्ट' अखबार के पास समय रहते पर्याप्त साक्ष्य नहीं पहुँच पाये, जिससे उन्होंने माफी माँग ली है। (परिशिष्ट-5)

सरदार ने दफा 500 (मानहानि) के अनुसार मुकदमा दायर कर दिया और 5 जनवरी, 1921 से वह शुरू भी हो गया। मुकदमा 'प्रताप' के सम्पादक गणेश जी तथा मुद्रक

और प्रकाशक पण्डित शिवनारायण मिश्र के खिलाफ था। मुकदमा खूब लड़ा गया और इसलिए लड़ा गया कि दुनिया को वास्तविक बातों का पता चल जाय, गोलीकाण्ड की भीषणता तथा उसके प्रवर्तकों के अत्याचारों की पोल खुले तथा अवध के किसानों पर आये दिन होनेवाले पाशविक अत्याचारों का अन्त हो जाये। 6 महीने तक रायबरेली की स्पेशल डिप्टी कलेक्टर मुन्शी मकसूद अली खाँ की अदालत में मुकदमा चलता रहा। सफाई के 50 गवाह गुजरे, जिनमें पण्डित मोतीलाल नेहरू, पण्डित जवाहरलाल नेहरू, सी. एस., रंगाऐयर, श्री कृष्णराम मेहता, डॉ. अवन्तिकाप्रसाद आदि अनेक बड़े ही सुप्रतिष्ठित तथा चोटी के आदमी थे। 'प्रताप' की ओर से डॉ. जयकरणनाथ मिश्र 7-8 नामी वकील पैरवी कर रहे थे। वैसे तो रायबरेली में पैरवी के लिए 'प्रताप' के पक्ष में 10-20 आदमी बराबर बने ही रहते थे, पर पेशियों के दिनों बड़ा जमाव होता। कानपुर से झुण्ड-के-झुण्ड लोग जाते और उधर रायबरेली जिले के किसानों का दल आता। बड़ी चहल-पहल, बड़ी सनसनी रहती। मुकदमे ने एक बड़ा राजनीतिक रूप धारण कर लिया था, प्रान्त भर के लोग बड़ी उत्सुकता के साथ कार्यवाहियों का अनुसरण करते थे। रायबरेली जिले में तो जिधर सुनिये इसी की चर्चा रहती। वहाँ के किसानों ने गणेश जी को 'प्रताप बाबा' नाम दिया और सदा वे उन्हें इसी नाम से सम्बोधित करते। सच्ची बातों का इस प्रकार पक्ष लेने तथा उसके लिए इतनी कठिनाइयों तथा आर्थिक हानि को उठाते देख 'प्रताप बाबा' के ऊपर उन लोगों की श्रद्धा बहुत ही बढ़ गयी थी।

30 जुलाई, 1931 ई. को मुन्शी मकसूद अली खाँ साहब ने मुकदमे का फैसला सुना दिया। दोनों अभियुक्तों पर दो-दो अभियोग थे। दोनों के लिए तीन-तीन महीने की सादी कैद तथा पाँच-पाँच सौ रुपये जुर्माने की सजा दी गयी। सजाएँ दोनों एक साथ चलने का हुक्म हुआ, इसलिए उनकी मियाद तो तीन मास ही रही, परन्तु जुर्माने की दोनों रकम मिलाकर 1000 रुपये हो गयी। गणेश जी और मिश्र जी कहते हुए, जय-जयकार के गगनभेदी नारों के बीच जेल गये। परन्तु डॉ. जयकरणनाथ मिश्र ने बड़ी मुस्तैदी दिखायी, बड़ी दौड़-धूप की और अधिकारियों के बाधा डालते रहने पर भी, बहुत कम समय में चार हजार की जमानत देकर, दोनों आदमियों को जेल से उसी दिन उसी वक्त छुड़ा लाये। गणेश जी तथा मिश्र जी की इच्छा नहीं थी कि जमानत दी जाये अथवा अपील की जाये पर उनके मित्र न माने उन्हें जमानत पर छुड़ा लिया तथा चीफकोर्ट में अपील करने का निश्चय किया।

चीफकोर्ट लखनऊ में मुकदमे की अपील हुई। वहाँ सेशन जज मित्र शेरिंग की अदालत में कई महीनों तक मुकदमा चलता रहा और अन्त में 4 फरवरी, 1922 को मिस्टर शेरिंग ने अपील खारिज कर दी। अपील का मुकदमा जिन दिनों चल रहा था, गणेश जी ने उन्हीं दिनों दफा 108 की अपनी जमानत रद्द करा दी और जेल चले गये। अपील के फैसले के समय वह जेल में ही थे। अपील के बाद मिश्र जी ने अपनी

अपील वापस ले ली और नीचे की अदालत के फैसले की तीन महीने की सजा भुगतने जेल चले गये परन्तु इन्हीं दिनों प्रिन्स ऑफ वेल्स के आने के उपलक्ष्य में तीन मास तक की सजावाले कैदी छोड़ दिये गये। इसलिए 2-3 दिन जेल में रहने के बाद ही गणेश जी और मिश्र जी जेल से छोड़ दिये गये। जुर्माने का एक-एक हजार रुपया इन लोगों से वसूल करके सरदार वीरपाल सिंह को दिया गया।[21]

पत्रकारिता में गणेश जी के गुरु महावीरप्रसाद द्विवेदी चाहते थे कि किसी तरह गणेश जी को इस मुकदमे से बचा लिया जाये, इस सम्बन्ध में एक घटना का विवरण है—"एक दिन द्विवेदी जी गणेश जी के साथ कानपुर के पुराने स्टेशन प्लेटफार्म पर टहल रहे थे कि प्रतीक्षित वर्मा जी की गाड़ी आ गयी। द्विवेदी जी वर्मा जी से "भइया, गणेश जी को बचाय लेव" कहते हुए रो पड़े। आचार्य गणेश को पुत्रवत् प्रेम करते थे।[22]

द्विवेदी जी ने केवल साहित्यकार वृन्दावनलाल वर्मा जी से ही नहीं पत्रकार मैथिलीशरण गुप्त जी से भी यही बातें कही थीं। उन्होंने अपना व्यक्तिगत प्रयास भी किया था लेकिन गणेश जी की वही शर्त कि मैं माफी नहीं माँगूँगा। इस सम्पूर्ण घटना को मैथिलीशरण गुप्त जी ने विस्तार से लिखा। लेख का अधिकांश हिस्सा निम्नवत् है—'प्रताप' पक्ष के कुछ लोगों ने चाहा कि यह झगड़ा न बढ़े तो अच्छा। दौड़-धूप, रुपये-पैसे की बर्बादी और नतीजा कुछ नहीं। उधर का पक्ष भी कुछ यही चाहता था, परन्तु उसका कहना था कि हम ऐसी स्थिति में हैं कि यदि चुप बैठ जाते हैं तो मानो उस अपराध को अपने माथे पर लेते हैं, जो हम पर लगाया गया है, परन्तु जिसे हमने नहीं किया है। मुझे कुछ आशा हुई कि सम्भव है, कोई अच्छी सूरत निकल आवे और झगड़ा न बढ़े। मैंने गणेश जी से इस विषय में कुछ करने के लिए पूछा, तो उन्होंने कहा "बड़ी अच्छी बात है।" इस अभियोग में जो स्पेशल मजिस्ट्रेट नियुक्त हुए थे, वह भी मेरे परिचित थे। काशी में उनसे मेरी भेंट हुई, तो मुझे यह जानकर और भी सन्तोष हुआ कि वे स्वयं भी यही चाहते हैं कि झगड़ा आपस में निपट जाये, तो अच्छा। उन्होंने मुझसे आग्रह भी किया, "गुप्त जी यह झगड़ा तुम किसी तरह आपस में तय करा दो हमें इस अप्रिय कर्त्तव्य से छुट्टी मिल जाये।"

मैं रायबरेली पहुँचा और उन्होंने वादी पक्ष के बैरिस्टर को बुलाकर मेरी उनसे भेंट करा दी। मैं नाम भूलता हूँ परन्तु वह एक मुसलमान सज्जन थे। हिन्दी न जानकर भी 'प्रताप' के नाम से परिचित थे और उसके प्रति आदर भी रखते थे। उन्होंने इस झगड़े पर अफसोस किया और स्वयं भी आपसी समझौते पर जोर दिया। मैंने कहा, "आप बैरिस्टर हैं आप ही कोई ऐसी तरकीब निकालिये जिसमें दोनों फरीक राजी रहें।" बोले, "सरदार साहब, साफ ईमानदारी से कहते हैं कि हमने किसानों पर गोलियाँ नहीं चलायी सिर्फ एक फायर किया है, वह भी हवा में और अपने बचाव के खयाल से। ऐसी हालत में एडिटर साहब को भी चाहिए कि इस पर यकीन करें, अपना मजमून वापस ले लें

और माफी माँग लें।" मैंने कहा, "यही माफी माँगने की बात जरा मुश्किल है।" बोले, "यह तो मामूली बात है। अंग्रेजी में थैंक्स और एपॉलॉजी ऐसे अल्फाज हैं जो मामूली बातों में बोले-बरते जाते हैं। क्षमा और माफी उस लिहाज में भारी पड़ते हैं। ऐसी हालत में अंग्रेजी में ही लिखा-पढ़ा करके काम चलाया जा सकता है। एपॉलॉजी पर किसी को ख्याल भी नहीं होगा और आप ही सोचिये इतना बड़ा इल्जाम वापस लेते हुए अगर आप इतना भी न करेंगे तो क्या यह मुनासिब होगा।" काशीनाथ जी भी मेरे साथ थे। हमने कहा, "एकाध दिन में जवाब देंगे।" उन्होंने कहा "अच्छी बात है। उसके सिवा आप लोग कोई दूसरी मुनासिब तजवीज पेश करें, तो मैं खुशी से उस पर भी गौर करूँगा।" हम लोग धन्यवाद देकर चले आये, परन्तु गणेश जी इस पर राजी न हुए।

मैंने इस सम्बन्ध में श्रीमान् राजा सर रामपाल सिंह जी को भी बहुत-कुछ लिखा था। उन्होंने यही ठीक समझा कि मामला आपस में ही निपट जाना चाहिए। आवश्यकता होने पर, जो कुछ वे कर सकें, उसे करने में अपनी प्रसन्नता भी उन्होंने प्रकट की थी। उस समय राजा साहब लखनऊ में थे। मैं वहाँ गया। वे तुरन्त रायबरेली चले आये। स्वर्गीय पण्डित गोकर्णनाथ जी मिश्र को भी मैं राजा साहब के साथ ले आया। मार्ग में मोटर में हम लोग इस सम्बन्ध में बातचीत करते रहे। राजा साहब और मिश्र जी ने भी यही कहा कि इसमें गणेश जी की अप्रतिष्ठा नहीं क्योंकि सरदार साहब ईमान के साथ रहने को तैयार हैं। मैंने कहा, "अदालत में तो दोनों पक्ष ईमान के साथ अपनी बातें कहा करते हैं। अदालती ईमान ऐसा ही होता है कि सच्चे झूठे दोनों ही उसे लेकर अपना काम चलाते हैं।" राजा साहब ने हँसकर कहा, "तब आप अदालत से बाहर ईमान के साथ उनकी सफाई ले लीजिये।" मैंने कहा "यदि वे अदालत के बाहर हमारे ही चुने हुए विशिष्ट व्यक्ति के सामने ऐसा करने को राजी हों तो शायद गणेश जी भी मान लें।" राजा साहब ने कहा, "अच्छी बात है मैं सरदार साहब को इसके लिए राजी कर लूँगा। आप गणेश जी को राजी कीजिये।"

मैंने आचार्य श्री भगवानदास जी को इस काम के लिए चुना परन्तु गणेश जी राजी न हुए। लेख वापस लेना और खेद प्रकट करना तो उन्होंने स्वीकार कर लिया, पर माफी माँगना नहीं। शिवनारायण जी हमसे सहमत हैं परन्तु गणेश जी के मन के प्रति वे कुछ नहीं कहते थे। इस बार मैंने आग्रह किया, तो यह कहकर मुझे टाल दिया कि, "मैं अभियुक्त हूँ, ऐसी दशा में मेरा कुछ कहना उचित नहीं होगा। जो होना था, होकर रहा। 'प्रताप' केवल इसलिए जीता रहा कि वह अपने प्रवर्तक की अमर लेखनी का अमृत पिये हुए था।

समझौता न होने पर मेरी एक राय और हुई थी। मैंने गणेश जी से कहा, "ऐसी दशा में मुझे यही उचित जान पड़ता है कि आप अपने विश्वास के अनुसार अपना एक लिखित बयान दे दें। वकील बैरिस्टर और गवाहों में हजारों स्वाहा करने से क्या लाभ?

जो होना है, वही होगा परन्तु गणेश जी का यही विचार था कि सरदार वीरपाल सिंह ने अवश्य गोलियाँ चलायी हैं, और ऐसी दशा में हम मामले को यों ही नहीं जाने देंगे। इतना कहकर अदालत के हाते में एक पेड़ के नीचे बैठकर विक्टर ह्यूगो का एक उपन्यास, जो उनके हाथ में था, पढ़ने लगे। वे लेख भी, जिन पर मुकदमा चला, उनके लिखे न थे परन्तु दायित्व उन्हीं पर था, और उन्होंने वह स्वीकार भी किया था।''[23]

इस मुकदमे में 'प्रताप' की भीषण आर्थिक क्षति हुई। लगभग तीस हजार रुपये खर्च हुए। मानसिक चिन्ता, शक्तियों की बर्बादी और दिन-रात की परेशानी अलग रही। सरदार वीरपाल सिंह ने तो अपने को बचाने के लिए कुछ भी उठा नहीं रखा। कहते हैं कि उन्होंने पानी की तरह रुपया बहाया था। अवध के आन्दोलन को प्रचारित करने में तथा जनता को जागरूक करने में 'प्रताप' के अग्रलेखों के कारण जो मानहानि का मुकदमा लड़ा गया उसने काफी जागृति फैलायी थी। यदि गणेश जी चाहते तो अपने अग्रलेख पर माफी माँग लेते और इससे 'प्रताप' दैनिक जो 23 नवम्बर, 1920 को शुरू हुआ था वह भी बन्द होने से बच जाता तथा 'प्रताप' का जो तीस हजार इस मुकदमा लड़ने में लगा, वह भी बच जाता। यदि वे ऐसा कर देते तो निश्चित रूप से किसान दब जाते और सरकार और भी निरंकुश हो जाती।

मुकदमे में 'प्रताप' की हार हुई। पर दरअसल हार हुई, ऐसा नहीं कह सकते? नौकरशाही की अदालत तथा वीरपाल सिंह की नजरों में भले ही 'प्रताप' की हार हुई हो, दुनिया की नजरों में, रायबरेली के किसानों की निगाहों में और खुदा की पाक-साफ अदालत की नजर में उसकी हार नहीं हुई, उसकी जीत, बड़ी जीत हुई। रायबरेली हत्याकाण्ड का रहस्य संसार के सामने अच्छी तरह खुल गया संसार ने अवध के किसानों की दुर्दशा का परिचय पाया सरकारी विज्ञप्तियों की प्रामाणिकता की पोल खुल गयी तथा लोगों ने ब्रिटिश न्याय का एक नया नमूना देखा।[24]

'प्रताप' ने किसानों की समस्या को उजागर किया था, लोगों में उनके विरुद्ध होनेवाले अन्यायों का पर्दाफाश किया था। सन् 1920 में जब सूखा अकाल पड़ा तो जनता को मजबूरन बेगार करनी पड़ी। इस सम्बन्ध में 'प्रताप' के 3 मई, 1920 में प्रकाशित एक पत्र में कहा कि हमीरपुर में सूखा पीड़ित लोगों को सरकारी अधिकारियों की बेगार करने को बाध्य किया जा रहा है। जब भी किसान सभा का कोई कार्यक्रम होता, 'प्रताप' उसकी खबर को प्रकाशित करने में अग्रणी रहता। 27-02-1920 के अंक में अयोध्या में सरयू-तट पर किसान अधिवेशन की पूरी कार्यवाही प्रकाशित की गयी। 17 जनवरी, 1921 के अंक में अवध के किसानों और ताल्लुकेदारों के सम्बन्ध में जो विज्ञप्ति निकली थी उस सम्बन्ध में सरकार के कहे अनुसार शीघ्र कानून बनाये जाने की सूचना है। अवध के किसान जब किसान-सभा में शामिल होते थे तथा किसान सभा का सदस्य बनते समय जो प्रतिज्ञाएँ लेते थे वे 28 जून, 1920 के 'प्रताप' में 'किसान प्रतिज्ञा' शीर्षक से छपी हैं। उन प्रतिज्ञाओं का यहाँ उल्लेख किया जा रहा है। (परिशिष्ट-6)

गणेश जी को जब मानहानि मुकदमे में सजा सुनायी गयी तो 'प्रभा' में उनका चित्र छपा और उस पर शीर्षक था—'प्रतापी वीर'। अवध किसान आन्दोलन के दौरान रायबरेली जेल के पास मुन्शीगंज के पुल पर किसानों पर हुई फायरिंग से सम्बन्धित महत्त्वपूर्ण चित्र छपे। इनमें पुलिस की गोली से घायल किसानों, उनकी देह पर छर्रे के निशान और उनके परिवारों के चित्र छपे थे। मुन्शीगंज के पुल के पास बिखरे खून से सने किसानों के कपड़ों और किसानों की लाशों को नोचकर खा रहे गिद्धों के चित्र भी छपे।

5 मई, 1922 को गणेश जी लिखते हैं, "अपनी पुरानी विचार-शैली पर ध्यान देते हुए बड़ा परिवर्तन दिखायी देता है। रायबरेली केस के दिनों में घमण्ड-सा था। ईश्वर के सम्मुख सत्पथ पर बने रहने का गर्व था। खयाल था जो हो अपना दोष नहीं इसलिए क्यों गिड़गिड़ाऊँ। निश्चय था कभी नहीं गिड़गिड़ाऊँगा।"[25]

देशी राज रैयत के दुःख जाल तोड़ने को,
चम्पारण निलहों की ज्यादती मिटाने को।
अवध निवासी कृषिकारों पर होनवाले
जालिमों के जुल्म, जोर शोर से हटाने को।
जगह-जगह की पुलिस द्वारा होनेवाली
बीसों धाँधागर्दियों की धूल के हटाने को।
आये थे गणेश सत्य-न्याय की प्रतिष्ठा हेतु
जाफते दिलाने और आफतें उठाने को।

—डॉ. मुन्शीराम शर्मा 'सोम'

सन्दर्भ

1. महात्मा गाँधी, हिन्द स्वराज, शिक्षा भारती, कश्मीरी गेट दिल्ली, 2010 पेज नम्बर 22
2. देवव्रत शास्त्री, गणेशशंकर विद्यार्थी, आत्माराम ऐण्ड सन्स दिल्ली, 2011, पेज नम्बर 110-111
3. डॉक्टर गंगा नारायण त्रिपाठी, कालजयी एक पुरुष, साहित्य भवन प्राइवेट लिमिटेड, इलाहाबाद 1986, पेज नम्बर, 109
4. कृष्णबिहारी मिश्र, भारतीय साहित्य के निर्माता—गणेशशंकर विद्यार्थी, साहित्य अकादमी, 2014, पेज नम्बर 49
5. वही, पेज नम्बर 25-26
6. वही, पेज नम्बर 65-66
7. डॉ. लल्लन मिश्र, गणेशशंकर विद्यार्थी निबन्ध तथा पत्रकारिता में देन, संजय बुक सेण्टर, गोलघर वाराणसी, 2002, पेज नम्बर 11
8. डॉ. लल्लन मिश्र, गणेशशंकर विद्यार्थी निबन्ध तथा पत्रकारिता में देन, संजय बुक सेण्टर, गोलघर वाराणसी, 2002, पेज नम्बर 121
9. वही, पेज नम्बर 45
10. श्री तिलक सम्पादित, युगपुरुष गणेशशंकर विद्यार्थी : व्यक्तित्व और कृतित्व, प्रभात प्रकाशन, नयी दिल्ली, 2013 पेज नम्बर 11

11. डॉ. लल्लन मिश्र, गणेशशंकर विद्यार्थी निबन्ध तथा पत्रकारिता में देन, संजय बुक सेण्टर, गोलघर वाराणसी, 2002, पेज नम्बर 94
12. पुरुषोत्तमदास मोदी (सम्पादित), अमर शहीद गणेशशंकर विद्यार्थी, अनुराग प्रकाशन, वाराणसी, 2011, पेज नम्बर 135
13. श्री तिलक सम्पादित, युगपुरुष गणेशशंकर विद्यार्थी : व्यक्तित्व और कृतित्व, प्रभात प्रकाशन, नयी दिल्ली, 2013, पेज नम्बर 170-171
14. वही, पेज नम्बर 40-41
15. डॉक्टर ईश्वरचन्द गुप्ता, शहीद गणेशशंकर विद्यार्थी : विचार और व्यक्तित्व, (1890-1931) बुक्स फॉर ऑल दिल्ली 1998, पेज-नम्बर 80
16. वही, पेज-नम्बर 80-81
17. विजय सिंह 'पथिक', बनारसीदास चतुर्वेदी (सम्पादित), गणेशशंकर स्मारक ग्रन्थ, हिन्दी भवन, कालपी 1960
18. मदन मोहन मिश्र, भूला जनपद : बिखरा इतिहास रायबरेली जनपद का स्वाधीनता संग्राम, रायबरेली स्वातन्त्र्य सेनानी इतिहास प्रकाशन समिति रायबरेली, 1984, पेज नम्बर-114
19. मदन मोहन मिश्र, भूला जनपद : बिखरा इतिहास रायबरेली जनपद का स्वाधीनता संग्राम, रायबरेली स्वातन्त्रय सेनानी इतिहास प्रकाशन समिति रायबरेली, 1984, पेज नम्बर-434
20. देवव्रत शास्त्री, गणेशशंकर विद्यार्थी, आत्माराम ऐण्ड सन्स दिल्ली, 2011, पेज नम्बर 146-148
21. वही, पेज नम्बर 146-148
22. श्रीराम शर्मा, बनारसीदास चतुर्वेदी (सम्पादित), महावीर के आँसू, नर्मदा के अमर शहीद गणेशशंकर स्मृति अंक, जबलपुर
23. पुरुषोत्तमदास मोदी (सम्पादित), अमर शहीद गणेशशंकर विद्यार्थी, अनुराग प्रकाशन, वाराणसी, 2011, पेज नम्बर 27-29
24. देवव्रत शास्त्री, गणेशशंकर विद्यार्थी, आत्माराम ऐण्ड सन्स दिल्ली, 2011, पेज नम्बर 146-148
25. पुरुषोत्तमदास मोदी (सम्पादित), अमर शहीद गणेशशंकर विद्यार्थी, अनुराग प्रकाशन, वाराणसी, 2011, पेज नम्बर 82

गाँधी-गणेश और सत्याग्रह

"गणेश जी शुरू में तिलक जी को अपना राजनैतिक गुरु मानते और उन्हीं के पद-चिह्नों पर चलते थे। लोकमान्य तिलक पर उनकी प्रगाढ़ श्रद्धा थी। लोकमान्य तिलक की छोटी-सी तस्वीर उनके कमरे की मेज के ऊपर लम्बे समय तक तिलक जी के स्वर्गवास के बाद भी लटकी रही। बाद में उन पर गाँधी जी की छाप पड़ी और फिर वह लोकमान्य के भक्त होने के साथ ही गाँधी जी के भी अनुयायी हो गये।"[1] गणेश जी वास्तव में पहले तिलकपन्थी थे, गाँधी जी के प्रभाव में आने के बाद लम्बे समय तक आदर्शवादी रहे, जबकि गाँधी जी के सत्याग्रह आन्दोलन के बाद वह पूर्णतया गाँधीवादी हो गये। गणेश जी पर गाँधी जी का प्रभाव इस कदर था कि बालकृष्ण शर्मा 'नवीन' जी ने लिखा कि "वास्तव में अनेक वर्षों तक 'प्रताप' गाँधी जी का मुखपत्र बना रहा।"[2]

गणेश जी ने अपना जीवन एक पत्रकार के रूप में शुरू किया। प्रारम्भ में उन्होंने महावीरप्रसाद द्विवेदी जी के 'सरस्वती' में सह-सम्पादक के रूप में काम किया, उसके बाद उन्होंने 'अभ्युदय' में भी काम किया। परिवार और जीवन के विभिन्न झंझावातों को झेलते हुए आर्थिक संकटों के बीच कानपुर में 'प्रताप' प्रेस की स्थापना हुई। इस दौरान वह प्रत्यक्ष और अप्रत्यक्ष रूप से कांग्रेस व अन्य राजनीतिक गतिविधियों से दूर रहे परन्तु महावीरप्रसाद द्विवेदी जी के लेख से यह स्पष्ट है कि उनका रुझान राजनीतिक पत्रकारिता में था। यह मूल कारण भी था गणेश जी द्वारा 'सरस्वती' छोड़ने और 'अभ्युदय' के सम्पादन कार्य करने का।

उस समय राजनीतिक पत्रकारिता का अर्थ था ब्रिटिश सरकार के खिलाफ लिखना, क्योंकि देश-भर में शोषण और अत्याचार के मुख्य कारण अंग्रेज ही थे, जिसकी छाप उनके 'प्रताप' के पहले ही अंक में दिखायी देने लगी थी। तिलक को आदर्श माननेवाले गणेश जी ने 'प्रताप' के प्रथम अंक में ही प्रवासी भारतीय की सामाजिक और आर्थिक स्थिति के बारे में गम्भीर चिन्ता जाहिर की और तात्कालिक सरकार से इस विषय पर सवाल पूछा। उन्होंने 'प्रताप' में लिखा था कि, "अब हमें इम्पीरिअल सरकार बतलावे कि क्या उसी की प्रजा का एक भाग, हमारे हकों नहीं, हमीं को पैरों से कुचलकर धूल में मिला देने की कोशिशें नहीं कर रहा है? क्या इम्पीरिअल सरकार इस तरह से अपने

बिगड़े हुए छोकड़ों (तात्पर्य अफ्रीका के अंग्रेजवासियों से है) का खेल देखना पसन्द करती है। सरकार को चुप न रहना चाहिए। हमारे देश के भाई तो अफ्रीका में रहते-सहते और टैक्स देते हुए वोट तक देने का अधिकार न पावें और वहाँ के निवासी हमारी सिविल सर्विस में ऊँचे-ऊँचे पद पावें। हमारा करोड़ों रुपये लन्दन में भारत सचिव के पास है और हमारे भारत सचिव ऐसे खुले दिल कि आप इन्हीं अफ्रीकी सज्जनों को, हमारे भाइयों को अफ्रीका से निकाल बाहर करने पर तुले हुए हैं। बस यह उदारता बन्द होनी चाहिए।"

भारत सरकार को चेतावनी देते हुए उन्होंने लिखा था, "भारत सरकार चेते। देश में दक्षिण अफ्रीका के उस कोयले की जरूरत नहीं जिस पर हमें अपने भाइयों के खून के छींटे नजर आवें। हमारे देश का रुपया उन नरपिशाचों की जेबों में न जाये, जो हमारे भाइयों का गला इस बेदर्दी के साथ घोंट रहे हैं। यदि भारत सरकार दक्षिण अफ्रीका में हमारे भाइयों के इस संग्राम में आर्थिक सहायता नहीं कर सकती, जो उसे करना चाहिए, जबकि वह देखती है कि उसकी प्रजा पर सरासर अत्याचार हो रहा है--और साथ ही यदि वह अपनी इस कमजोरी का कोई भी इलाज नहीं कर पाती, तो उसका परम कर्त्तव्य है कि वह हमारे सारे भाइयों को अपने खर्चे से, दक्षिण अफ्रीका से बुला ले।"[3]

दक्षिण अफ्रीका की निरंकुश अन्यायी सरकार को ललकारते हुए उन्होंने लिखा था– "हृदय काँप उठता है और रोयें खड़े हो जाते हैं, जब हम उस भयंकर अत्याचार के समाचारों को सुनते हैं जो हमारे भाइयों पर दक्षिण अफ्रीका में इस समय हो रहा है। दक्षिण अफ्रीका की सरकार ने सभ्यता और मनुष्यता से नमस्कार कर लिया है। संसार के सभ्य राष्ट्रों के उन सारे साधारण भावों से, जिनसे एक सभ्य राष्ट्र कहला सकता है, अब उसे कोई सरोकार नहीं। उदारता, सज्जनता और सत्यता से उसने आँखें फेर ली हैं। अत्यन्त नीचता और पशुता पर वह उतर आयी है।"

22 नवम्बर, 1913 को गणेशशंकर विद्यार्थी जी ने 'प्रताप' में 'भीषण अत्याचार' नामक शीर्षक से एक लेख लिखा, जिसमें उन्होंने दुनिया में खुद को सभ्य बतानेवाले देश से उसकी सभ्यता पर प्रहार करते हुए यह प्रश्न किया था कि, "यदि पाश्चात्य देश के किसी भी एक आदमी पर इस तरह के अत्याचार होते तो आज संसार रण हुंकारों से गूँज उठता। उस अत्याचार की भयंकर कहानियाँ संसार के एक कोने से दूसरे कोने तक फैल जाती और अन्त में अत्याचारी को वह दण्ड मिलता कि वह अपनी सारी उद्दण्डता सदा के लिए भूल जाता। पर आज यूरोप, और-तो-और इंग्लैण्ड ऐसे उदार और कर्त्तव्यशील देश के कान पर जूँ नहीं रेंगती। मनुष्यता की देवी क्रूरता के भयंकर रूप और उनके मुकाबले में सभ्य समाज की इस कमजोरी से चकित है।"[4]

गणेश जी ने 'प्रताप' के पहले ही अंक में दक्षिण अफ्रीका फिजी आदि देशों में फैले हुए भारत के गिरमिटिया मजदूरों के बारे में गम्भीर वेदना व्यक्त की और इन गिरमिटिया

मजदूरों को एक सामान्य मानव की तरह जीवन जीने के लिए सुविधाएँ मिलें इसके लिए लगातार 'प्रताप' के माध्यम से इन मुद्‌दों को उठाते रहे। इसी सिलसिले में उन्होंने असंख्य लेख दक्षिण अफ्रीका के गिरमिटिया मजदूरों और प्रवासी भारतीयों के बारे में भी लिखे। 'प्रताप' की स्थापना के पहले गणेश जी की गाँधी जी से कोई मुलाकात नहीं हुई थी जबकि उन्होंने लखनऊ अधिवेशन में भाग भी लिया था (जिसमें उन्होंने तिलक और महात्मा गाँधी दोनों को कानपुर आने के लिए आमन्त्रित किया था।) तब भी वह उस अधिवेशन में महज एक पत्रकार के रूप में प्रतिभाग किये थे। गणेश जी की प्रथम जीवनी लिखनेवाले देवव्रत शास्त्री जी ने अपनी पुस्तक में लिखा है कि गाँधी जी जब 'प्रताप' कार्यालय में रुके थे तभी गाँधी जी के आह्वान करने के बाद से गणेश जी कांग्रेस में सक्रिय हुए थे।

अतः गाँधी जी से विद्यार्थी जी का प्रथम परिचय एक पत्रकार और एक देश के स्वाभिमान के लिए लड़ रहे सत्याग्रही के रूप में हुई थी। वह भी तब जब गाँधी जी दक्षिण अफ्रीका में गिरमिटिया मजदूरों के लिए लड़ रहे थे। गणेश जी को गाँधी जी के विषय में विभिन्न सूचनाओं के माध्यम से जो भी खबर मिलती उसी के आधार पर वह गाँधी जी पर लेख लिखते तथा इसी के आधार पर गाँधी जी के लिए गणेश जी के मन में आस्था भाव भी जगा था। इस बात की स्पष्ट छाप उनके एक लेख से मिलती है, जिसका शीर्षक 'कर्मवीर गाँधी' था। यह लेख 'प्रताप' में 16 नवम्बर, 1913 को प्रकाशित हुआ था। लेख के कुछ अंश इस प्रकार हैं—"पत्तियाँ हरी हैं और जड़ उन्हें पानी पहुँचाती है। तारे चमकते हैं और सूर्य से उन्हें प्रकाश मिलता है। अफ्रीका की मरुभूमि में अमृत वर्षा हुई, और वर्षा की इन्द्र गाँधी ने! शुष्क भूमि में आत्म-शक्ति की अर्चा हुई, और अर्चा की राम गाँधी ने! दयाशून्य हृदयों में दृढ़ता और बल का सिक्का जमा, और सिक्का जमाया भीष्म गाँधी ने। और गाँधी को किस जड़ ने रस पहुँचाया? उस माता ने, जिसके रतन-पान से उसका शरीर पला। गाँधी बैरिस्टरी के लिए विलायत जाओ, लेकिन शपथ खाओ कि तुम मांस-मदिरा और स्त्री का सेवन नहीं करोगे। माता, नहीं करूँगा। अक्षर-अक्षर शपथ निबाही गयी और इस वीर माता को किस माता ने जन्मा? मेरी और तुम्हारी माता ने, मेरी और तुम्हारी जननी ने, मेरी और तुम्हारी पालन-पोषण कात्री देवी ने! बालक गाँधी और अब पुरुष गाँधी। ... प्लेग फैला और गाँधी अपने देश-भाइयों की सेवा में दत्त-चित्त। अपने तन-बदन की सुध नहीं। हजारों रुपये मासिक की आय, लेकिन अब कुछ नहीं, जो थी, वह सब सेवा की बेदी पर भेंट। युद्ध! गोरे असभ्य लोगों के खून से पृथ्वी को रंग रहे हैं। गाँधी गोरे का पशुवत् हाथ बेदर्दी से रोका नहीं जा सकता। लेकिन, वह देखो! गाँधी गोरे हाथों की काली बेदर्दी के शिकार अफ्रीका के काले आदमियों के घावों की मरहम पट्‌टी कर रहा है। देश की मान-रक्षा के लिए धन की जरूरत है। लो, सब अर्पण। देःश-भाइयों की दुख-भरी आवाज

का मार्ग यह लो—'इण्डियन ओपिनियन।' सारा खर्च लाख रुपये अपने पास से। 100 एकड़ भूमि यह भी लो देश-भाइयों के लिए। कैदी के भेष में, हथकड़ियाँ पड़ी हुई हैं गठरी लादे हुए शहर के बीच से होकर निकल पड़ा। लेकिन यह भी कुछ नहीं। स्त्री बीमार है और लड़का अस्वस्थ। गाँधी! देख आओ, देखो, अधिकारी लोग भी कहते हैं। लेकिन स्त्री की बीमारी से कर्त्तव्यपालन ज्यादा महत्त्व का है। पूरा और पक्का बैरिस्टर, लेकिन स्याह का सफेद और सफेद का स्याह बनानेवाला नहीं। मुवक्किल झूठ बोला और कचहरी में, जज के सामने पहुँचने पर झूठ जानते ही मुवक्किल से सूखा सलाम।

गाँधी द्वारा दक्षिण अफ्रीका में संचालित सत्याग्रह में भाग लेने पर उन्होंने प्रवासी भारतीयों के लिए जिन उद्गारों को प्रकट किया था, वे आज भी उतने ही प्रेरक हैं। उन्होंने लिखा था, "हमारे वीर भाई अपनी वीरता, धीरता और दृढ़ता की परीक्षा में पूरे उतरे हैं। उनकी इस तपस्या ने ऐसे आसन हिला दिये, जो हिलने का नाम न जानते थे। वीर माताओं और बहनों के उत्साह और अच्छे प्रभाव ने मुर्दे हृदयों में जान डाली। दक्षिण अफ्रीका रूपी अग्निकुण्ड में हमारी बिखरी हुई कच्ची जाति तपायी गयी, ठोकी गयी और संसार अब आश्चर्य से देख रहा है कि उसका कच्चापन दूर हो गया। अब वह बिखरी हुई नहीं, पक्की है। और ऐसी पक्की जैसे संसार की कोई भी जाति।"

जब दक्षिण अफ्रीका में, गाँधी जी ने सर्वप्रथम सत्याग्रह का प्रयोग किया तब 'प्रताप' ने अत्यन्त भावनापूर्ण शब्दों से गाँधी जी के प्रति श्रद्धा व्यक्त की थी। वह श्रद्धा हमें अपने राष्ट्र जीवन की कालिमापूर्ण निशा की दुःखद याद दिलाती है। उस समय 'प्रताप' सम्पादक ने गाँधी जी के विषय में लिखा था, "चन्द्र के समान राहु के (आशय अफ्रीका की गोरी सरकार से है) छक्के छूट गये। न चन्द्र की ज्योति घटी और न तारों की (तारों से आशय प्रवासी भारतीयों से है)। हजारों नक्षत्र में से शायद ही किसी ने टूटने का नाम लिया हो। ... शत्रु भी सज्जनता के इतने कायल कि हथकड़ी भरे हुए हाथों और गठरी लादे हुए शहर से निकाले जाने पर गोरे 'नेटाल मरकरी' के हृदय में भी न्याय की लहरों ने हिलोरे मारी न थी।"[5]

गाँधी जी का गिरमिटिया मजदूरों और प्रवासी भारतीयों के लिए दक्षिण अफ्रीकी सत्याग्रह आन्दोलनों के बाद भारत में 5 जनवरी, 1915 में आगमन हुआ। इसके बाद उन्होंने गुरु गोखले के बताये मार्ग पर चलते हुए एक वर्ष तक भारत भ्रमण किया क्योंकि गोखले ने उनसे कहा था कि भारत में कुछ भी करने से पहले भारत को समझना जरूरी है। 1916 में लखनऊ में हुए कांग्रेस अधिवेशन में गाँधी जी भी पहुँचे। यह उनका दक्षिण अफ्रीका से लौटने के बाद पहला अधिवेशन था। लखनऊ से लगभग 80 किलोमीटर दूर कानपुर में जहाँ कांग्रेस संगठन का ढाँचा भी नहीं था, वहाँ पर गणेश जी ने जो स्वयं उस समय पत्रकार रहते हुए कांग्रेस की गतिविधियों में कभी-कभी भाग लेते थे। वह लखनऊ कांग्रेस अधिवेशन में कानपुर से लखनऊ नजदीक होने की

वजह से और कानपुर के कांग्रेसी नेता, शायर गणेश जी के बचपन के मित्र हसरत मोहनी के कहने पर पहुँचे थे। यह उनका प्रथम कांग्रेस अधिवेशन था। गणेश जी ने निश्चय किया कि लखनऊ अधिवेशन से लौटते वक्त गाँधी जी और लोकमान्य तिलक को कानपुर लाया जाये। इसके लिए दोनों महान् विभूतियों को गणेश जी ने आमन्त्रित किया और वे दोनों लोग तैयार हो गये।

कानपुर में कांग्रेस के संगठन का अभाव और अंग्रेजों के भय के कारण तिलक जी को इतने बड़े शहर में ठहरने के लिए कहीं कोई जगह नहीं मिली तो मजबूरन उन्हें ईआईआर के पुराने जंक्शन स्टेशन के पास एक धर्मशाला पर ठहराया गया। तिलक जी का कानपुर में बड़ी धूमधाम से जुलूस निकाला गया और एक सार्वजनिक सभा में उनका भाषण भी हुआ। चम्पारण सत्याग्रह के सिपाही राजकुमार शुक्ल ने स्वयं इस भाषण को सुना था। उन्होंने अपनी-अपनी डायरी में लिखा है कि इस जनसभा में 10000 आदमियों की संख्या थी।

गाँधी जी की यह पहली कानपुर की यात्रा थी। उनके साथ दक्षिण अफ्रीका में सत्याग्रह के दौरान उनके सहयोगी रहे मिस्टर पोलक भी थे। गाँधी जी जब कानपुर पहुँचे थे तो उनके लिए न कोई जुलूस निकला था न उनका कोई व्याख्यान हुआ था। गाँधी जी को कानपुर रेलवे स्टेशन से लेकर 'प्रताप' कार्यालय तक लानेवाले 'प्रताप' प्रेस के सहयोगी दशरथप्रसाद द्विवेदी लिखते हैं कि, "गाँधी जी उस समय तीसरे दर्जे में सफर करते थे, नंगे पैर रहते थे, सर पर एक काठियावाड़ी ढंग की पगड़ी बाँधा करते थे और एक चौबन्दी पहना करते थे। अपने कन्धे पर खादी का एक झोला भी टाँगे रहते थे। भरी हुई एक स्पेशल ट्रेन से वह रात को 8:00-9:00 बजे कानपुर उतरनेवाले थे। शिवनारायण जी और मैं स्टेशन पर उन्हें लेने गये थे। बड़ी मुश्किल से हम लोग उन्हें ढूँढ़ पाये। बहुत कोशिश की खादी का झोला हम लोग उनसे ले लें, परन्तु हम लोग अपने इस प्रयत्न में विफल रहे। कानपुर के लोग तो उस समय लोकमान्य तिलक को अपने यहाँ ठहराने में डरते थे, तो उनके लिए अपनी सवारी कौन देता। इसलिए मजबूरन गाँधी जी और मिस्टर पोलक को रात में शिवनारायण जी के ताँगे पर लोग स्टेशन से 'प्रताप' कार्यालय ले आये। उन दिनों रात को गाँधी जी दूध के सिवा कुछ नहीं लेते थे। 'प्रताप' ऑफिस के बड़े कमरे में फर्श पर एक बड़ी दरी बिछी और मिस्टर पोलक और गाँधी जी ने वहीं जमीन पर विश्राम किया। मिस्टर पोलक उस समय लुंगीनुमा एक धोती अथवा पाजामा और एक कुर्ता पहना करते थे। गाँधी जी की खुराक उस समय कच्ची मूँगफली और बिना घी की खिचड़ी थी। दूसरे दिन यही उन्हें अर्पित किया गया। मिस्टर पोलक ने भी इसमें हिस्सा बँटाया और कौतूहलवश हम लोगों ने भी उसे चखा।"[6]

कानपुर की जनता में कांग्रेस का अच्छा प्रभाव हो जाने पर भी इस समय तक वहाँ के जन नेताओं में कांग्रेस के प्रति एक उदासीनता की भावना थी। इसलिए भोजन करने

के बाद जब गाँधी जी ने नगर के नेताओं से बात करने की इच्छा व्यक्त की तो उन्हें निराशा ही हाथ लगी। इतने बड़े कानपुर में केवल डॉ. मुरारीलाल तथा नारायणप्रसाद निगम ही अपने 2-4 मित्रों के साथ मिलने वहाँ आये और इन दोनों महानुभाव में भी डॉ. मुरालीलाल चिकित्सीय व्यवसाय के साथ भवन निर्माण के कार्य में भी व्यस्त रहते थे। श्री नारायणप्रसाद निगम ही ऐसे व्यक्ति थे जो सामाजिक कार्यों में रुचि लेते थे। विद्यार्थी जी के मित्रों की संख्या भी उस समय सीमित थी, फिर भी उन्होंने दो महान् नेताओं को एक साथ कानपुर में आमन्त्रित किया। सम्भवतः गाँधी जी कानपुर के जन नेताओं के इस उपेक्षापूर्ण व्यवहार से खिन्न हो गये थे। उन्होंने डॉ. मुरालीलाल और श्री नारायणप्रसाद निगम से वार्त्तालाप किया।

विद्यार्थी जी ने गाँधी जी से शिकायत की कि हम नौजवानों को काम करने के लिए प्रोत्साहित करनेवाला साथ देनेवाला तक यहाँ कोई नहीं है। गाँधी जी ने डॉ. मुरारीलाल से कहा—"डॉक्टर साहब आप क्यों नहीं इन नौजवानों से काम लेते? अगर इन्हें आप उत्साहित करेंगे तो यह बहुत-कुछ कर दिखायेंगे। आप सभापति बन जाया कीजिये, यह लोग और सब-कुछ कर लेंगे। डॉक्टर साहब ने ऐसा करने का वचन दिया। विद्यार्थी जी इसके बाद हर राजनैतिक काम में डॉक्टर साहब को खींचने लगे और डॉक्टर साहब तभी से राजनीति में अधिक भाग लेने लगे।"[7] यहीं पर अपने सार्वजनिक अभिनन्दन के समय, महात्मा गाँधी ने भविष्यवाणी की थी कि 'प्रताप' भारतीय स्वतन्त्रता संग्राम का अग्रदूत होगा। गणेश जी के 'प्रताप' ने गाँधी जी की भविष्यवाणी को पूर्णतः सत्य करके दिखला दिया।[8] इसके बाद ही गणेशशंकर विद्यार्थी जी भी कांग्रेस की राजनीतिक गतिविधियों में सक्रिय रूप से भाग लेने लगे। यह कहना अतिशयोक्ति नहीं होगी कि वह राजनीति में गाँधी जी से प्रेरित होकर सक्रिय हुए थे।

1916 के प्रारम्भ में खण्डवा से प्रकाशित होनेवाली राष्ट्रकवि माखनलाल चतुर्वेदी जी की पत्रिका 'प्रभा' का प्रकाशन मजबूरन उन्हें स्थायी रूप में बन्द करना पड़ा था। जब गणेश जी को इसकी खबर हुई तो उन्होंने माखनलाल जी को कानपुर में बुला लिया (कुछ वर्ष बाद प्रताप प्रेस से प्रभा का प्रकाशन भी हुआ।) और गणेश जी को 'प्रताप' के लिए एक अद्वितीय सहयोगी मिल गया था। उसी समय लखनऊ कांग्रेस के बाद गाँधी जी जब 'प्रताप' कार्यालय में रुके थे, तब माखनलाल जी ने एक पत्रकार के रूप में उनका साक्षात्कार भी लिया था।

इसके बाद गाँधी जी और गणेश जी में एक सम्बन्ध स्थापित हो गया। यह सम्बन्ध केवल दो कांग्रेसियों, या दो अंग्रेजों की गुलामी से स्वतन्त्रता के लिए लड़ रहे नायक या एक पत्रकार और अहिंसा के पुजारी के रूप में नहीं था बल्कि इस सम्बन्ध को परिभाषित गणेश जी के जीवन-दर्शन और विशेषकर दोनों कालजयी पुरुष के बलिदान से किया जा सकता है। गाँधी जी का 'प्रताप' कार्यालय यात्रा के बाद सन् 1917 से

1930 में भारत में कोई भी ऐसा आन्दोलन नहीं हुआ जिसका प्रचार, प्रसार और नेतृत्व गणेशशंकर विद्यार्थी जी और उनके 'प्रताप' ने न किया हो। गणेश जी का समाचार-पत्र 'प्रताप' लगातार गाँधी जी की हर गतिविधि में उनके साथ साये की तरह खड़ा रहा। उन्होंने गाँधीजी की लगभग सभी बातों में अपना समर्थन दिया तथा जब-जब गाँधी जी के विचारों का भारतीय जनमानस ने विरोध किया, तब-तब 'प्रताप' ने ही उनके विचारों को बल प्रदान किया। इसके अनेक उदाहरण हैं जैसे–

10 नवम्बर, 1924 के 'प्रताप' के सम्पादकीय का शीर्षक 'महात्मा गाँधी का राजनैतिक नेतृत्व' था और तात्कालिक परिवेश को देखते हुए गणेश जी ने स्वराज पार्टी पर तीखी टिप्पणी करते हुए लिखा कि, "देश भर के साथ रहने की आवश्यकता उसे मालूम पड़ी। देश भर के एक नेता के लिए उसने अपनी दृष्टि चारों ओर फेंकी, और अन्त में, जिस महात्मा गाँधी को वह सिंहासन से उतार चली थी, उन्हीं को, फिर सिर पर उठाकर रखने की आवश्यकता उसे मालूम हुई। फूट मिटी, यह पहली बात थी। महात्मा गाँधी का राजनैतिक नेतृत्व फिर शिरोधार्य हुआ। दामन से यह दूसरी बात है। निःसन्देह देश के राजनैतिक क्षेत्र में महात्मा गाँधी को छोड़कर कोई दूसरा आदमी इतना ऊँचा है ही नहीं।"[9]

साइमन कमीशन पर अपना मत स्पष्ट करते हुए गणेश जी ने कहा–"हम क्यों चिन्ता में पड़ें कि कमीशन के आधे सदस्य अंग्रेज होंगे और उसमें आधे हिन्दुस्तानी? अधिक संख्या की अपेक्षा कम संख्या और केवल गाँधी ही बहुत के मुकाबले में काफी हो सकता है। हमें दो घोड़े की सवारी नहीं करनी चाहिए।"

गणेश जी ने असहयोग आन्दोलन को अपना भरपूर समर्थन सहयोग प्रदान किया। पूरे उत्तर भारत में उन्होंने "प्रताप" के माध्यम से 20 सितम्बर, 1920 और 23 जनवरी 1921 व 21 जनवरी, 1921 को अपने सम्पादकीय लेखों में 'हमारा नया निर्णय', 'मिस्टर आचार्य का भाषण' व 'कुछ करना हो, कर डालें' आदि शीर्षकों से, महात्मा गाँधी जी द्वारा चलाये गये असहयोग आन्दोलन को बल प्रदान किया और उन लोगों को आड़े हाथों लिया जो इससे विमुख चलना चाहते थे।[10] गणेश जी ने जलियाँवाला बाग काण्ड की घटनाओं को 'प्रताप' में छापकर गाँधी जी के द्वारा चलाये गये असहयोग आन्दोलन को उत्तर भारत में और तेज किया।[11]

भारत रक्षा-कानून के तहत जब गाँधी जी को ब्रिटिश सरकार द्वारा गिरफ्तार किया गया तो गणेश जी ने दिनांक 14 अप्रैल, 1919 को 'संग्राम का आरम्भ' शीर्षक से अपना लेख में लिखा था कि, "देश के कर्मवीर इस तूफान के मुकाबले के लिए कर्म-क्षेत्र में आने की तैयारी कर रहे हैं और हम अपने तथा अपने देश को गाँधी जैसी पवित्र आत्मा आने के बीच में रखने पर कृतकृत्य समझते हैं। महात्मा गाँधी ने संकट से उद्धार पाने के लिए सत्याग्रह का शंखनाद किया है।"[12]

गाँधी जी के मार्ग और कार्य को उचित ठहराते हुए गणेश जी ने दृढ़ शब्दों में इसी लेख में लिखा कि, "गाँधी जी सीधे-सादे हैं, वे सरलता, शक्ति और निर्दोषता की मूर्ति हैं। वे भीषण अग्नि के लिए शीतल जल हैं। वह घनघोर घटा के लिए बलवान् वायु हैं। जहाँ वे हों, वहाँ उपद्रव न रहे, और जहाँ उपद्रव हो, वहाँ उनका पहुँचना शान्ति के राज्य का पहुँचना है। उनकी निर्विकारिता, उनकी निर्भीकता उतनी ही असन्दिग्ध है जितना कि उनका अस्तित्व। इसलिए देश के छोटे-छोटे आदमियों मत कष्ट दो अपनी बुद्धि को उनके अगम रहस्यों के समझने के लिए।"..."ऐसे आदमी पर भारत-रक्षा कानून का प्रयोग। भारत-रक्षा कानून। क्या यह कानून इस नाम से पुकारे जाने योग्य है? यह गैरकानूनी कानून। गाढ़े समय में बनाया गया और एक गाढ़े समय (युद्ध) के ही लिये। दिल्ली में युद्ध नहीं हो रहा था। पंजाब की भूमि मनुष्य के रक्त में तर नहीं हो रही थी। गाँधी जी ने बम नहीं बनाये थे और न वे इसके लिए दिल्ली जा रहे थे। फिर भी इस कानून के इस्तेमाल की जरूरत पड़ जाना ऐसा मुकम्मा है जो छोटी-मोटी अकल में तो आता ही नहीं।" गणेश जी ने भारत रक्षा-कानून की धज्जियाँ उड़ा दीं उन्होंने 'प्रताप' के माध्यम से गाँधी जी के पक्ष को भारतीय जनता के सम्मुख रखा और भारत रक्षा-कानून की जमकर आलोचना की थी।[13]

1920 में गाँधी जी के नेतृत्व में सबसे बड़ा जन आन्दोलन शुरू हुआ और आन्दोलन का गणेश जी ने तन, मन और कलम (प्रताप) द्वारा समर्थन किया। इस जन आन्दोलन के अनेक कारण थे। प्रथम विश्वयुद्ध के मध्य मित्र राष्ट्रों के नेताओं ने यह वायदा किया था कि युद्ध की समाप्ति पर गुलाम देशों को आत्मनिर्णय का अधिकार दे दिया जायेगा। यह बात विल्सन ने 14 सूत्री सिद्धान्त में भी दोहरायी गयी थी। इतना ही नहीं, 20 अगस्त, 1917 को भारतमन्त्री एडविन मॉण्टेग्यू ने घोषणा की थी कि युद्धोपरान्त भारत को स्वशासी एवं उत्तरदायी शासन प्रदान कर दिया जायेगा। परन्तु युद्ध की सम्पत्ति पर भारतीयों को आत्मनिर्णय के सिद्धान्त और उत्तरदायी-शासन के स्थान पर दमनकारी रौलट ऐक्ट मिला। रौलट ऐक्ट को गाँधी जी ने 'शैतानियत का चोला' की संज्ञा दी। सारे मुल्क में इसका विरोध हुआ। गणेश जी ने 'प्रताप' के माध्यम से अंग्रेजों की दमनकारी नीतियों की जानकारी जनता को दी एवं जनमानस को सचेत किया। सारे देश में, जगह-जगह सभाएँ आयोजित की गयीं जिसमें नेताओं ने जनता को समझाते हुए कहा कि रौलट ऐक्ट का अर्थ है "न वकील, न अपील, न दलील।"[14]

गणेश जी ने गाँधी जी के हरिजन आन्दोलन में भी सक्रिय सहयोग दिया था। गणेश जी यह अनुभव करते थे कि हरिजनों के प्रति हमारी उपेक्षा ने राष्ट्रीय संगठन को कमजोर बना दिया है। उन्होंने 'राष्ट्र की आशा' नामक अपने भावुक लेख में बड़े खेद के साथ लिखा है—"कितने हैं जिन्हें इस बात का दर्द आता है कि आज तुममें से सात करोड़ से अधिक अछूत कहलानेवाले भारतवासी तुम्हारे शताब्दियों के घोर

अन्याय के कारण घृणित पशुओं के समान अपने दिन बिताकर तुम्हारे राष्ट्र संगठन के कार्य को और भी अधिक दुष्कर बना रहे हैं?"

1925 में गाँधी जी के उपवास का कुछ लोगों ने तीव्र विरोध किया था। उस अवसर पर विद्यार्थी जी द्वारा व्यक्त श्रद्धा अत्यन्त गहरी और संवेदनशील है। 'प्रताप' 30 नवम्बर, 1925 में उन्हीं के शब्द "मोहन ने अपने सम्मोहन मन्त्र का वार संसारवासी लोगों पर किया है। ... युग-के-युग, बीत गये, हमारे भाग्य से आज ऐसी विभूति आयी है। ... जी में आये तो उसे काँटो का मुकुट पहनाकर सूली पर टाँग दीजिये, पर एक बात न भूलिये... ऐसा पुरुष, जिसकी चरण-रज के एक-एक कण पर जीवन निछावर कर दिया जाये, फिर न मिलेगा। गाँधीवाद की महिमा आज समझ में नहीं आती पर भविष्य इसे समझेगा।"

भारत में अंग्रेजों के राज का विरोध क्यों होना चाहिए, यह विचार भी गणेश जी ने गाँधी जी की पुस्तक 'हिन्द–स्वराज' पढ़ने के बाद बदल लिया था। यद्यपि इस पुस्तक का प्रकाशन सन् 1909 में किया गया जब गाँधी जी दक्षिण अफ्रीका में आन्दोलन कर रहे थे। उसके तर्कों से गणेश जी प्रभावित हुए थे, जैसा कि उनके लेख 'स्वराज्य की आकांक्षा' से मालूम होता है।

गाँधी जी के प्रति उनकी श्रद्धा असीम और अखण्ड थी। उन्होंने विभिन्न अवसरों पर इसे स्पष्ट रूप में व्यक्त किया था। उनकी दृष्टि में "महात्मा गाँधी एक व्यक्ति नहीं हैं। वे इस देश की आत्मा के स्वरूप हैं।" इसी प्रकार उन्होंने एक अवसर पर घोषणा किया था, "ऊपर, ऊँचे शिखर पर सबको बराबर ले जाने की भावना जिस लोकोत्तर हृदय में है और अपने काम में जिस महापुरुष ने सहस्रों कठिनाइयों और असम्भावनाओं का सामना किया है, वह लोकोत्तर हृदय, वह महापुरुष, इन सब कठिनाइयों के झेलने के बाद भी, हिमालय की तरह अचल, अटल और अडिग है।"[15]

कांग्रेस में गाँधी जी की कार्य पद्धति के विषय में जब कुछ लोगों ने प्रश्न किया तो गणेश जी ने 'प्रताप' के माध्यम से कहा कि, "गाँधी को लोग समझना नहीं चाहते। गाँधी के राजनीतिक जीवन में आने से पहले हमारे राजनीतिज्ञ आरामकुर्सी पर पड़े राजनीति का छौंका लगाया करते थे। उनके आगमन से बात ही बदल गयी। पहले कांग्रेस 'खाला का घर' था। परन्तु गाँधी जी ने कहा यह तो, "घर है नेम का, खाला का घर नहीं सीस उतारे भुहिं धरे, सो बैठे एहिं।"[16]

ऐसे ही अखिल भारतीय आम नागरी एवं भाषा सम्मेलन में जो कि गणेश जी ने आयोजित किया था, उसमें भी गाँधी जी ने हिन्दी और हिन्दी साहित्य के प्रचार व प्रसार पर जोर देते हुए कहा, "लोक स्वराज्य चाहते हैं और उसे प्राप्त करने का एक ही रास्ता है कि हिन्दी को एक आम भाषा के रूप में अपनाया जाये।" गणेश जी ने गाँधी जी के पदचिह्नों पर चलते हुए हिन्दी के प्रयोग की वकालत की और हिन्दी साहित्य में स्थायी विकास हेतु 'स्वराज्य साहित्य' का निर्माण किया।

विद्यार्थी जी के विचार मुख्यतः चार तत्त्वों से बने, पुष्ट हुए और विस्तार क्षितिज की ओर बढ़ते गये। जनशक्ति पर विश्वास, नैतिक जीवन-मूल्यों की प्रतिष्ठा, गाँधी जी के विचारों का प्रभाव तथा देश के लिए तरुण वर्ग से अधिक अपेक्षाएँ। इन चारों की विचार-रश्मियों से उनका चिन्तन—आकाश आलोकित था। जनता के विचार में रहकर, जन-जीवन के सुख-दुःख की तरंगों में बहकर, उनके लिए जनशक्ति में अटूट आस्था रखना स्वाभाविक था।

बालकृष्ण शर्मा 'नवीन' के विचार हैं कि चम्पारण के निलहे गोरों के अत्याचार की कहानियाँ सर्वप्रथम गणेशशंकर विद्यार्थी के 'प्रताप' के द्वारा जनता के सम्मुख आयी। इसके उपरान्त कहीं गाँधी बाबा का ध्यान उधर खींचा गया।[17]

गाँधी के विचारों का प्रभाव किस तरह धीरे-धीरे गणेशशंकर विद्यार्थी के ऊपर चढ़ा इसका एक उदाहरण है 22 फरवरी, 1928 को साप्ताहिक 'प्रताप' में छपे एक लेख जिसका शीर्षक 'भिखारिन की निधि' से लगाया जा सकता है। लेख का अधिकांश अंश—

"हमारी यह बूढ़ी माँ चिर भिखारिन है आँचल फैला-फैला करके, हे विश्वपोषक! इसने तुम्हारे दरवाजे भीख माँगी है। सहस्रों वर्षों से तुम हमारी इस वृद्ध माँ की झोली में भिक्षा के अनमोल कण डालते रहे हो। कभी तुमने राम जैसे धनुर्धर और कभी कृष्ण के जैसे बंशीधर इस वृद्ध को दिये? कभी महावीर वर्द्धमान के सदृश तपोधन तुम्हारे आदेश से आये? हे जगतपति, तुमने इस भारतभूमि को कभी उदास नहीं किया। इस भिखारिन के अलख जगानेवाले पुत्रों ने जगत् विजित किया। तलवार के बल पर नहीं, केवल गैरिक वस्त्रों के प्रताप से भारत के बच्चे विश्व विजयी बने। तुम्हारा सन्देश विश्व में इस तरह फैला। इसी तरह हे स्वामी। तुम्हारा शंख भूमण्डल के कोने-कोने में उद्घोषित हुआ। इस भिक्षुणी के भिक्षु पुत्र यों ही मस्ताने-से डोलते रहे।

लहूलुहान इस कलिकाल में हमारी माँ ने तुम्हारे दरवाजे फिर टेर लगायी। सब ओर अँधेरा मानो कपाट भी बन्द हो गये हों लेकिन इस भिखारी ने तो टेर लगा ही दी। हे परमेश्वर! तुमने उसकी पुकार सुन ली। अपने भिक्षुणी भारत माँ को अपनी फटी गुदड़ी में यह एक लाल मिल गया उसका नाम है—मोहनदास करमचन्द गाँधी। तुमने इस वृद्धा को कैसी अनोखी निधि दी है हे देव! यह भिखारिन की थाती है यह उसका सर्वस्व है इसने हमारे लिये क्या नहीं किया? इसने निष्प्राण अस्थि-पंजर में प्राण फूँके। आत्म विस्मृति को दूर कर आत्मविश्वास पैदा किया। सामाजिक और राजनीतिक क्रान्ति में हमें दर्शन कराये। तपस्या और त्याग का मर्म समझाया। धार्मिक भावनाओं में उथल-पुथल मचा दी।

हे प्रभु! क्या तुम समझते हो, इस वृद्धा की निधि का काम पूरा हो चुका है?

सब ओर अँधेरा है। केवल यही एक प्रकाश-स्तम्भ है जिसके प्रकाश में, देश अपना आगे का मार्ग आगे देख रहा है। अनर्थ न हो जाये अस्थियों के इस परम पुनीत पुंज के ऊपर तुम अपने महाप्राण की वर्षा करते रहना। हे देव! हे कर्महीन, दिशा शून्यों की ही यही प्रार्थना है।"

गाँधी जी ने भी समय-समय पर गणेश जी के कार्यों का उत्साहवर्द्धन और उनका सहयोग किया। इसके भी अनेक उदाहरण हैं। जैसे, कानपुर अधिवेशन 1926 में गणेश जी को अधिवेशन की स्वागत समिति का प्रधानमन्त्री बनाया गया। जब क्षेत्रीय विवाद के कारण गणेश जी को अधिवेशन में दिये गये दायित्व निर्वाह पर संकट आ रहा था तब गाँधी जी ने स्वयं एक पत्र लिखा था। पत्र से मालूम होता है कि उस समय गणेश जी कानपुर अधिवेशन की व्यवस्था के दौरान धन और स्वयंसेवकों की आवश्यकता की समस्या से ग्रस्त थे। इस विषय में गाँधी जी को पता था, और उन्होंने संरक्षक की तरह उत्साहवर्द्धन किया। इसी प्रकार सन् 1917 में जब कानपुर में अखिल भारतीय ट्रेड यूनियन कांग्रेस का अधिवेशन हुआ तो गाँधी जी ने उनका पूरा समर्थन किया। गणेश जी ने इस बात का खण्डन किया कि वह अन्धे भक्त हैं। उन्होंने सचेत किया कि हमें राजनैतिक मोक्ष की जरूरत है, इसके बिना हम कभी अपनी मुक्ति नहीं कर सकेंगे।

ऐसा नहीं था कि गणेश जी ने गाँधी जी की सभी गतिविधियों का समर्थन किया हो। जब उनके विचार गाँधी जी के विचारों से मेल नहीं खाते हैं तब वह 'प्रताप' के माध्यम से अपनी बातें रखे देते थे। जैसे—

"फरवरी, 1922 में, गोरखपुर में चौरीचौरा नामक स्थान पर पुलिस ने निहत्थी भीड़ पर धुआँधार गोलियाँ चलायीं और गोलियाँ खत्म होते ही जब पुलिस थाने के अन्दर थी, उग्र भीड़ ने थाने में आग लगा दी। पचासों पुलिसकर्मी जलकर भस्म हो गये। क्रान्ति की यह पहली चिनगारी थी। इस पर गाँधी जी ने अपना असहयोग आन्दोलन बिना किसी से परामर्श किये वापस ले लिया। जेल में बैठे मोतीलाल, जवाहरलाल, सी. आर. दास के साथ गणेश जी ने भी गाँधी जी द्वारा आन्दोलन वापस लेने की निन्दा की।"[18]

सन् 1924 में महात्मा गाँधी ने हिन्दू-मुस्लिम वैमनस्य पर 'यंग इण्डिया' के एक अंक में आर्यसमाज, उसके प्रवर्तक स्वामी दयानन्द और 'सत्यार्थ प्रकाश' की धार्मिक कट्टरता, संकीर्णता और कलहप्रियता के लिए टिप्पणी प्रकाशित की। सन् 1924 में गणेश जी महात्मा गाँधी के सिद्धान्त और उनकी नीतियों के अनुगामी हो चुके थे, लेकिन गणेश जी ने 'प्रताप' के माध्यम से गाँधी जी से प्रश्न किया, "आर्यसमाज से जिस संकीर्णता की शिकायत है क्या वह मुसलमानों में नहीं है? इस्लाम जिसकी महात्मा जी ने बड़ी तारीफ की है, अपने इतिहास में इतने खूनी पन्ने रखती है जिसको गिनना मुश्किल है। धार्मिक समुदायों के सम्बन्ध में महात्मा जी निष्पक्ष होकर सभी प्रकार की कट्टरता पर समान प्रहार करें।"[19]

10 नवम्बर, 1924 के सम्पादकीय लेख में गाँधी जी के खिलाफत आन्दोलन के समर्थन का विरोध करते हुए उन्होंने लिखा था, "महात्मा जी ने अब तक राजनैतिक क्षेत्र में कई बड़ी भूलें की हैं। हिमालय सदृश भूल तो सबसे पहले हुई थी। असहयोग के जमाने में, खिलाफत का पक्ष इतना लेकर और उसके साथ मुल्लाओं को इतना बढ़ाकर

उन्होंने देश में इस समय कट्टरता के बाघ को उछलकूद मचाने का मौका दिया। उनके धर्म और आत्मा पर सबसे अधिक जोर देने के ढंग ने बहुतों में बात-बात में अपनी आत्मा और धर्म को अड़ा देने का ढोंग पैदा किया।"[20]

विद्यालयों के बहिष्कार सम्बन्धी गाँधी जी की नीति की उन्होंने 'प्रताप' में आलोचना की थी।[21]

गणेश जी गाँधी जी को युग की संवेदना का सच्चा प्रतिनिधि मानते हुए उनकी कर्म साधना और अहिंसा दर्शन के विधायक पक्ष को 'प्रताप' के माध्यम से बौद्धिक समर्थन देते थे, उसके लिए अनुकूल वातावरण तैयार करते रहते थे। अपनी सहज सहृदयता और देशभक्ति के आग्रह से वे हिंसा पथ के देशभक्तों की युवा पीढ़ी को भरपूर आत्मीयता और सुरक्षा-सुविधा देने में कभी सकुचाते नहीं थे, पर स्वयं गाँधी जी के अहिंसा पथ के सक्रिय सत्याग्रही थे।[22] 'प्रताप' गाँधी जी के सत्याग्रह आन्दोलन का समर्थ प्रवक्ता था।[23] गणेश जी पर एक लम्बी बहस है कि वह सत्याग्रही थे कि नहीं। हालाँकि वह स्वयं को सत्याग्रही मानते थे। क्योंकि गणेश जी जितने कांग्रेस और सत्याग्रह के हिमायती थे, उतना ही वह देश की आजादी के लिए चला रहे क्रान्तिकारी आन्दोलनों के समर्थक तो नहीं, लेकिन उनके विपत्ति काल में उनके संरक्षक सहयोगी के रूप में हमेशा खड़े रहते थे। काकोरी षड्यन्त्र और लाहौर षड्यन्त्र के क्रान्तिकारी चन्द्रशेखर आजाद, भगतसिंह, बटुकेश्वर दत्त, श्री राजकुमार सिन्हा आदि गणेश जी के अनुज और बच्चों की तरह थे। इन्हें आश्रय देना, राजनीतिक समर्थन देना, आर्थिक मदद देना आदि सभी कुछ विद्यार्थी जी पूरी आत्मीयता के साथ करते थे। भगतसिंह पर जब शादी के लिए उनके पिता सरदार किशनसिंह दबाव डालने लगे तो वह घर से फरार होकर गणेश जी के कार्यालय से दस कदम दूर पीली कोठी में रहते थे कभी-कभी 'प्रताप' कार्यालय में भी। बलवन्तसिंह के छद्म नाम से 'प्रताप' में भी काम किया। गणेश जी ने ही भगतसिंह और चन्द्रशेखर आजाद का आपस में परिचय करवाया था। बिस्मिल की आत्मकथा उनकी शहादत के बाद 'प्रताप' प्रेस से ही प्रकाशित करायी, रोशनसिंह की बेटी के विवाह में पिता की हैसियत से शिरकत की, तथा दिलचस्प बात यह भी है कि जिस दिन अशफाक को फाँसी दी जानी थी उससे एक दिन पहले उन्होंने जेल से विद्यार्थी जी को एक तार करवाया कि कल 2:30 बजे लखनऊ स्टेशन पर आकर मुझसे आखिरी मुलाकात करिये। विद्यार्थी जी अपने आठ अन्य साथियों के साथ अगले दिन लखनऊ स्टेशन पर पहुँचे और शहीद को भावपूर्ण अन्तिम सलामी दी। वे अपने साथ एक फोटोग्राफर भी ले गये थे, जिसने वहाँ फोटो खींचा था। अशफाक के अन्तिम दर्शन का वही फोटो अब तक उपलब्ध है बाद में शाहजहाँपुर जाकर अशफाक की पक्की मजार बनवाने की इच्छा भी विद्यार्थी जी की थी लेकिन अल्प समय में स्वयं शहीद हो गये।[24]

उनका विचार था कि जिस समुदाय का जिस मार्ग में विश्वास हो, देश को आजाद कराने के लिए वह अगर उसी मार्ग का अनुसरण करता है तो कोई पाप नहीं करता। हाँ, उसे समझाकर स्वराज्य का जो सबसे अधिक प्रशस्त मार्ग 'अहिंसात्मक युद्ध' है, उस पर लाने की चेष्टा जरूर करनी चाहिए। पर यदि वह समुदाय इस तरफ न मुड़े तो उसके विश्वास के अनुसार कार्य करने में बाधा भी नहीं डालनी चाहिए। यही कारण था कि विपत्तिग्रस्त षड्यन्त्रकारियों की मदद करना भी वह अपना कर्त्तव्य समझते थे। पहले उन्हें अहिंसावाद पर विश्वास न था, पर बाद में वह इसके बड़े हामी और महात्मा गाँधी के कट्टर अनुयायी हो गये।

इस घटना से गणेश जी की सत्याग्रह पर आस्था को समझा जा सकता है। आजादी के योद्धा, शायर, पत्रकार मौलाना हसरत मोहानी जी को पकड़ने जब अंग्रेज पुलिस पहुँची तो वह अवश्य विरोध करते हाथापाई पर भी उतर आते। मौलाना का कहना था कि और तो सब ठीक है मगर गाँधी जी की इस बात को नहीं मानते कि दुश्मन के हाथों बिना किसी मुकाबले के यूँ ही पकड़े जायें। मैं गोली चलाकर तो नहीं मारूँगा, मगर शरीर में जितनी ताकत है उतना मुकाबला अवश्य करूँगा। पकड़े जाते वक्त वह लात-घूँसे चला देते, काट खाते थे, जिसके कारण गाँधीवादी उनको अवसरवादी कहने लगे। इससे क्षुब्ध होकर गणेश जी ने 'प्रताप' में 'अवसरवादी कौन' शीर्षक से लेख लिखा। सन् 1929 में 'प्रताप' के एक अंक में गणेश जी ने लिखा कि, "सृष्टि का प्रत्येक प्राणी अवसरवादी होता है। जरा-सा भी अवसर मिलने पर अपने प्राणों की रक्षा के लिए अवसर का लाभ उठा लेता है, किन्तु मनुष्य एक सर्वाधिक विवेकशील प्राणी है, मनुष्यों में भी वे लोग जो समाज के हित में अपना हित निहित मानते हैं, निःसन्देह वे बड़े दिमाग के हैं और अधिक विवेकशील भी। ऐसे निजी हित के लिए अवसर का लाभ नहीं लेते, अपितु उनके मन में समाज और देश का हित सर्वोच्च होता है। मौलाना देशभक्त हैं और देश की आजादी की लड़ाई में अगुआ हैं। उन्हें अवसरवादी कहना सर्वथा अनुचित है।"

पार्षद जी द्वारा फतेहपुर में आयोजित कांग्रेस सम्मेलन में बोलते वक्त गणेश जी ने कहा था कि, "मैं लड़ाई का पक्षपाती हूँ, मैं सत्ताओं का विरोधी हूँ फिर चाहे वह सत्ता मौजूदा नौकरशाही की हो या जमींदारों की, धनवानों की हो या ऊँची जातियों की। उन तमाम हानिकारक प्रभुत्व को हटा देना चाहिए जो लोगों की न्यायोचित आकांक्षाओं का दमन करते हैं और उनको बन्धनों में जकड़े रखने में मदद देते हैं, फिर चाहे ऐसा प्रभुत्व शासक नौकरशाही का हो या जमींदारों का, धनवानों का हो या ऊँची जातियों का।"[25]

फतेहपुर के इस भाषण की वजह से गणेश जी पर लोगों को सरकार के खिलाफ भड़काने के आरोप में मुकदमा चला, जिसमें उनको एक वर्ष की सजा भी हुई। मुकदमे में लगे आरोप में अपने लिखित जवाब में गणेश जी ने कहा कि, "निस्सन्देह मैं लड़ाई

का पक्षपाती हूँ और टॉलस्टाय और महात्मा गाँधी पूर्ण अहिंसा को जिस अर्थ में धार्मिक सिद्धान्त मानते हैं, उस अर्थ में मैं उस पर विश्वास नहीं करता। परन्तु मैं सशस्त्र क्रान्ति करने पर किसी को शारीरिक हानि पहुँचाने की हिंसा को भी अपनी वर्तमान अवस्था में ठीक नहीं समझता। हमारी वर्तमान अवस्था में तो उसका विचार करना तक मूर्खता और आत्मघातक है।''[26]

गणेश जी गाँधी जी के मार्ग में चलने के पक्षपाती थे। बम पार्टी से देश का उद्धार होने की उन्हें आशा न थी, कहते थे–''इससे थोड़ा-बहुत आतंक भले ही फैल जाये, परन्तु सफलता की आशा नहीं। और, जब हमें एक नया मार्ग सूझ गया है और वह संसार को हमारा एक अभूतपूर्व दान भी है तब हमें उसी पर चलना चाहिए।'' परन्तु यह भी सच है कि प्रसंग आने पर विद्रोहियों के संसर्ग से वे इस डर से बचना भी न चाहते थे कि इससे सरकार रुष्ट होगी। उनका कहना था, ''इस बात में कोई नाही नहीं कर सकता कि उन लोगों के हृदय में हमारी व्यथा बसती है, जिसके कारण वह मृत्यु-भय भूलकर मरने-मारने पर उतारू हो जाते हैं। उनसे मिलकर यदि हम उन्हें अहिंसा के मार्ग पर ले आवें, तो वे हमारे सत्याग्रह संग्राम के कितने बड़े सैनिक सिद्ध हो सकते हैं।[27] 1 दिसम्बर, 1929 के 'प्रताप' में अंकित उनके शब्द थे–''विज्ञान ने वर्तमान रण शैली को बेहद भयंकर बना दिया है। उसमें वीरता नहीं रही, प्रत्युत पशुता एवं हत्या का राज्य हो गया है। उसके मुकाबले हमारे ऐसे शताब्दियों के निःशस्त्र लोगों को खड़ा रह सकना भी असम्भव है। हमारे लिये तो अहिंसा ही परम अस्त्र है। उसी से हम दुनिया में किसी का भी मुकाबला कर सकते हैं।[28]

गणेश जी सत्याग्रही थे, उन्होंने इस सन्दर्भ में 'प्रताप' 10 सितम्बर, 1917 में लिखा था–''सत्याग्रह आत्मा का बल है। सत्याग्रह केवल धार्मिक साधना है अतः केवल धार्मिक वृत्ति के मनुष्यों से ही उसका ज्ञानपूर्वक उपयोग हो सकता है। मीराँ, प्रह्लाद आदि भी सत्याग्रही थे।'' ''सत्याग्रही द्वेष नहीं करता, उसे दुनिया की कोई शक्ति रोक नहीं सकती। सत्याग्रह, दैवीय शक्ति है व हत्यारा आसुरी शक्ति है। ईश्वर से उसे बल मिलता है। कोई सत्ता उसे भयभीत नहीं कर सकती। सत्याग्रह में उपद्रव और अशान्ति नहीं मच सकती। सत्याग्रह बुजदिलों का गुण नहीं है। वह न्याय के लिए अन्याय से लड़ने का निमन्त्रण है। हम स्वीकार करते हैं कि लड़ाइयाँ बाहुबल द्वारा भी लड़ी जा सकती हैं, परन्तु अहिंसा के साथ उसका लड़ना अधिक न्याययुक्त, हितकर और शुभफलप्रद है।'' ''कुछ लोग मजाक उड़ाते हैं कि सत्याग्रह का अर्थ यह है कि कोई एक थप्पड़ लगाता है तो उससे कह दिया जाये, भाई एक थप्पड़ और मार लो। सत्याग्रही थप्पड़ खायेगा, परन्तु कब? जब जरूरत पड़ेगी। अन्त में उसे विजय मिलेगी जिस प्रकार कमजोर ईंट के आधार पर कोई महल खड़ा नहीं हो सकता उसी प्रकार चंचल निर्मल चित के व्यक्तियों के आधार पर किसी देश की महत्ता स्थिर नहीं रह सकती

है।" नरम दल के विषय में गणेश जी ने कहा, "ये लोग सत्याग्रह को उसी दृष्टि से देखते हैं जिस दृष्टि से राजा जनक और उनके मित्रों ने महापराक्रमी और क्रोधी परशुराम से प्रत्युत्तर करते हुए बालक को देखा था।"

महात्मा गाँधी का सत्याग्रह दर्शन इस युग का नियामक दर्शन था। लेकिन कुछ लोगों के मन में सत्याग्रह के प्रति अनास्था भी थी। गणेश जी की दृष्टि सत्याग्रह के विधायक पक्ष को ऊँची सम्भावना के साथ देख रही थी। सत्याग्रह की महत्ता को रेखांकित करते उन्होंने अपनी अटूट आस्था प्रकट की थी, "लोग समझते हैं कि हमारे राजनीतिक संगम में सत्याग्रह एक शस्त्र और सबसे प्रबल शस्त्र है, इसलिए उसका प्रयोग अन्तिम समय में ही होना चाहिए। यह उनकी भूल है, क्योंकि सत्याग्रह राजनीतिक दाँव-पेच नहीं, किन्तु मनुष्य जीवन का ध्येय है और इसीलिए उसका प्रयोग समय औचित्य की दृष्टि से नहीं, बल्कि सर्वदा, सर्वत्र और सब काल में किया जाना चाहिए। जो लोग सत्याग्रह को असमयोचित बताते हैं, वे या तो इस बात को जानते ही नहीं या फिर उस पर ध्यान नहीं देते। सत्याग्रह से तुरन्त लाभ यह होगा कि हमारे सार्वजनिक जीवन की अशुचिता दूर हो जायेगी। इस समय हमारे सार्वजनिक जीवन की बड़ी दुरवस्था हो रही है। जो देश के नेता हैं और देशहित की हामी भरते हैं, वे अपनी शक्तियाँ तू-तू—मैं-मैं में नष्ट कर रहे हैं। जरा-जरा-सी बातों को बढ़ाकर तूल दे दिया जाता है और देश के उद्धार हेतु लगायी जानेवाली शक्तियाँ, नित नयी अपनी-अपनी दलबन्दी करने में लगायी जा रही हैं। सत्याग्रह से यह अहम्मन्यता और द्वेष बुद्धि दूर हो जायेगी। हमारे नेता छोटी-छोटी बातों से मतभेद रखे हुए एक व्यापक, महान् और पवित्र उद्देश्य के लिए मिलकर काम करना सीख जायेंगे। सत्याग्रह से वर्तमान कटुता दूर हो जायेगी।[29]

गाँधी जी की आस्था-महत्ता को अपनी स्वीकार्य शैली में रेखांकित करते गणेश जी ने लिखा था—"काम करने के दो मार्ग हैं। एक तो यह है कि आगे बढ़ा जाये लेकिन आदि से लेकर अन्त तक नैतिक आधार न छोड़ा जाये। दूसरा यह कि काम हो, और फिर चाहे जिस तरह, नैतिक आधारों के बल से या उन्हें छोड़कर। पहले ढंग से काम करनेवाले अपनी दृष्टि से अपने नैतिक सिद्धान्तों को रखते हैं। वे उन उसूलों के बल पर जीते हैं और उन्हीं पर मरने के लिए तैयार रहते हैं। वे उसूल पर शहीद होकर अपनी लाशों का जीना तैयार करते हैं और ऊपर चढ़ने की लालसा रखनेवाले पथिक को इस जीने पर कदम रखते हुए आकाशचुम्बी चोटी पर पहुँच जाने का प्रबल सन्देश देते हैं। पहला ढंग मन को ऊपर चढ़ाने के लिए मार्ग देता है, और दूसरा अन्त में उसे नीचे उतरने के लिए विवश करता है। पहला समाज में विश्वास और निर्भयता का साम्राज्य स्थापित करता है, दूसरा मनुष्य को मनुष्य पर बिलकुल अविश्वास करना सिखाता है और समाज में भय और कायरता का संचार करता है। आदर्शों पर मरना उसके लिए जीना उन लोगों की दृष्टि में केवल मूर्खता है जिन्हें सुगमता प्रिय है, और जो हाथ के

पास का लाभ ही देख सकते हैं, और जिनकी संख्या अब दिन-दिन बढ़ती ही जाती है।''

देश के नवयुवकों को असहयोग आन्दोलन में सम्मिलित होने के सन्दर्भ में गणेश जी ने कहा था कि, ''वह घड़ी तुम्हारा इन्तजार कर रही है। तुम्हारे शरीरों का उसे उतना इन्तजार नहीं, तुम्हारी प्रतिज्ञा का उसे उतना इन्तजार नहीं, जितना कि तुम्हारे कठिन व्रत का, कठोर तपस्या का, सत्यनिष्ठा का, सत्य बलिदान का। समय को हाथों से जाने न दो। झूठे महत्त्व के भ्रम को त्यागकर, प्रसिद्धि को बहुत पीछे छोड़कर यदि कुछ करना चाहते हो तो इस अवसर पर केवल आदर्श के सौन्दर्य पर, उसके सौरभ पर, मर मिटने की आकांक्षा को मनो में स्थान देकर कुछ कर डालो।''[30]

देश की जनता को चरित्र और त्याग का महत्त्व समझाते हुए, गणेश जी ने उन्हें ललकारते हुए कहा कि, ''बहानेबाजी और जालसाजी, शेख बाजी और हवाई महल बनाने से काम न चलेगा, चरित्र और त्याग के बल की आवश्यकता है। जितना अधिक चरित्र और त्याग का बल हमारे कार्यकर्त्ताओं में होगा, उतना ही अधिक वे देश को देश के ध्येय के निकट पहुँचा सकेंगे, हमें अपनी बेबसी दूर करने के लिए स्वराज्य की चाह है, इसी चाह को पूरी करने के लिए असहयोग का अस्त्र हाथ में लिया गया। इसलिए जब तक स्वराज्य प्राप्त नहीं होता, पूर्ण स्वराज्य ऐसा स्वराज जिसमें अपने भाग्य के हमीं मालिक हों और घर और बाहर कहीं भी किसी को हमारा अपमान करने का साहस न हो, तब तक हम असहयोग की नीति का विसर्जन कदापि नहीं कर सकते।''[31]

दरअसल गणेश जी अपने व्यक्तिगत व्यावहारिक जीवन में कांग्रेसी और सत्याग्रही थे। उनकी गाँधी जी पर अटूट श्रद्धा थी, उन्होंने सत्याग्रह को क्रान्तिकारी और हिंसक मार्ग से श्रेष्ठ माना। फिर भी वह क्रान्तिकारियों की विपत्ति के दौरान उनके साथ दिखायी देते हैं उनका मानना है कि उनका और हमारा लक्ष्य एक है दोनों देश की आजादी चाहते हैं और उन क्रान्तिकारियों के दिल में हमारे लिये पीड़ा है तो उनके लिए हमारे दिल में भी पीड़ा होनी चाहिए। गणेश जी चाहते थे कि क्रान्तिकारी सत्याग्रह के मार्ग को स्वीकार करें, परन्तु वह इसके पक्षधर में नहीं हैं कि कोई क्रान्तिकारी मार्ग को अपना ले तो उससे दूरी बना ले। गाँधी जी के सत्याग्रह से गणेश जी का सत्याग्रह इस मायने में अलग था कि गाँधी जी सत्याग्रह को एक सामाजिक रूप देना चाहते थे जबकि गणेश जी स्वयं तो सत्याग्रह को आत्मसात् करते थे। उसका प्रचार-प्रसार करते हैं, लोगों से आह्वान करते थे लेकिन आरोपित नहीं करते थे।

भगतसिंह की फाँसी की सजा सुनाये जाने के दो दिन बाद कानपुर में अंग्रेजों के द्वारा प्रायोजित रूप से दंगा भड़काया गया। इस दंगे में हिन्दू-मुस्लिम दोनों आमने-सामने एक-दूसरे के खूने के प्यासे हो गये थे। यह खबर सुनकर सत्याग्रही गणेशशंकर विद्यार्थी का धैर्य जवाब दे गया। जेल से आकर बुखार में पड़े थे। पत्नी से यह कहा कि अभी

थोड़ी देर में वापस आता हूँ और फिर उसके बाद घर से निकलकर दंगाग्रस्त इलाकों की ओर निकल गये। शरीर में इतना भी बल नहीं था कि स्वयं के शरीर का वजन उठा सकें, लेकिन गणेश जी ने जिस समाज-सेवा को अपना जीवनवृत्त बना लिया था उसकी शायद अन्तिम परीक्षा थी और उस परीक्षा में उन्हें पास भी होना था। कन्धे पर बच्चों को उठाते, उनको सुरक्षित स्थान पर छिपाते, और फिर दूसरी तरफ आवाज सुनते ही उस ओर दौड़ जाते, अपनी धोती अपने गमछे से चोट का खून साफ करते। कभी खुद रोने लगते, तो कभी सामनेवाले को रोता देख उसका धैर्य बँधवाने लगते। उसको माँ भारती और मानवता के दिलासे देते और कहते कि शायद राम की नगरी में रावण उतर आये हैं। वे बुखार की हालत में ही 24, मार्च, 1931 को दिन भर लोगों का बचाव करते हुए, लोगों को इधर-उधर शान्त करते घूम रहे थे। बादशाहीनाका, मूलगंज, इटावा बाजार, अनवरगंज, चौबेगोला, परेड, मछली बाजार में नरसंहार हुआ और ये इलाके दंगे की आग में जल रहे थे। अन्त में गणेश जी ने जब शहर कोतवाल से घटना बतायी, तो उसका उत्तर था, "अपने गाँधी को बुलाइये।" गणेश जी ने कहा, "इसके लिए गाँधी जी को तकलीफ देने की क्या जरूरत है? मैं ही काफी हूँ।" और कोतवाल के उत्तर से हताश-निराश कांग्रेसी मित्रों को लेकर गणेश जी पूरा दिन बचाव कार्य करते रहे।[32]

इतने में ही किसी ने आवाज दी कि चौबेगोला मोहल्ले में कुछ हिन्दू परिवार फँसे हुए हैं, जिस आदमी ने पूरा जीवन सामाजिक ताना-बाना को बुनने में लगा दिया। जिसकी कलम जितना किसानों के लिए चली, उतना ही भारतीय समाज में एकता के लिए चली। वह दौड़ते हुए मुस्लिम बाहुल्य इलाके में पहुँच गये, साथ में दो स्वयंसेवक भी थे जिनमें एक मुस्लिम, एक हिन्दू था। (यहाँ बताना इसलिए जरूरी है कि सारी कहानी ही हिन्दू-मुस्लिम के बीच में है) तब तक कुछ लोग गणेश जी के पास आये उन्होंने गणेश जी पर जानलेवा हमला करने का प्रयास किया। साथ के मुस्लिम स्वयंसेवक ने आगे आकर कहा कि उन्होंने अभी हिन्दू बस्ती में 400 मुस्लिमों को बचाया है परन्तु वह जल्लाद नहीं माने। अपनी पत्रकारिता का लोहा मनवा चुके गणेशशंकर विद्यार्थी, जीवन को मानवता के रथी के रूप में जीनेवाले, पत्रकार जिसने स्वतन्त्रता आन्दोलन के दौरान क्रान्तिकारियों से लेकर किसानों तक सबके आँसुओं को पोंछा था। शायद गणेश जी जिस मानवता के लिए जीवन भर लड़ते रहे, आज वही मानवता के दुश्मन उनसे बदला लेने के लिए सड़क पर निकले थे और नियति ने अपना खेल खेला, फतेहपुर का यह लाल, हिन्दी पत्रकारिता का सिरमौर, राष्ट्रीय कांग्रेस का चमकता सितारा काल के आगोश में समा गया। सत्याग्रही गणेश जी ने अपने ऊपर हो रहे किसी भी हमले का प्रतिकार नहीं किया 'पूर्ण अहिंसक मृत्यु'। अमृतलाल नागर ने लिखा, 'वे (गणेश जी) अपने घर यानी शहर में शहीद हो गये।' गाँधी जी के दक्षिण अफ्रीका के सहयोगी दीनबन्धु एण्ड्रूज ने गणेश जी के बलिदान की उपमा प्रभु ईसा मसीह के बलिदान से दी थी।[33]

विद्यार्थी जी के निधन का समाचार मिलने पर उस समय चल रहे कराची कांग्रेस अधिवेशन में 27 मार्च, 1931 को विषय निर्धारिणी समिति में इसका उल्लेख करते हुए गाँधी जी ने बहुत ही मर्मस्पर्शी शब्दों में इस प्रकार कहा था—"श्री गणेशशंकर विद्यार्थी एक मूर्तिमान् संस्था थे। ऐसे मौके पर उनकी मृत्यु का होना एक बड़ी दुःखद बात है, परन्तु यह उनके योग्य ही था कि वह हिन्दू और मुसलमानों का एक-दूसरे का सिर तोड़ने से उन्हें बचाते हुए मरे। अब समय आ गया है कि हिन्दू और मुसलमान इस प्रश्न की महत्ता को महसूस करें और ऐसे दंगों के मूल कारणों का अन्त करने की कोशिश करें।"

गाँधी जी ने कराची से विद्यार्थी जी के सम्बन्ध में निम्नलिखित तार पण्डित बालकृष्ण शर्मा के नाम से भेजा था—

"काम में बहुत व्यस्त रहने के कारण मैं न तो कुछ लिख सका न तार दे सका। यद्यपि हृदय खून के आँसू रोता है, फिर भी गणेशशंकर की जैसी शानदार मृत्यु की संवेदना प्रकट करने को जी नहीं चाहता। यह निश्चय है कि आज नहीं तो आगे किसी दिन उनका निष्पाप खून हिन्दू-मुस्लिम ऐक्य को सुदृढ़ बनायेगा। इसलिए उनका परिवार संवेदना का नहीं, बल्कि बधाई का पात्र है। ईश्वर करे, उनका (गणेशशंकर विद्यार्थी) दृष्टान्त संक्रामक साबित हो।"

—गाँधी

यंग इण्डिया में गाँधी जी ने विद्यार्थी जी के बलिदान के बाद निम्नलिखित टिप्पणी लिखी थी—"गणेशशंकर विद्यार्थी को ऐसी मृत्यु मिली, जिस पर हम सबको स्पर्द्धा हो। उनका खून अन्त में दोनों मजहबों को आपस में जोड़ने के लिए सीमेण्ट का काम करेगा। कोई समझौता हमारे हृदयों को आपस में नहीं जोड़ सकता। पर गणेशशंकर विद्यार्थी ने जिस वीरता का परिचय दिया है, वह अन्त में पत्थर-से-पत्थर हृदय को भी पिघला देगी, और पिघलाकर एक में मिला देगी। पर वह जहर इतना अधिक फैल गया है कि सम्भव है गणेशशंकर विद्यार्थी जैसे महान् त्यागी और वीर पुरुष का रक्त भी आज उसे धो डालने के लिए काफी न हो। अगर भविष्य में ऐसा मौका फिर आये तो इस भव्य बलिदान से, हम वैसे ही प्रयत्न करने की प्रेरणा प्राप्त करें। मैं विद्यार्थी जी की विधवा पत्नी बच्चों के साथ संवेदना नहीं प्रकट करता, बल्कि ऐसे पुरुष को पति या पिता के रूप में प्राप्त करने के लिए उन्हें बधाई देता हूँ। वह मेरे नहीं, आज वह तब से कहीं अधिक सच्चे रूप में जीवित हैं। जब तक हमने उन्हें भौतिक शरीर में जीवित देखा तब तक उन्हें न पहचाना।"[34]

गाँधी जी एक लेख में लिखते हैं कि, "मैं नहीं मानता कि श्री गणेशशंकर विद्यार्थी का बलिदान व्यर्थ गया है। उनकी आत्मा मुझे सदैव प्रेरणा प्रदान किया करती है। मैं उनकी कुर्बानी पर रश्क करता हूँ। क्या यह दुःख की बात नहीं है कि इस देश ने दूसरा

गणेशशंकर विद्यार्थी पैदा नहीं किया। उनके बाद कोई उनकी जगह लेनेवाला नहीं आया। गणेशशंकर की अहिंसा पूर्ण थी। मैं ऐसे मौके के लिए लालायित हूँ और कांग्रेसजनों से आशा करता हूँ कि वे भी ऐसे मौके की तलाश में रहे।''[35]

कर्मवीर योद्धा बलिदानी गणेश जी की मृत्यु के 38 वर्ष बाद 1969 में सीमान्त गाँधी अर्थात् अब्दुल गफ्फार खान जब कानपुर पधारे, तो उन्होंने सर्वप्रथम विद्यार्थी जी के बलिदान स्थान पर श्रद्धा-सुमन अर्पित करने की इच्छा व्यक्त की। मानना है कि सीमान्त गाँधी सत्याग्रही गणेश जी से ही मिलने कानपुर आये हुए थे। आखिर आयें भी क्यों न दोनों के आदर्श तो महात्मा गाँधी ही थे, इसलिए यह मुलाकात भी स्वाभाविक थी। लेकिन उनके द्वारा यह एक इच्छा प्रकट करने पर अधिकारी किंकर्त्तव्यविमूढ़ की स्थिति में थे क्योंकि बलिदान-स्थल पर किसी प्रकार का कोई स्मारक था ही नहीं, वहाँ ले जाकर उन्हें क्या दिखाते। अधिकारियों ने पहले हर वह सम्भव प्रयास किये जिसके कारण सीमान्त गाँधी बलिदान-स्थल तक न जायें। परन्तु अन्त तक अपनी बात पर डटे रहने के कारण अधिकारी उन्हें उसी स्थान तक लेकर गये। स्मारक तो वहाँ था नहीं, यह देखकर उनके आँसुओं का सैलाब रुकने का नाम नहीं ले रहा था। बहते हुए आँसुओं के साथ-साथ खड़े अधिकारियों और कानपुरवासियों से उन्होंने यह सवाल किया था कि, ''आखिर क्या वजह है जो उस महामानव के बलिदान-स्थल पर उनकी याद में एक स्तम्भ भी न बन सका।'' यह बात सत्य है कि कानपुर, फतेहपुर, रायबरेली आदि आस-पास के जिलों में जब भी कौमी एकता और सामाजिक समरसता जैसे भारी शब्दों के नाम पर कार्यक्रम किये जाते हैं तो गणेश जी का नाम लिये बिना वह सम्पन्न नहीं होता। ऐसी स्थिति में सामान्य आदमी के मन में भी यह सवाल आ सकता है कि आखिर वह स्मारक क्यों नहीं?

जबकि जवाहरलाल नेहरू ने सन् 1931 में ही घोषणा की थी कि विद्यार्थी जी जहाँ शहीद हुए हैं वहाँ एक स्मारक बनाया जायेगा। बाद के कुछ वर्षों में नेहरू जी के प्रयासों से 31 मार्च, 1962 को कानपुर नगर महापालिका में सर्वसम्मति से एक प्रस्ताव पारित करके शहादत-स्थल पर स्मारक बनाये जाने का निर्णय लिया गया, और सन् 1963 में विकास प्राधिकरण ने भी स्मारक बनाने की मंजूरी दे दी। सन् 1965 में विकास प्राधिकरण ने चौबेगोला में कुछ मकान अधिकृत कर स्मारक, पुस्तकालय व वाचनालय बनाने की योजना की किन्तु वह फाइलों में ही कैद रह गयी। 25 मार्च, 1970 को पुण्यतिथि मनाते हुए एक बार फिर स्मारक बनाने की पहल हुई और तत्कालीन स्वायत्त स्वास्थ्य मन्त्री अनवर अहमद ने इस स्मारक की आधारशिला रखी। आधारशिला रखने के बाद लोगों को यह उम्मीद थी कि स्मारक बन जायेगा लेकिन उम्मीद पूरी नहीं हुई। 6 महीने बाद आधारशिला को कोई उखाड़ ले गया। जब उसका एक हिस्सा कूड़े में मिला तो क्षेत्रीय लोगों ने उसे बलिदान-स्थल के निकट हनुमान मन्दिर के पास लगा

दिया। बताते हैं कि तात्कालिक स्वास्थ्य मन्त्री श्री अहमद अनवर ने सीमान्त गाँधी के बलिदान-स्थल को देखने के बाद जिस तरह समाचार-पत्रों और समाज में चर्चा का विषय बन गया, उसी के दबाव पर उन्होंने यह रस्म-रिवाज पूरा किया।

1971-72 में मोरारीलाल पुरी के प्रस्ताव को आगे बढ़ाते हुए तत्कालीन क्षेत्रीय सभासद सैय्यद महमूद ने नगर निगम सदन में स्मारक का काम जल्दी शुरू करने का प्रस्ताव रखा तो पूरे सदन में अब तक निर्माण न शुरू होने पर अफसोस जताते हुए इस प्रस्ताव का समर्थन किया। सरकार ने अक्टूबर 1989 से अक्टूबर 1990 तक की काल अवधि में गणेशशंकर विद्यार्थी जन्म-शताब्दी वर्ष को घोषित किया। किन्तु समिति गठित करने से अधिक कुछ नहीं हो सका। इस समिति की सिफारिशों में चौबेगोला गली के नुक्कड़ में यानी बलिदान-स्थल पर एक चबूतरे पर स्तम्भ निर्माण के लिए भी कहा गया था। समिति ने 21 सितम्बर, 1990 को सांस्कृतिक निदेशालय, जवाहरलाल भवन लखनऊ में हुई बैठक में प्रस्तावित स्तम्भ के डिजाइन और नगर नियोजन विभाग द्वारा तैयार नक्शा स्वीकृत किया गया। इस काम के लिए 75,000 रुपये की स्वीकृति भी की गयी, परन्तु अन्ततोगत्वा स्तम्भ निर्माण का नक्शा, स्वीकृत धन फाइलों में ही शोभा बढ़ाता रहा।

विद्यार्थी जी के बलिदान के वर्षों बाद भी बलिदान-स्थल पर स्मारक नहीं बन सका। उस स्थल के बगल में बने एक छोटे-से पुराने मन्दिर को सन् 1960 में स्थानीय लोगों ने कुछ बड़ा स्वरूप दिया, तो विद्यार्थी जी की याद में मन्दिर के बुर्ज पर अशोक की लाट के साथ उनकी छोटी-सी प्रतिमा लगा दी गयी। शायद अमन विरोधी लोगों को उनकी शहादत बार-बार कचोटती थी, तभी तो 16 मार्च, 2001 को जब इस शहर में एक मामूली-सी बात पर हिन्दू-मुस्लिम दंगा भड़का और अपर जिलाधिकारी (वित्त) सी. पी. पाठक की हत्या कर दी गयी और इन्हीं लोगों ने मन्दिर में आग लगा दी, आग की लपटों ने मन्दिर के साथ उस प्रतिमा को भी समेट लिया जो उनकी याद में लगायी गयी थी। इस घटना से व्यथित हुई विद्यार्थी जी की बड़ी बेटी विमला विद्यार्थी जी की टिप्पणी थी "जब दंगा बन्द ही नहीं करना है तो कोई न मनाये मेरे बाबू जी की जयन्ती और पुण्यतिथि।"

गणेश जी का राजनैतिक, सामाजिक और एक पत्रकार के रूप में कद बहुत बड़ा था और उनकी साम्प्रदायिक हिंसा में मौत पर गाँधी जी के शब्द कि गणेश जी का बलिदान पूर्ण अहिंसा का पर्याय थी, (परिशिष्ट-7) गणेश जी की मृत्यु से मुझे चिढ़ है मैं भी ऐसी ही मौत चाहता हूँ, गणेश जी की मृत्यु हिन्दू-मुस्लिम एकता में सीमेण्ट का काम करेगी। इन सब बातों का महत्त्व समाप्त हो जायेगा अगर उनके बलिदान को और उस स्थल को भुला दिया जायेगा। क्योंकि अगर हम शहीद के बलिदान को भुला देंगे तो उससे सीख और प्रेरणा कैसे लेंगे। परन्तु दुर्भाग्यपूर्ण यह है कि हमारे देश में

राजनैतिक स्थिति और तुष्टीकरण का खेल इतना ज्यादा है कि कहीं सम्प्रदाय-विशेष के लोग नाराज न हो जायें इसलिए यह न करो। गणेश जी की हत्या मुस्लिमबहुल इलाके में हुई जिस राजनीति का शिकार भारत पिछले 70 वर्षों से है अल्पसंख्यक तुष्टीकरण की ओछी राजनीति करने के लिए स्मारक नहीं बन रहा है या फिर स्मारक की रणनीति और नियोजन तो होता है लेकिन इसकी कार्य परिणति नहीं की जाती है। इसी राजनीति का परिणाम है कि गाँधी की हत्या पर इस देश में प्रतिदिन, सैकड़ों स्थानों पर बहस होती है लेकिन गणेश जी की हत्या पर आखिर बहस क्यों नहीं हुई जब तक यह बहस नहीं होगी तब तक गाँधी जी की यह बात कि उनका बलिदान हिन्दू-मुस्लिम एकता में सीमेण्ट का काम करेगी यह बेमानी है। गणेश जी के बलिदान-स्थल पर स्मारक न बनने का ही परिणाम है कि 70 वर्ष बाद 16 मार्च, 2001 को जब कानपुर में एक मामूली-सी बात पर हिन्दू-मुस्लिम दंगा भड़का तो दंगाइयों ने उसी स्थल पर अपर जिलाधिकारी (वित्त) सी.पी. पाठक की हत्या उस समय कर दी गयी जब वह चौबेगोला स्थित मन्दिर के पुजारी जिन्हें अपमानित कर पीटा गया था और मन्दिर परिसर में स्थित हिन्दू परिवारों को धमकाया गया था, से मिलने गये थे। अपर जिलाधिकारी की हत्या के दूसरे दिन इन्हीं लोगों ने मन्दिर में आग लगा दी, और मकानों में तीन दिन तक आग जलती रही। क्या यह बड़ी घटना नहीं? जब तब गाँधी जी पर तो बहस होगी लेकिन गणेश जी पर मौन रहा जायेगा तब तक प्रतिदिन विद्यार्थी जी की शहादत से निर्मित हिन्दू-मुस्लिम एकता की सीमेण्ट दरकती रहेगी।

सन्दर्भ

1. देवव्रत शास्त्री, गणेशशंकर विद्यार्थी, आत्माराम ऐण्ड सन्स दिल्ली, 2011, पेज नम्बर 46-47
2. डॉ. ईश्वरचन्द गुप्त, शहीद गणेशशंकर विद्यार्थी : विचार और व्यक्तित्व, (1890-1931) बुक्स फॉर ऑल दिल्ली 1998, पेज नम्बर 141
3. डॉ. गंगानारायण त्रिपाठी : कालजयी एक पुरुष साहित्य भवन प्राइवेट लिमिटेड इलाहाबाद 1986, पेज नम्बर 125
4. वही, पेज नम्बर 124
5. वही, पेज नम्बर 126
6. श्री तिलक सम्पादित युगपुरुष गणेशशंकर विद्यार्थी : व्यक्तित्व और कृतित्व, प्रभात प्रकाशन, नयी दिल्ली, 2013, पेज नम्बर 291-293
7. देवव्रत शास्त्री, गणेशशंकर विद्यार्थी, आत्माराम ऐण्ड सन्स दिल्ली, 2011, पेज नम्बर 51-52
8. डॉ. लल्लन मिश्र, गणेशशंकर विद्यार्थी : निबन्ध तथा पत्रकारिता में देन, संजय बुक सेण्टर, गोलघर वाराणसी 2002, पेज नम्बर 53
9. कृष्णबिहारी मिश्र, भारतीय साहित्य के निर्माता—गणेशशंकर विद्यार्थी, साहित्य अकादमी, 2014, पेज नम्बर 36
10. डॉ. ईश्वरचन्द गुप्त, शहीद गणेशशंकर विद्यार्थी : विचार और व्यक्तित्व, (1890-1931) बुक्स फॉर ऑल दिल्ली 1998, पेज नम्बर 63
11. वही, पेज नम्बर 63

12. वही, पेज नम्बर 53
13. वही, पेज नम्बर 57
14. वही, पेज नम्बर 32-33
15. डॉ. गंगानारायण त्रिपाठी : कालजयी एक पुरुष, साहित्य भवन प्राइवेट लिमिटेड, इलाहाबाद 1986, पेज नम्बर 102
16. डॉ. ईश्वरचन्द गुप्त, शहीद गणेशशंकर विद्यार्थी : विचार और व्यक्तित्व, (1890-1931) बुक्स फॉर ऑल दिल्ली 1998, पेज नं. 34
17. वही पेज नम्बर 208
18. श्री तिलक सम्पादित, युगपुरुष गणेशशंकर विद्यार्थी : व्यक्तित्व और कृतित्व, प्रभात प्रकाशन, नयी दिल्ली, 2013, पेज नम्बर 125-126
19. वही, पेज-नम्बर 90
20. कृष्णबिहारी मिश्र, भारतीय साहित्य के निर्माता—गणेशशंकर विद्यार्थी, साहित्य अकादमी, 2014, पेज नम्बर 36
21. डॉ. गंगानारायण त्रिपाठी कालजयी एक पुरुष साहित्य भवन प्राइवेट लिमिटेड, इलाहाबाद 1986, पेज नम्बर 102
22. कृष्णबिहारी मिश्र, भारतीय साहित्य के निर्माता—गणेशशंकर विद्यार्थी, साहित्य अकादमी, 2014, पेज नम्बर 11
23. वही, पेज-नम्बर 31-32
24. सुरेश सलिल (चयन एवं सम्पादन), गणेशशंकर विद्यार्थी संचयन, साहित्य अकादमी 2014, पेज नम्बर 28
25. देवव्रत शास्त्री, गणेशशंकर विद्यार्थी, आत्माराम ऐण्ड सन्स दिल्ली, 2011, पेज नम्बर 44
26. वही, पेज नम्बर 46-47
27. पुरुषोत्तमदास मोदी (सम्पादित), अमर शहीद गणेशशंकर विद्यार्थी, अनुराग प्रकाशन, वाराणसी, 2011, पेज नम्बर 30-31
28. वही, पेज नम्बर 107
29. कृष्णबिहारी मिश्र, भारतीय संस्कृति के निर्माता—गणेशशंकर विद्यार्थी, साहित्य अकादमी, 2014, पेज नम्बर 28-29
30. डॉ. ईश्वरचन्द गुप्त, शहीद गणेशशंकर विद्यार्थी : विचार और व्यक्तित्व (1890-1931) बुक्स फॉर ऑल दिल्ली 1998, पेज-नम्बर 71-72
31. वही, पेज-नम्बर 69
32. श्री तिलक सम्पादित, युगपुरुष गणेशशंकर विद्यार्थी : व्यक्तित्व और कृतित्व, प्रभात प्रकाशन, नयी दिल्ली, 2013, पेज नम्बर 97-98
33. डॉ. लल्लन मिश्र, गणेशशंकर विद्यार्थी निबन्ध तथा पत्रकारिता में देन, संजय बुक सेण्टर, गोलघर, वाराणसी 2002, पेज नम्बर 53
34. देवव्रत शास्त्री, गणेशशंकर विद्यार्थी, आत्माराम ऐण्ड सन्स दिल्ली, 2011, पेज नम्बर 111-113
35. महात्मा गाँधी, कर्मवीर, हिन्दी साप्ताहिक, खण्डवा, 27 अप्रैल, 1940.

चम्पारण सत्याग्रह का गणेश

जैसा कि प्रथम अध्याय से स्पष्ट है कि गणेशशंकर विद्यार्थी जी किसानों के प्रति अति संवेदनशील थे। वह गाँव और किसानों में भारत देखते थे, इसीलिए बिजोलिया किसान आन्दोलन, वारदोली किसान आन्दोलन और अवध किसान आन्दोलन से उनके 'प्रताप' ने कभी मुँह नहीं मोड़ा। आन्दोलनों में जहाँ उन्हें लगा भागीदारी आवश्यक है वहाँ वह उपस्थित भी रहे। जैसे बिजोलिया किसान आन्दोलन में किसानों के ऊपर हो रहे अत्याचारों के खिलाफ मेवाड़ के महाराणा से लड़ने के लिए मध्य भारत में देशी राज्यों के राजनीतिक कार्यकर्त्ताओं के द्वारा 'राजपूतना मध्य भारत सभा' की स्थापना की गयी यह पथिक जी और श्री हरविलास शारदा के साथ विद्यार्थी जी के प्रयासों का परिणाम था, अवध किसान आन्दोलन में मुन्शीगंज गोलीकाण्ड का मुकदमा उन्होंने इसीलिए लड़ा ताकि किसानों का आत्मबल बना रहे, गाँधी जी के चम्पारण सत्याग्रह आन्दोलन के वह तो एक सफल रणनीतिकार थे।

गणेश जी लखनऊ अधिवेशन से पूर्व महात्मा गाँधी से मिले नहीं थे लेकिन दक्षिण अफ्रीका में उन्की प्रत्येक गतिविधि के विषय में उन्हें जानकारी थी इस बात का प्रमाण 'प्रताप' में छपे लेख हैं। साथ ही गणेश जी चम्पारण के किसानों पर हो रहे अत्याचार को भी 'प्रताप' से उजागर किया। "29 नवम्बर, 1914 के अंक में चम्पारणवासियों की परेशानियों का जिक्र करते हुए सम्पादक के नाम राजकुमार शुक्ल ने एक पत्र छपवाया। इस पत्र लेखक का नाम 'एक दुःखी हृदय' छपा था।"[1] इस लेख के साथ अखबार के इसी अंक में 'सज्जन का पत्र' शीर्षक से सम्पादक की अपील थी। वह इस प्रकार है– " 'प्रताप' प्रेस के इस अंक में चम्पारण के एक सज्जन का पत्र छपा है। इस बीसवीं शताब्दी में एक सभ्य गवर्नमेण्ट के शासन में 'तिनकठिया' ऐसी असभ्य और निरंकुश प्रथा का जारी होना लज्जा की बात है। बाहर के अत्याचारों के विषय में चीख-पुकार मचाने से यह कहीं अच्छा है कि हम अपने भाइयों पर होनेवाले इस प्रकार के अत्याचार की जड़ पर पूरे बल से कुठार चलाने का प्रयत्न करें। बिहार प्रान्त की अकर्मण्यता एक प्रसिद्ध तत्त्व है, हमें उसका दुःख है। यदि बिहार आलसी है, तो देश के अन्य प्रान्तों

को उसकी नकल करने से बचना और देश की उन्नति के लिए बिहार से उसके उठाने का पूरा प्रयत्न करना चाहिए। संस्थाओं और व्यक्तियों को निलहे गोरों के अत्याचारों का पूरा विरोध करना और सरकार के कानों तक जोर से अपनी पुकार मचानी चाहिए।''

गणेश जी की प्रेरणा से ही राजकुमार शुक्ल लखनऊ अधिवेशन में गाँधी जी को चम्पारण चलने के लिए मान-मनौवल कर रहे थे और अधिवेशन में गाँधी जी के पीछे पड़े रहे। लेकिन जब गणेश जी ने राजकुमार शुक्ल को असफल होते देखा तो स्वयं कमान सँभाल ली और गाँधी जी को इस बात के लिए तैयार कर लिया कि लखनऊ अधिवेशन से वापस जाते समय रास्ते में कानपुर पड़ेगा वह वहाँ रुकें। गाँधी जी कानपुर आये व 'प्रताप' कार्यालय में रुके भी, वहाँ पर जब उन्होंने 'प्रताप' अखबार में छपे चम्पारण के किसानों पर हुए अत्याचार की खबरों को पढ़ा तो उन्हें विश्वास हुआ कि वाकई हृदयविदारक घटना है। यहीं पर उन्होंने राजकुमार शुक्ल को चम्पारण आने का आश्वासन दिया। और 'प्रताप' कार्यालय में ही गाँधी जी, मिस्टर पोलक, राजकुमार शुक्ल और गणेश जी की उपस्थिति में चम्पारण सत्याग्रह की पृष्ठभूमि बन गयी थी।

उस समय पटना के बड़े वकील जो बाद में देश के प्रथम राष्ट्रपति बने राजेन्द्र प्रसाद जी ने भी माना कि, ''उनको स्वयं गाँधी जी के विषय में जानकारी नहीं थी, जबकि उसी समय पूरा चम्पारण गाँधी जी के दक्षिण अफ्रीका के सत्याग्रह के विषय में जानता था।'' दरअसल गणेश जी के 'प्रताप प्रेस' से छपे परचे और खबरों ने चम्पारण के लोगों के मानस-पटल पर गाँधी जी का एक दैवीय स्वरूप बना दिया था। जिससे चम्पारण के लोगों को यह विश्वास हो गया था कि गाँधी जी अगर चम्पारण कदम भी रख देंगे तो निलहों का अत्याचार समाप्त हो जायेगा। जिसका परिणाम था कि गाँधी जी जब चम्पारण के किसानों की दुर्दशा देखने पहुँचे तो वहाँ उनके स्वागत में हजारों किसान खड़े थे और गाँधी जी को चम्पारण सत्याग्रह के दौरान सैकड़ों वर्षों से भयभीत किसान सन्तानों के अन्दर लेशमात्र भी भय नहीं दिखा, जो सत्याग्रह की प्रथम शर्त है। गणेश जी के 'प्रताप' ने पूरे हिन्दी क्षेत्र को गाँधी जी और उनके सत्याग्रह के साथ-साथ चम्पारण के किसानों के अत्याचार से भी साक्षात्कार करवाया।

ऐसी स्थिति में आज जब एक सदी बाद चम्पारण के सत्याग्रह की चर्चा हो रही है देश उस लड़ाई को याद कर रहा है जिसके बाद भारतीय स्वतन्त्रता-आन्दोलन में किसानों की समस्या एक अभिन्न अंग बन गयी। वह संघर्ष जिसने मोहनदास करमचन्द गाँधी को 'महात्मा गाँधी' बना दिया और उन्हें करोड़ों भारतीयों के दिलों में बसा दिया तो उस आन्दोलन के सूत्रधार और उसके सहयोगियों की चर्चा न हो यह असम्भव है। इन्हीं सहयोगियों में से गणेशशंकर विद्यार्थी की महत्त्वपूर्ण भूमिका थी, चम्पारण संघर्ष की कथा जिस प्रकार राजकुमार शुक्ल के बिना पूरी नहीं हो सकती उसी प्रकार प्रताप और गणेश जी के बिना भी अधूरी है।

चम्पारण में नील की कहानी

औद्योगिक क्रान्ति के बाद नील की माँग बढ़ने के कारण ब्रिटिश सरकार भारतीय किसानों से जबरन नील की खेती करवाती थी। चम्पारण के किसान इससे परेशान थे। 1914 में प्रथम विश्व युद्ध छिड़ने के बाद नील की माँग के अनुरूप किसानों पर नील की आपूर्ति के लिए दबाव और अधिक बढ़ गया। इसके खिलाफ वहाँ के किसान संघर्ष के लिए उतरे।

सन् 1778 में ही बिहार में पहली नील की आधुनिक फैक्ट्री अलेक्जेण्डर नोएल ने लगायी थी। उनकी 'नोएल ऐण्ड कम्पनी' तब नील के कारोबार में अगुआ थी। इसी के आस-पास डच भी आये और उन्होंने मोतिहारी में फैक्ट्री लगायी। प्रारम्भ में डच, फ्रान्सीसी और अंग्रेज शोर के साथ नील के व्यापार में भी आपसी प्रतिद्वन्द्वी रहे पर लगभग 1800 अंग्रेजों ने डचों को यहाँ से भगा दिया। सन् 1778 में तिरहुत में नील की पाँच फैक्ट्रियाँ थीं जो सन् 1810 में 15 हो गयीं।

नील की फसल एक व्यावसायिक खेती थी। नील के पौधे को नील गट्टे के रूप में प्रसंस्कृत कर उसे विदेशों में बेचने और व्यापार को नियमित रूप देने के लिए यह आवश्यक था कि नील की कोठी और नील के किसानों के मध्य एक समझौता हो, जिससे नील का प्रसंस्करण करनेवाली फैक्ट्री को समय पर और नियमित रूप से नील के पौधे प्राप्त हो सकें। इसी का परिणाम था कि चम्पारण में 'तिनकठिया' व्यवस्था व्यवहार में आयी हालाँकि भविष्य में यही तिनकठिया जब नील की माँग अन्तरराष्ट्रीय बाजार में बढ़ी तब आपूर्ति को लेकर बाद में जर्मनी द्वारा कृत्रिम नील का आविष्कार कर लिया तो पैना खर्च आदि के द्वारा शोषण का माध्यम बनी।

प्रारम्भ में यूरोप के बागान मालिकों ने किसानों को धोखे से फुसलाकर, जोर-जबरदस्ती से उनसे नील की खेती करवायी। लेकिन इस बात से भी इनकार नहीं किया जा सकता कि किसानों ने तिनकठिया व्यवस्था को स्वीकार किया क्योंकि शुरुआत में नील की अन्तरराष्ट्रीय बाजार में अत्यधिक कीमत मिल रही थी जिससे निलहे (नील की कोठी के मालिक, जिन्हें डॉ. राजेन्द्रप्रसाद अपनी पुस्तक 'चम्पारण में महात्मा गाँधी' में निलवरों के नाम से सम्बोधित किया है) अपने मन मुताबिक लाभ लेने के बाद भी जो कीमत नील के किसानों को देते थे, वह भी नील के किसानों के लिए अन्य फसलों की तुलना में ज्यादा लाभप्रद थी। जिससे किसानों ने तिनकठिया व्यवस्था को सहज ही स्वीकार कर लिया। अरविन्द मोहन अपनी पुस्तक 'चम्पारण सत्याग्रह की कहानी' में लिखते हैं कि, "1810 में यह मोटा अनुमान था कि जिस दर पर नील जर्मनी में बिकता था वह चम्पारण या भारतीय उत्पादक को मिलनेवाली कीमत से 50 गुना अधिक था।"

तिनकठिया प्रथा चम्पारण में सबसे अधिक प्रचलित थी। इसके अनुसार निलहे रैयतों से उनकी जोत के एक भाग में नील की खेती कराते थे और नियत दाम देने की

भी शर्त रहती थी। सन् 1860 में प्रति बीघा पाँच कट्टे नील बोया जाता था। कुछ समय बाद सन् 1867 में यह घटकर तीन कट्टे प्रति बीघा हो गयी। तभी से इस प्रथा का नाम तिनकठिया पड़ गया। सन् 1909 में निलहों ने अपनी आपसी एक बैठक में इसे घटाकर दो कट्टे प्रति बीघा का नियम बना दिया लेकिन यह कभी लागू नहीं किया गया।

प्रारम्भ में जिस समय चम्पारण में निलहे अपनी काठी का विस्तार कर रहे थे उस समय जमीन पर उनका कोई अधिकार नहीं था। बेतिया राज से गाँवों चन्दरोजा ठेका में लेकर वे उनमें कुछ नील जीरात प्रथा से करते थे, परन्तु यह बहुत थोड़ा था। वास्तविकता यह थी कि, "चम्पारण का कुल रकबा साढ़े तीन लाख वर्ग मील था। इसमें लगभग दो लाख वर्ग मील इलाके की मिल्कियत रखनेवाला बेतिया राज था। अंग्रेजों की नजर बड़ा राज्य होने के कारण बेतिया पर पहले से थी और खराब आर्थिक स्थिति में अंग्रेजों ने बेतिया राज्य को 98 लाख रुपये का कर्ज दिया और बेतिया राज्य पूरी तरह से अंग्रेजों की दया पर निर्भर हो गया, इस स्थिति में अंग्रेजों ने षड्यन्त्र के तहत कर्ज चुकाने के मामले को कोर्ट ऑफ वार्ड्स ने यह निर्णय ले लिया कि, "साढ़े सात-सात लाख के मुकर्ररी बन्दोबस्त पर 14 कोठियों को मालगुजारी वसूलने और राजस्व बढ़ाने का ठेका दे। उन्होंने आगे और छोटे-छोटे हिस्से में देशी और गोरा ठेकेदारों को नियुक्त कर दिया।"[2] नतीजतन जब कोई गाँव कोठीवालों के कब्जे में आता था तो वह यही प्रयास करता था कि वहाँ अधिक-से-अधिक नील की खेती हो। इसके लिए निलहे विभिन्न प्रयास करते थे।

कुछ समय बाद जिन समझौते पर रैयत नील की खेती करती थी, वह एक सट्टे के रूप में लिखा जाने लगा। उसमें लिखा जाता कि, "रैयत अपनी जोत बीघा पीछे तीन कट्टे में कई वर्षों तक (कभी-कभी 20, 25, 30 वर्षों तक भी) नील बोया करेंगे। किस खेत में नील बोया जायेगा, यह कोठी के कर्मचारी चुनेंगे। खेत को तैयार करना रैयत का काम रहेगा, पर इसकी निगाहबानी कोठी करेगी। नील की फसल खूब अच्छी होने पर एक नियत मूल्य बीघा पीछे दिया जायेगा। यदि फसल अच्छी नहीं हुई, चाहे वह किसी भी कारण से क्यों न हो, तो रैयत को कीमत कम मिलेगी। यदि रैयत शर्त के विरुद्ध नील न बोये तो उससे एक बड़ी रकम हर्जाने के तौर पर वसूल की जायेगी।

चम्पारण में नील की खेती मात्र 40 साल के कम समय में ही नील वहाँ के जीवन और अर्थव्यवस्था पर हावी हो गयी। सन् 1892-97 इसके उत्पादन का शीर्ष था लगभग एक लाख एकड़ जमीन पर इसकी खेती होने लगी थी। अकेले सन् 1896-97 में यहाँ से सवा चार करोड़ रुपये से अधिक का नील निर्यात हुआ था। नील की अन्तरराष्ट्रीय मण्डी में भारतीय नील का डंका बजता था।

अधिकतर निलहे मूलतः यूरोपियन बागवान थे। उनकी संस्कृति भी वैसी ही थी। उनका मुख्य लक्ष्य था अधिक-से-अधिक धन कैसे अर्जित किया जाये? वह नील की

खेती के माध्यम से न तो ब्रिटिश औपनिवेशिक शासन चला रहे थे, न चम्पारण के किसानों का भला, न ही वहाँ रोजगार का सृजन और न ही विदेशी व्यापार स्थापित करना चाहते थे उनका किसानों के लाभ-हानि से कोई सरोकार नहीं था, न चम्पारण के लोगों से कोई सामाजिक लेना-देना था। वह चम्पारण में तभी तक थे जब तक कि यह नील का पौधा या अन्य माध्यमों से उनकी जेब का वजन बढ़ा रहा है। ऐसी स्थिति में जब जर्मनी ने कृत्रिम नील का आविष्कार कर लिया तो अन्तरराष्ट्रीय बाजार में नील व्यापार में अधिक लाभ मुश्किल हो गया। तब नतीजतन कुछ कोठीवाले अपनी कोठियाँ बन्द करके वापस यूरोप ब्रिटेन चले गये लेकिन कुछ कोठियाँ ऐसी भी थीं जिन्होंने विभिन्न माध्यमों से चम्पारण के किसानों का शोषण जारी रखा। इसके लिए उन्होंने विभिन्न तरह के कर लगाये, किसानों को बलपूर्वक प्रेरित किया कि वह नील की खेती करें वहीं दूसरी ओर उन्हें लागत के बराबर मूल्य भी नहीं दिया जा रहा था। ऐसी स्थिति में जब किसान नील की खेती नहीं करना चाहते थे तो लिखित सट्टे के अनुसार उन्हें एक बड़ी रकम देना होता था। इसके अतिरिक्त 50 से अधिक कर थे जिनके नाम सुनकर हँसी और क्रोध दोनों आयेगा।

कुछ इस प्रकार है—"साहब का हाथी खरीदा जाये तो हर रैयत से हथियाही, घोड़ा खरीदा जाये तो घोड़ी, मोटर खरीदा जाये तो मोटरी, साहब को घाव हो तो घवही, साहब विदेश जायें तो नाव का खर्च नवही, रैयत का बाप मरे तो जमीन की मिल्कियत बदलने के लिए बही-पूतही, बेटों में जमीन बँटे तो फरकावन, बेटी का विवाह हो तो डेढ़ रुपये मण्डवच, विधवा का फिर से विवाह हो तो 5 रुपये सगौरा, हल्दी उबालने के लिए चूल्हा खोदा गया तो एक रुपया चुल्हियावन, गुड़ बनाने के लिए कोल्हू लगे तो एक रुपया कोल्हुयावन, गल्ला अनाज बेचना हो तो दो रुपये साल बेचाई, आम पके, कटहल पके तो अमही कटहली, परती पर गाय भैंस चराने के बदले दूध-घी के साथ प्रति कटिया एक रुपया सालाना, तेली से प्रति कटिया एक रुपया सालाना, सामान बेचने के लिए बाट पर एक रुपया बाँटछापी, नदी में बाँध बाँधने पर बाँध-बेहरी, साहब के इलाके से बनी सड़क पर गाड़ी ले जाने पर पथकर, सम्पत्ति में बँटवारा हो तो फरकही, अगर आपको बेगार से माफी चाहिए तो साल में तीन रुपये की बेटमाफी (जो हर सम्पन्न किसान चुकाता ही था) फिर राज-अंश, दीवानभेंटी, गुरुभेंटी, महापात्री, मुखदेखी, जमुनही, दहीचूड़हा, जँगला इसीमनबीसी, हिसाब-किताब करने का हिसाबाना-दस्तूरी-तहरीर-दीवानदस्तूरी और रसीदावन, फलों के पेड़ बेचने पर डाली अर्थात् तैयार फलों का एक छोटा हिस्सा जैसे न जाने कितने कर थे। कई कोठियों ने बदलती हवा का रुख भाँपकर एक साथ 10 साल, 15 साल, 20 साल के सारे आबवाब एक साथ ले लिये जो किसान एक साथ इतनी रकम देने की स्थिति में नहीं था उसे हैण्डनोट बनवा लिया। इसे बिसाही, पन्द्रही और दसही कहा जाता था। एक साथ मरे जानवरों की खाल लेने पर

चर्मकारों से कर, पेड़ काटने या झोंपड़ी बनाने, रस्सी बुनने और चटाई बुनने में इस्तेमाल होनेवाले घार-खर की कटाई पर कर लेना आम था। दशहरा, दवातपूजा, रामनवमी, फगुआ जैसे पर्वों पर एक-एक रुपये का कर भी वसूला जाता था। कोई औरत बदचलन बता दी जाये तो उसके घरवालों और उससे सम्बन्धित पुरुष से सिंगारहाट वसूला जाता था। मजेदार बात यह है कि सब गैरकानूनी था, पर वसूली लाठी के जोर से होती थी। एक मोटा अनुमान यह था कि निलहे जमींदार जितना लगान वसूलते थे, लगभग उतनी ही रकम विभिन्न नामधारी आबवाब से वसूल लेते थे।"[3]

राजकुमार शुक्ल

गाँधी जी व अन्य सभी ने लिखा कि राजकुमार शुक्ल की वजह से गाँधी जी चम्पारण आये। बेतिया से 17 किलोमीटर दूर नरकटियागंज रेलवे मार्ग पर चनपटिया रेलवे स्टेशन से डेढ़ किलोमीटर दूर पूरब सरवरिया गाँव के राजकुमार शुक्ल एक सम्पन्न किसान थे। इनकी लगभग 20 बीघा जमीन चार गाँवों में फैली थी 14 बीघा बेलवा के रैयत के रूप में और छह बीघा साठी देहात में था। बाँस और अन्य पेड़ भी थे। 1500 सूद का व्यापार था और 2500 रुपये की व्यक्तिगत सम्पत्ति भी थी। इसके अतिरिक्त 15 बीघे जमीन इलाहाबाद में भी जोतते थे।

राजकुमार शुक्ल का कोठी से मतभेद उनके एक पंचायत में पंच बनने के कारण बेलवा निलहे से हुआ। उन्हें बुलाकर बहुत बुरा-भला कहा गया, और एक रुपये का आर्थिक दण्ड भी लगाया गया क्योंकि पंचायत करने का अधिकार निलहों को ही था। इसके बाद आलू की फसल तैयार हो जाने पर बेलवा कोठी के कारिन्दों ने आधी फसल कोठी में देने के लिए कहा तो उन्होंने घर और खेत दोनों का लगान माफ होने की वजह से कहा कि इस उपज पर मेरा पूरा अधिकार है। इस पर कोठी के मैनेजर एम्मान को लगा कि कहीं इस घटना से प्रभावित होकर किसान बागी न हो जायें। अगले दिन एम्मान अपने लठैतों के साथ राजकुमार शुक्ल के घर पहुँच उन्हें डरवाने और धमकी देने लगा। बाद में एम्मान ने अपमानित करने के लिए उनके घर का सामान नष्ट कर दिया तथा आलू की फसल भी उजड़वा दी।

इसके बाद "वे गाँव-गाँव में लोगों को संगठित करने लगे। एम्मान साहब से शुक्ल जी का प्रयास छिपा नहीं रह गया। उसने शुक्ल जी पर खेत में मछली पकड़ने का मुकदमा दायर किया, जो उस समय अपराध था। मुकदमें में शुक्ल जी को तीन सप्ताह की जेल हुई। जेल से निकलने के बाद वे दूने उत्साह से किसानों को संगठित करने में जुट गये।"[4] "चार साल की महारानी जानकी कुँवर की नौकरी छोड़कर उन्होंने निलहों के खिलाफ लड़ाई को जीवन का मुख्य काम बना लिया और जुनून सवार हो गया, पैर में चकरघिन्नी लग गयी। खेती की उपज के साथ खेत बेचकर पैसे खर्च करते रहे।"[5]

शुक्ल जी का बेलवा कोठी से व्यक्तिगत मतभेद था और जिस तरह उनके घर का सामान फेंक दिया गया, उनकी फसल चौपट कर दी गयी किसी भी व्यक्ति के लिए यह अपमानजनक था, शुक्ल जी तो एक सम्पन्न किसान थे। तभी उन्होंने एक तरह से अपने जीवन का लक्ष्य ही चम्पारण को निलहों से मुक्ति का बना लिया था इस बात को डॉ. राजेन्द्रप्रसाद जी ने अपनी आत्मकथा में भी स्वीकार किया है। उन्होंने लिखा है कि–"बिहार के भी प्रतिनिधि अच्छी संख्या में लखनऊ पहुँचे थे। उनमें कुछ लोग चम्पारण के थे, जिनमें एक देहाती किसान राजकुमार शुक्ल थे। वह थोड़ी हिन्दी जानते थे, पर और कोई भाषा नहीं। वह उन लोगों में थे जिन्होंने खुद नीलवरों (निलहों गोरों) के हाथों से दुःख पाया था। चम्पारण जिले की सतायी हुई प्रजा की ओर से वह कांग्रेस में पहुँचे थे।"[6] इसी बात को गाँधी जी ने अपनी आत्मकथा में भी स्वीकार किया है। उन्होंने लिखा है कि–"राजकुमार शुक्ल नामक चम्पारण के एक किसान थे। उन पर दुःख पड़ा था। यह दुःख उन्हें अखरता था। लेकिन अपने इस दुःख के कारण उनमें नील के इस दाग को सबके लिए धो डालने की तीव्र लगन पैदा हो गयी थी।"[7]

हिंसक विरोध

चम्पारण में किसानों का विद्रोह सन् 1907 में भी हुआ था। सन् 1906 में आयी बाढ़ से किसान तबाह हो गये। धान की पूरी फसल बर्बाद हो गयी थी लेकिन कोठीवालों को कोई चिन्ता नहीं थी। वह पूर्व की भाँति नील की खेती करवाना चाहते थे। इसीलिए साठी कोठी की रैयतों ने जमीन के हस्तान्तरण करने में मनमाना व्यवहार करनेवाले तिलहाड़ा फैक्ट्री के प्रबन्धक मिस्टर ब्लूमफील्ड की हत्या कर दी थी। इतना ही नहीं नील का उचित दाम न मिलने, उचित मजदूरी न मिलने और गाड़ी का भाड़ा न मिलने के कारण रैयतों ने नील की फैक्ट्री में मजदूरी करने से इनकार कर दिया, जिससे दोनों पक्षों की तरफ से हिंसा भी हुई।

साठी कोठी के सम्पन्न किसान शेख गुलाब ने रैयतों को विरोध का रास्ता दिखाया। मार्च, 1907 में कुछ किसानों ने मिलकर मोतिहारी के मजिस्ट्रेट को आवेदन दिया। जिसमें उन्होंने लिखा कि, "छह-सात वर्षों से कोठी रैयतों को भिन्न-भिन्न तरह से तंग कर रही है। वह हम लोगों से अधिक मालगुजारी ले रही है और बेगार का काम करवाती है। जबरदस्ती नील बुआई करवाते हैं और उसकी पूरी कीमत भी नहीं देते। हम लोगों के विरुद्ध झूठा फौजदारी मुकदमा लाकर नील बोने का सट्टा लिखने के लिए हमको बाध्य करती है।" शेख गुलाब ने स्वयं 14 अगस्त, 1907 को मजिस्ट्रेट के पास आवेदन दिया। आवेदन में कहा कि बीघा पीछे 3 कट्टे में नील की खेती कराने के बदले कोठी ने अब नयी चाल चली है। जिरात की आधी जमीन में कोठी ने हम लोगों से नील की खेती कराया और बाकी या आधी जमीन में जौ या अन्य फसल की खेती कराती है बदले में हमें केवल 15 रुपया मिलता है।

शेख गुलाब ने साठी गाँव के मुसलमान किसानों को संगठित कर सन् 1907 में नील की खेती करने से मना कर दिया, अन्त में साठी कोठी की रैयत ने नील की खेती करने से मना कर दिया। इन सब गतिविधियों और विरोध की वजह से साठी कोठी को नील की फैक्ट्री बन्द कर देनी पड़ी और रैयतों की जीत हुई लेकिन इससे शेख गुलाब निलहों की नजर में आ गये। राजकुमार शुक्ल सतवरिया गाँव से दो किलोमीटर उत्तर साठी गाँव के शेख गुलाब और लौरिया थाना के मठिया गाँव के शीतल राय के साथ मिलकर जनजागरण अभियान चलाना आरम्भ कर दिया।

राजकुमार शुक्ल, शेख गुलाब और शीतल राय की तिकड़ी को तोड़ने के लिए अनेक प्रकार के प्रयास किये गये। जिनमें शीतल राय, शेख गुलाब पर झूठे मुकदमे भी दायर किये गये और शेख गुलाब को, 1908 में विशेष सिपाही का पद देने को कहा गया ताकि वह निलहों के खिलाफ हो रहे विद्रोह का नेतृत्व छोड़ दे। परन्तु उन्होंने इसे स्वीकार नहीं किया और यह तिकड़ी मेलों, किसानों के घरों में छोटी-बड़ी गुप्त सभा करते हुए किसानों को संगठित करते रहे। 20 अक्टूबर, 1907 को बेतिया में राधेमल के घर में भी एक किसान सभा का आयोजन किया गया इसी सभा के बाद पत्रकार पीर मोहम्मद मुनिस निलहों के खिलाफ सक्रिय हुए। "हिन्दू और मुसलमान किसानों को गोलबन्द करने के लिए गाँव के बाहर काली के स्थान में रात में किसानों की बैठक होती और हिन्दू रैयत को काली के नाम पर और मुसलमानों को पश्चिम की तरफ मुँह करके शपथ दिलायी जाती थी।"[8]

16 अक्टूबर, 1907 को परसा कोठी के सिपाहियों के साथ रैयतों ने मारपीट की और कोठी पर भी हमला किया गया। सूचना पाकर इन्स्पेक्टर नाईट की टुकड़ी को अशान्ति को दबाने के लिए भेजा गया। इसने करीब 250 किसानों को गिरफ्तार कर लिया जिसमें राधेमल और शीतल राय भी थे। शीतल राय को 30 महीने की सजा तथा दो हजार रुपये का जुर्माना हुआ। किसानों पर 75 से अधिक आपराधिक मुकदमा दर्ज किया गया और 226 लोगों की गिरफ्तारियाँ हुईं। इसमें राजकुमार शुक्ल पर किसी तरह का कोई मुकदमा दर्ज नहीं किया गया।

इसी घटना के दौरान शेख गुलाब की किसी बात पर साठी कोठी के तहसीलदार से तू-तू मैं-मैं हो गयी। उन्होंने जूता निकालकर तहसीलदार को पीट दिया। कोठी को सूचना मिली और कोठी के लठैत शेख को पीटने के लिए आ धमके। यह सूचना मिलते ही आस-पास के गाँव के लोग भी आ गये। सबने मिलकर लठैतों को बुरी तरह पीटा। घटना की सूचना लौरिया थाने को दी गयी तो वापस लौटते समय किसानों को लौरिया थाना की पुलिस पीटने लगी। किसानों की एकता फिर जागृत हुई और उसने दारोगा और सिपाहियों को बुरी तरह पीटा लेकिन फिर भी किसान सिपाही और दारोगा द्वारा पीटे जाने का बदला लेना चाहते थे। उन्हें पता था कि साठी कोठी का निलहा सुबह

में हवाखोरी के लिए निकलेगा। प्रातः सैकड़ों लोग सड़क के किनारे झुरमुट में छिप गये। निलहा की घोड़ा गाड़ी आयी तो किसान रास्ता रोककर खड़े हो गये लेकिन जब निलहा उन्हें गाली देने लगा तो मारपीट होने लगी कुछ देर बाद निलहा भाग खड़ा हुआ। किसानों ने घोड़ा गाड़ी को उलटकर उसमें आग लगा दिया। इस घटना के लिए "किसानों पर मुकदमा चलाया गया। शेख गुलाब भूमिगत हो गये। उनके घर को। तितर-बितर कर दिया गया था उन्हें शीतल राय, शेख राजवली, शेख मुनव्वर, जगन लाल, सरयू तिवारी, विन्ध्याचल तिवारी आदि के साथ गिरफ्तार कर जेल भेज दिया गया। पुलिस का सारा खर्च गाँववालों से जुर्माने के रूप में वसूल किया गया।"[9]

चम्पारण आन्दोलन में केवल एक व्यक्ति ऐसा था जो न किसान था, न नील की खेती करता था, न नील का व्यापारी और न ही उसका कोई अंग्रेज सरकार से व्यक्तिगत मतभेद था। लेकिन एक जातीय लड़ाई थी वह लड़ाई जो भारत का बच्चा-बच्चा लड़ रहा था, ब्रिटिश उपनिवेश से आजादी की। उन्होंने अपनी सरकारी नौकरी गवाँने, जेल जाने, छापे और दूसरे नुकसानों की परवाह नहीं की और आन्दोलन में शामिल वह अकेले व्यक्ति जिनका जीवन सचमुच अभाव में बीता था वह थे—पीर मोहम्मद मुनीस।

सन् 1907-1909 में हुए शेख गुलाब, शुक्ल जी और शीतल राय के नेतृत्व में निलहों के खिलाफ हुए विद्रोह में पीर मोहम्मद मुनीस भी शामिल हुए। सन् 1906 के बाद निलहों के खिलाफ संगठित विरोध शुरू हुआ सब मिलकर एक संगठन के रूप में काम करने लगे थे। ऐसी स्थिति में राजकुमार शुक्ल, शेख गुलाब, शीतल राय, पशुपति लाल, हरबंस राय, खेन्धर राय आदि में से किसी की भूमिका को कम करके नहीं देखा जा सकता। इन सभी लोगों ने अपने व्यक्तिगत स्तर से प्रयास किया, किसी ने कलम चलायी, किसी ने लखनऊ, अहमदाबाद, कोलकाता तक दौड़-भाग की, सबने अपनी खेत-बारी, घर-द्वार बर्बाद किया और बदले में प्रताड़ना ही मिली। शुक्ल जी को महत्त्व महात्मा जी, डॉ. राजेन्द्र प्रसाद ने और उसके उत्तरोत्तर लिखे गये लगभग सभी चम्पारण सत्याग्रह के साहित्य में दिया गया। वह उसके हकदार भी थे। चम्पारण सत्याग्रह के जितने भी आन्दोलनकारी थे उनमें से अकेले राजकुमार शुक्ल ही ऐसे व्यक्ति थे जिन्होंने अपने सारे काम, नौकरी छोड़ी, खेती-बारी छोड़ी, अपने जीवन का एकमात्र लक्ष्य बनाकर केवल निलहों के खिलाफ लड़े।

राजकुमार शुक्ल, पीर मुहम्मद मुनीस और गणेश जी

राजकुमार शुक्ल चम्पारण के विशुद्ध किसान थे, सन् 1916 के आस-पास उनका कांग्रेस से कोई विशेष सम्बन्ध नहीं था और जैसा कि गाँधी जी ने अपनी आत्मकथा में लिखा था कि चम्पारण में उस समय कांग्रेस का कोई संगठन नहीं था ऐसी स्थिति में शुक्ल जी के कांग्रेसी होने की सम्भावना नहीं थी। और ऐसी स्थिति में यह सवाल खड़ा होता है कि राजकुमार शुक्ल को गाँधी जी के विषय में पता कैसे चला? और उन्हें

"न मालूम क्यों उन (गाँधी जी) पर इतना विश्वास किया और उनके पास पहुँचकर उनको चम्पारण आने के लिए राजी किया।"[10] जबकि राजेन्द्र बाबू भी गाँधी जी के विषय में यह स्वीकार करते हैं कि, "मैं गाँधी जी के बारे में बहुत जानकारी नहीं रखता था। दक्षिण अफ्रीका में उन्होंने जो कुछ किया था उसकी जानकारी भी बहुत थोड़ी रखता था। केवल इतना ही जानता था कि उन्होंने दक्षिण अफ्रीका में कोई बड़ा और अच्छा काम किया है। यह नहीं जानता था कि वह देश के नामी नेताओं की तरह एक बड़े नेता हैं।"[11] राजकुमार शुक्ल को गाँधी जी के विषय में जानकारी प्रताप के सम्पादक गणेशशंकर विद्यार्थी जी ने दी थी।

जब सन् 1909 के किसान बगावत को बुरी तरह से कुचल दिया गया तो इसके बाद सन् 1910 में मुनीस इलाहाबाद गये थे। वहाँ वे मशहूर लेखक और क्रान्तिकारी पण्डित सुन्दरलाल जी के यहाँ ठहरे। यहीं उनकी भेंट गणेशशंकर विद्यार्थी से भी हुई और मुनीस जी ने गणेश जी को सर्वप्रथम चम्पारण के निलहों के अत्याचार के विषय में बताया। इन दोनों विभूतियों की राय थी कि अभी कांग्रेस या दूसरी संस्था से ज्यादा कुछ होने की उम्मीद नहीं की जा सकती। इसलिए बेहतर यही होगा कि समाचार-पत्रों के माध्यम से ही चम्पारण के किसानों की कथा जनता तक पहुँचायी जाये। "विद्यार्थी जी को उसी समय 'अभ्युदय' के सम्पादन का काम मिलनेवाला था। उन्होंने कहा कि कुछ दिन रुक जाइये फिर हमीं लोग यह काम करेंगे। बनारसीदास चतुर्वेदी ने अपने संस्मरण में इस प्रसंग का जिक्र किया है। कहना न होगा कि विद्यार्थी जी ने अपना वचन निभाया। और विद्यार्थी जी का अखबार 'प्रताप' चम्पारण आन्दोलन की पृष्ठभूमि बनाने तथा गाँधी जी को चम्पारण जाने की प्रेरणा का स्रोत भी बना। बल्कि इसमें काफी सामग्री और पत्र गुमनाम भी छपे तथा सबका दोष विद्यार्थी जी के सिर ही गया। यह भी माना जाता है कि वे काफी बाद तक अभाव में पड़े मुनीस जी को आर्थिक मदद भी करते थे।"[12]

सन् 1913-14 के दौर में चम्पारण में निलहों का अत्याचार अपने शीर्ष पर था। निलहों ने इसी दौरान पैना खर्च आदि लगानों को लागू कर बलपूर्वक उसे वसूलना शुरू कर दिया था और यह वही दौर भी था जब राजकुमार शुक्ल, मुनीस, खेन्धर राय आदि ने किसानों का एक सक्रिय संगठन बना लिया था। इस दौरान 'प्रताप' ही नहीं गणेश जी स्वयं व्यक्तिगत रूप से चम्पारण की घटनाओं से जुड़े हुए थे। बेतिया के पीर मोहम्मद मुनीस, पशुपति लाल, हरबंस सहाय समाचार-पत्र 'प्रताप' कानपुर में नियमित रूप से चम्पारण की दुर्दशा की खबरें भेजा करते थे और 'प्रताप' में चम्पारण की खबरें अधिकतर अज्ञात नामों से छपती थीं। "तिरहुत के कमिश्नर मोर्सहेड की रिपोर्ट है कि गाँधी को सबसे ज्यादा सामग्री पहुँचाने की मदद करने में दो लोग आ गये हैं। एक— पीर मोहम्मद मुनीस, जिसने 'प्रताप' के सारे लेख लिखे हैं और 'चम्पारण के प्रजा पर

अत्याचार' नामक पर्चा लिखा था और दो—चनपटिया के निकट सतवरिया गाँव के राजकुमार शुक्ल। इसके बाद खुफिया पुलिस और शासन की तरफ से गाँधी के मददगारों की सूची बनी मिलती है। उन सबमें मुनीस जी का नाम प्रमुखता से आया है।''[13]

इलाहाबाद में मुलाकात के बाद मुनीस गणेश जी से लगातार सम्पर्क में थे। गणेश जी ने कानपुर से जब अपना समाचार-पत्र 'प्रताप' निकाला तो जैसा कि पिछले अध्याय में विस्तृत विवरण है कि गणेश जी लखनऊ अधिवेशन एक पत्रकार की हैसियत से अपने बचपन के मित्र, मशहूर शायर, कांग्रेसी हसरत मोहानी के साथ लखनऊ अधिवेशन गये थे। इससे पहले वह कभी गाँधी जी से मिले भी नहीं थे लेकिन यह कहना कि वह गाँधी जी से अपरिचित थे यह असम्भव है क्योंकि 'प्रताप' ने अपने पहले अंक से ही प्रवासी भारतीय, भारतीय गिरमिटिया मजदूर की दुर्दशा के विषय में और दक्षिण अफ्रीका में महात्मा गाँधी द्वारा चलाये गये सत्याग्रह के विषय में विस्तृत रूप से लिखा। इन्हीं घटनाओं के कारण गणेश जी का गाँधी के प्रति विश्वास बन गया था।

इसी दौरान निलहों के उत्पीड़न को जड़ से उखाड़ने के लिए व्रती राजकुमार शुक्ल को कानपुर में प्रकाशित 'प्रताप' के सम्पादक गणेशशंकर विद्यार्थी जी ने, ''उन्हें मोहनदास करमचन्द गाँधी एवं दक्षिण अफ्रीका में उनके कारनामों के विषय में जानकारी दी थी और उनसे कहा था कि गाँधी ही चम्पारण के किसानों के उद्धारक हो सकते हैं।''[14] उनसे कहा कि गाँधी जी को किसी भी तरह मनाकर चम्पारण ले जाओ। इतना ही नहीं, ''जब राजकुमार शुक्ल जी के लेख को पटना के किसी समाचार-पत्र ने उनकी बातों को कोई स्थान नहीं दिया तो वे कानपुर जाकर 'प्रताप' के सम्पादक गणेशशंकर विद्यार्थी से मिले और 'प्रताप' में उनका लेख 'चम्पारण की दुर्दशा' नामक शीर्षक से छापा गया।''[15] हालाँकि राजकुमार शुक्ल के दिमाग में गणेश जी की बात तो थी लेकिन उतना विश्वास नहीं था।

इसीलिए जब उन्हें लखनऊ अधिवेशन में कांग्रेस के नेताओं से चम्पारण के निलहों के अत्याचार के विषय में बात करने का अवसर मिला तो उन्होंने सर्वप्रथम कांग्रेस के बड़े नेता लोकमान्य तिलक और मदनमोहन मालवीय के सामने अपनी बात रखी लेकिन शुक्ल जी को निराशा हाथ लगी। इतिहासकार रामचन्द्र गुहा अपने लेख में लिखते हैं कि, ''राजकुमार शुक्ल जी को इसके बाद यह एहसास हुआ कि इस बात की कहीं अधिक सम्भावना है कि कांग्रेस की दूसरी पंक्ति के नेता गाँधी जी इस दूरस्थ ग्रामीण इलाके के प्रवास के लिए समय निकाल पाये।'' गणेश जी ने राजकुमार शुक्ल को गाँधी जी का ही नाम क्यों सुझाया इसके तीन प्रमुख कारण थे। पहला— कारण दक्षिण अफ्रीका में प्रवासी भारतीयों पर हो रहे अत्याचारों के खिलाफ लड़ने और सफल अनुभव केवल गाँधी जी के पास था। दूसरा—दक्षिण अफ्रीका में जिस प्रकार प्रवासी मजदूर अंग्रेजों के अत्याचार से परेशान थे उसी प्रकार चम्पारण के किसान भी अंग्रेजों के ही अत्याचार से

परेशान थे। तीसरा– गणेश जी स्वयं औपनिवेशिक शासन से आजादी के लिए लड़ रहे थे, अतः उन्हें आजादी का महत्त्व पता था इसलिए उन्होंने कांग्रेस के द्वितीय पंक्ति के नेता को चुना।

लखनऊ अधिवेशन

दिसम्बर, 1916 में हुए लखनऊ कांग्रेस अधिवेशन में बिहार से लगभग 81 लोग गये हुए थे। चम्पारण में निलहों और रैयतों के सम्बन्ध की जाँच के सम्बन्ध में प्रस्ताव को रखने से पूर्व चम्पारण की गाथा को राजकुमार शुक्ल ने कांग्रेस के प्रभावी नेता लोकमान्य तिलक जी को सुनाया और चम्पारण के किसानों के लिए विनती करने लगे, पर तिलक जी ने यह कहकर मना कर दिया कि अभी हमारे सामने देश की स्वतन्त्रता का प्रश्न है। फिर वह मालवीय जी के पास गये तो उन्होंने यह कहकर शुक्ल जी को निराश किया कि जब देश आजाद हो जायेगा तो इस तरह की सारी समस्याएँ खुद दूर हो जायेंगी। फिर वे गाँधी के पास गये और शुक्ल जी ने उनके पैर को पकड़ लिया और कहा कि निलहों के जुल्म से चम्पारण के रैयतों को बचाइये। गाँधी जी अपनी आत्मकथा में लिखते हैं कि–"जब मैं लखनऊ कांग्रेस में गया, तो वहाँ इस किसान ने मेरा पीछा पकड़ा। वकील बाबू आपको सब हाल बतायेंगे।... वाक्य वे कहते जाते थे और मुझे चम्पारण आने का निमन्त्रण देते जाते थे। वकील बाबू से मतलब था, चम्पारण के मेरे प्रिय साथी, बिहार के सेवा जीवन के प्राण ब्रजकिशोर बाबू से। राजकुमार शुक्ल उन्हें मेरे तम्बू में लाये। उन्होंने काले आलपाका की अचकन, पतलून वगैरह पहन रखा था। मेरे मन पर उनकी कोई अच्छी छाप नहीं पड़ी। मैंने मान लिया कि वह भोले किसानों को लूटनेवाले कोई वकील साहब होंगे। मैंने उनसे चम्पारण की थोड़ी कथा सुनी। अपने रिवाज के अनुसार मैंने जवाब दिया, "खुद देखे बिना इस विषय पर मैं कोई राय नहीं दे सकता। आप कांग्रेस में बोलियेगा। मुझे तो फिलहाल छोड़ ही दीजिये।"[16]

इसके बाद अधिवेशन में बृजकिशोर बाबू ने चम्पारण के निलहे पर प्रस्ताव रखा और राजकुमार शुक्ल भी बोले। पहली बार कांग्रेस के किसी अधिवेशन में कोई किसान किसानों की समस्या पर बोला था। राजकुमार शुक्ल ने प्रस्ताव पर कहा कि, "यूरोपीय मालिक इतने ताकतवर हो गये हैं कि वह खुद ही सिविल और फौजदारी के मामलों में फैसले कर ले रहे हैं और अपनी मर्जी से गरीब किसानों को सजा दे रहे हैं। शुक्ल जी ने अपनी बात जारी रखते हुए कहा मैं नहीं जानता कि मैंने यहाँ आकर आप सबको जो कहानी बतायी है उसके कारण चम्पारण लौटने के बाद मेरे साथ कैसा बरताव किया जायेगा।

शुक्ल जी केवल इतने से प्रसन्न नहीं हुए। वह पुनः गाँधी जी के पास जाकर चम्पारण के किसानों के दुःख को दुबारा बताना चाहते थे। तब गाँधी जी ने आश्वासन दिया कि, "अपने भ्रमण में मैं चम्पारण को भी सम्मिलित कर लूँगा और एक-दो दिन

वहाँ ठहरूँगा।" इसके जवाब में शुक्ल जी ने कहा कि, "एक दिन काफी होगा। नजरों से देखिये तो सही।" इसके बाद गाँधी जी 'प्रताप' के सम्पादक गणेशशंकर विद्यार्थी के अनुरोध पर कानपुर गये और 'प्रताप' प्रेस कार्यालय में रुके थे। वहाँ पर पुनः शुक्ल जी ने गाँधी जी से मुलाकात की। गाँधी जी लिखते हैं कि—लखनऊ से मैं कानपुर गया था। वहाँ भी राजकुमार शुक्ल हाजिर ही थे। वहाँ पर शुक्ल जी ने गाँधी जी से कहा कि "यहाँ से चम्पारण बहुत नजदीक है। एक दिन दे दीजिये।" गाँधी जी का जवाब था कि अभी मुझे माफ कीजिये। पर मैं चम्पारण आने का वचन देता हूँ। यह कहकर मैं ज्यादा बँध गया।

गणेश जी और चम्पारण सत्याग्रह

गणेश जी ने जहाँ राजकुमार शुक्ल को गाँधी जी के विषय में बताया वहीं उन्हें विवश किया कि वह चम्पारण के किसानों की निलहों के खिलाफ लड़ाई का नेतृत्व करें। इसके बाद भी उन्होंने चम्पारण के आन्दोलन को सफल बनाने के लिए 'प्रताप प्रेस' के माध्यम से सफल प्रयास किया। जब गाँधी जी जब चम्पारण पहुँचे तो वहाँ उनके स्वागत के लिए हजारों रैयत की भीड़ इन्तजार कर रही थी। उस समय न मोबाइल, न फेसबुक, न इण्टरनेट, न समाचार-पत्र, संचार के माध्यमों का अभाव और अचानक इतनी भीड़ इकट्ठा हो जाना बिना रणनीतिक प्रयास के सम्भव नहीं है। वह भी ऐसे व्यक्ति के लिए जिस व्यक्ति के बारे में अधिकांश लोग अनभिज्ञ हों, यह कैसे हो गया? इस घटना में जितना राजकुमार शुक्ल का योगदान था उससे कम योगदान विद्यार्थी जी का नहीं था। जैसा कि स्वयं डॉ. राजेन्द्रप्रसाद ने अपनी आत्मकथा में यह स्वीकार किया कि उन्हें गाँधी जी के विषय में बहुत जानकारी नहीं थी लेकिन वह यह स्वीकार करते हैं कि, "यह बात बिहार के लोगों को मालूम थी कि 'कर्मवीर गाँधी दक्षिण अफ्रीका में बहुत-कुछ करके हिन्दुस्तान आये हैं, इसलिए उनसे इस काम में मदद लेनी चाहिए।'"[17] दरअसल चम्पारण में गाँधी जी के लिए पहले से जमीन तैयार की गयी थी। गाँधी जी के चम्पारण पहुँचने से पहले गाँधी की बातें व काल्पनिक कहानी चम्पारण के लोगों के बीच पिछले छह महीने के अन्दर फैल गयी थी। बच्चा-बच्चा गाँधी जी के दक्षिण अफ्रीका के सत्याग्रह और अंग्रेजों के घुटने के बल होने की कहानी जानता था। वह यह भी जानता था कि गाँधी आजानुबाहु हैं, उनके आगे बन्दूक चलानेवाले के हाथ से बन्दूक छूट जाती है। उन्हें बताया गया था कि गाँधी जी किसी भी दिन आ सकते हैं। और "देहात में ऐसी चर्चा थी कि दक्षिण अफ्रीका में भारतीयों के विरुद्ध संघर्ष करनेवाले गाँधी जी यहाँ भाषण देने के लिए आनेवाले हैं।"[18]

चम्पारण में यह बात विद्यार्थी जी की रणनीति का एक हिस्सा था, जो अफवाहों के माध्यम से चम्पारण में फैलाया जा रहा था, जिसका प्रभाव अब गाँधी जी के चम्पारण आने के पहले दिन से ही दिखने लगा था। उससे पहले भले चम्पारण के लोग गाँधी

जी को चेहरे से न पहचानते रहे हों जिसका जिक्र गाँधी ने अपनी आत्मकथा में भी किया कि "याद रहेगी चम्पारण में मुझे कोई पहचानता न था। किसान-वर्ग बिलकुल अनपढ़ था। चम्पारण गंगा के उस पार ठेठ हिमालय की तराई में नेपाल का सीमावर्ती प्रदेश है। अर्थात् एक नयी दुनिया है। जहाँ कहीं न कांग्रेस का नाम सुनायी देता था, न कांग्रेस के कोई सदस्य दिखायी पड़ते थे। जिन्होंने नाम सुना था वह कांग्रेस का नाम लेने में और उसमें सम्मिलित होने से डरते थे।"[19]

लेकिन चम्पारण की जनता को गाँधी बाबा में एक विश्वास दिखायी दे रहा था। उनको लग रहा था कि दक्षिण अफ्रीका से चलकर आया हुआ यह करिश्माई महात्मा अब निलहों के अत्याचार को पुराने दिनों की कहानी बना देगा और अब हमको निलहों से आजाद करा देगा। यह विश्वास गाँधी जी के आते ही दिखने भी लगता है जब रैयत अंग्रेजों के अत्याचारों के खिलाफ मुखर होकर आवाज उठाना शुरू कर देती है।

14-04-1917 को गाँधी जी मुजफ्फरपुर में तय करते हैं कि 15-04-1917 को दोपहर की गाड़ी से चम्पारण जाना चाहिए और वह दूसरे दिन यानी 17-04-1917 से वहाँ पर देहात से आये लोगों के इजहार लिखे जाने लगते हैं। यह कहने को चम्पारण में घटी एक घटना मात्र है। परन्तु यदि चम्पारण के वातावरण पर विचार किया जाये तो यह एक असम्भव कार्य था। जिस चम्पारण में निलहों के लठैत लाठी के दम पर अवैध कर वसूलते थे वहाँ का किसान इजहार लिखने को तैयार कैसे हो गया? यह डर कैसे समाप्त हुआ? कुछ लोग कह सकते हैं कि गाँधी जी के कारण ऐसा हुआ तब प्रश्न सामने आयेगा कि गाँधी जी को चम्पारण पहुँचे 24 घण्टे नहीं होते और वह स्वयं इस भय के वातावरण में इजहार लिखवाने का निर्णय कैसे लेते हैं?

इजहार लिखना इतना महत्त्वपूर्ण या निर्णायक था कि इसी इजहार द्वारा सत्य उजागर होने के डर से निलहों ने राँची बैठे अंग्रेज अफसर से इस विषय को संज्ञान में लेने की गुजारिश की। जिसमें उन्होंने यह माना कि इजहार की बात यदि सामने आयेगी तो निलहों और अंग्रेजों दोनों की बदनामी होगी। फिर गाँधी जी को राँची बुलाया जाता है और लम्बी बातचीत व इजहार के सारांश को पढ़ने के बाद एक कमेटी गठित की गयी और गाँधी जी इस कमेटी में किसानों के प्रतिनिधि बने। चम्पारण का किसान निलहों से परेशान था वह इस भयावह स्थिति से मुक्ति भी चाहता था लेकिन इजहार में लिखित रूप से निलहों के अत्याचार के विषय में लिखने का साहस उसे प्रताप प्रेस में छपनेवाले पर्चे और उसके साथ गाँधी जी के विषय में अफवाहों पर विश्वास करने के कारण हुआ, जिसके सूत्रधार गणेश जी ही थे।

लखनऊ अधिवेशन में गणेश जी ने गाँधी जी और तिलक जी को इस बात के लिए तैयार कर लिया था कि वह लखनऊ से लौटते वक्त एक-दो दिन कानपुर रुके और गणेश जी के लखनऊ से कानपुर लौटने के दूसरे दिन तिलक जी और गाँधी जी कानपुर

पहुँचे। "कानपुर में कांग्रेस संगठन के अभाव के कारण दूसरा अंग्रेजों के भय से तिलक जी को ठहरने के लिए स्थान नहीं मिला। इसलिए मजबूरी बस तिलक जी को ई.आई.आर. के पुराने रेलवे स्टेशन के पास एक धर्मशाला में रुकवाया गया तथा गाँधी जी के साथ दक्षिण अफ्रीका में उनके सहयोगी रहे मिस्टर पोलक भी थे। गाँधी जी को 'प्रताप' कार्यालय में रुकवाया गया। गाँधी जी और मिस्टर पोलक को रात में शिवनारायण जी ('प्रताप' में गणेश जी के सहयोगी) के साथ ताँगे में स्टेशन से 'प्रताप' कार्यालय में आये। उन दिनों रात में गाँधी जी दूध के सिवा कुछ नहीं लेते थे। 'प्रताप' ऑफिस के बड़े कमरे में फर्श पर एक बड़ी दरी बिछी और मिस्टर पोलक और गाँधी जी ने वहीं जमीन पर विश्राम किया। मिस्टर पोलक उस समय लुंगीनुमा एक धोती अथवा पाजामा और एक कुर्ता पहना करते थे। गाँधी जी की खुराक थी उस समय कच्ची मूँगफली और बिना घी की खिचड़ी। दूसरे दिन यही उन्हें दिया गया। मिस्टर पोलक ने भी इसमें हिस्सा बँटाया। गाँधी जी शहर के व्यक्तियों से मिलकर कुछ राजनीतिक वार्त्ता करना चाहते थे, परन्तु वहाँ कोई आया-गया नहीं। केवल डॉक्टर मुरारीलाल और बाबू नारायणप्रसाद निगम अपने कुछ साथियों के साथ पधारे थे। गाँधी जी की 'हिन्द स्वराज' नामक पुस्तक की उन दिनों बहुत चर्चा थी। मिस्टर पोलक कानपुर से मुम्बई चले गये और गाँधी जी अहमदाबाद।"[20]

राजकुमार शुक्ल को लखनऊ अधिवेशन में गाँधी जी से बात करने के बाद भी विश्वास नहीं हुआ कि महात्मा पता नहीं चम्पारण आयेंगे कि नहीं आयेंगे, वैसे गाँधी जी ने आश्वासन दे दिया था कि मैं चम्पारण आऊँगा। शुक्ल जी को लग रहा था कि गाँधी जी से दोबारा मिलकर किसानों पर हो रहे अत्याचारों के विषय में फिर से बताया जाये। अबकी बार कुछ अतिरिक्त जानकारी के साथ विधिवत् बताया जाये हो सकता है कि गाँधी जी चम्पारण जाने के लिए निश्चय कर लें। अधिवेशन में गणेश जी के आग्रह पर तिलक जी और गाँधी जी का कानपुर रुकने के कार्यक्रम का निर्धारण हो गया था। इसकी जानकारी शुक्ल जी को हो गयी थी, और गाँधी जी जब 'प्रताप' कार्यालय पहुँचे तो वहाँ पर शुक्ल जी पहले से उपस्थित थे। शुक्ल जी का कानपुर में गाँधी जी से मिलना प्रायोजित न हो इसकी सम्भावना भी बहुत कम है। क्योंकि गाँधी जी ने स्वयं अपनी आत्मकथा में लिखा है कि—"मुझे यह स्वीकार करना चाहिए कि वहाँ जाने से पहले मैं चम्पारण का नाम तक नहीं जानता था। नील की खेती होती है, इसका खयाल भी नहीं के बराबर था। नील की गोटियाँ मैंने देखी थीं, पर वे चम्पारण में बनती हैं और उनके कारण हजारों किसानों को कष्ट भोगना पड़ता है, इसकी मुझे कोई जानकारी नहीं थी।"[21] राजकुमार शुक्ल और गाँधी जी की इस मुलाकात के नियोजनकर्त्ता गणेश जी ही थे।

यह असम्भव है कि गाँधी जी और राजकुमार शुक्ल में निलहों के अत्याचार के विषय पर 'प्रताप' के कार्यालय में चर्चा हो, और उसमें गणेश जी शामिल न हों। इसका पहला

कारण था गणेश जी स्वयं पिछले दो वर्षों से लगातार 'प्रताप' में चम्पारण के नील के किसानों के ऊपर हो रहे अत्याचारों के विषय में समाचार-पत्र में लेख छाप रहे थे। दूसरी बात वह स्वयं सीधे राजकुमार शुक्ल, पीर मोहम्मद मुनीस आदि से जुड़े हुए थे। जिनके माध्यम से उन्हें 'प्रताप' के लिए चम्पारण की सूचनाएँ मिला करती थीं। अतः गणेश जी स्वयं चम्पारण के निलहों के अत्याचार से अनभिज्ञ नहीं थे। इसके पहले 'प्रताप' से चम्पारण में हो रहे अत्याचारों पर 20 से अधिक लेख और दो पुस्तकें प्रकाशित हो चुकी थीं।

राजकुमार शुक्ल ने तिलक जी से मुलाकात गाँधी जी से अलग ही की थी। उसी धर्मशाला में जाकर जहाँ वह ठहरे हुए थे। परन्तु राजकुमार शुक्ल ने गाँधी जी से मुलाकात 'प्रताप' कार्यालय में गणेश जी की उपस्थिति में की थी और राजकुमार शुक्ल ने डायरी में लिखा है कि, "1 जनवरी, 1917, सुबह गंगा जी का स्नान मैं, रामदयाल करके जलपान किया वो गाँधी जी, वो पोलक वो बाल गंगाधर तिलक महाराज से भेंट हुआ। 5 बजे शाम को बाल गंगाधर तिलक का लेक्चर सुना, 10,000 इजहार आदमी थे। बाद में चौक देखा। 9 बजे रात को वापस आये अनन्तराम की धर्मशाला में रोटी बनी थी खाकर मैं रामदयाल सोये।"[22]

प्रताप प्रेस के कार्यालय में गाँधी जी को चम्पारण के किसानों पर हो रहे अत्याचारों के विषय में तब और अधिक विश्वास हुआ जब उन्होंने चम्पारण पर 'प्रताप' अखबार में छपे हुए पुराने लेखों को देखा। उन्हें लगा कि वास्तविक रूप से किसान परेशान हैं और उन्होंने वहीं शुक्ल जी को आश्वस्त किया कि वह चम्पारण अवश्य आयेंगे।

ऐसी स्थिति में अगर यह कहा जाये कि चम्पारण सत्याग्रह की पृष्ठभूमि कानपुर में गणेशशंकर विद्यार्थी के 'प्रताप' प्रेस में बनी तो गलत नहीं होगा। वहीं पर पहली बार शुक्ल जी को यह विश्वास हुआ कि गाँधी जी जरूर चम्पारण आयेंगे। वहीं पर गाँधी जी के प्रिय शिष्य मिस्टर पोलक भी उपस्थित होते थे। और वहीं से 'प्रताप' का एक सफर शुरू हुआ। जिसको नवीन जी कहते हैं कि, "अधिकांश समय 'प्रताप' तो वास्तविक रूप से गाँधी जी का मुखपत्र था।" गणेश जी की मुख्य भूमिका का मूल्यांकन करने के बाद यह कहा जा सकता है कि गाँधी जी, मिस्टर पोलक, गणेश जी और राजकुमार शुक्ल की 'प्रताप प्रेस' कार्यालय में एक साथ बैठकर चम्पारण के किसानों पर निलहों द्वारा हो रहे अत्याचार के विषय में चर्चा का ही परिणाम है। चम्पारण सत्याग्रह और 'चम्पारण सत्याग्रह का श्रीगणेश' गणेश जी ने किया तो सत्य ही होगा।

गौरतलब है कि चारों लोग (गाँधी जी, मिस्टर पोलक, गणेश जी और राजकुमार शुक्ल) ने चम्पारण में निलहों के अत्याचार के खिलाफ हो रहे सत्याग्रह के अन्तिम समय तक संघर्ष को जारी रखा। मिस्टर पोलक तो सत्याग्रह के दौरान एक साये की तरह संकट के समय गाँधी जी को जहाँ आवश्यकता पड़ी वहाँ खड़े रहे। गाँधी जी को जब

पहली बार यह लगा कि उन्हें या तो जेल जाना पड़ेगा या फिर चम्पारण छोड़ना पड़ेगा तब उन्होंने कई लोगों को खत लिखा था उसमें से एक पोलक भी थे और मिस्टर पोलक उस समय इलाहाबाद में रह रहे थे, वह जल्दी से पटना और पटना से मोतिहारी पहुँचते हैं। "सरकारी खुफिया रिपोर्ट बताते हैं कि पोलक भी गाँधी के एक मददगार थे और दो 'शार्ट विजिट' पर चम्पारण आये थे।"[23] शुक्ल जी ने अपनी डायरी में यह लिखा है कि, "17 अप्रैल, 1917, मोतिहारी व डेरी पर, सुबह स्नान भोजन किया वे आज एक चिट्ठी कलेक्टर के पास भेजा महात्मा जी। जिसके जवाब में कलेक्टर ने लिखा कि आप कल 12 बजे दिन में कलक्टरी में हाजिर आवेंगे। बाद इसके सम्मन आयी बाद जब शाम को भोजन हुआ तो 3 बजे के रेल से मिस्टर पोलक जो मजहरूल हक बरिस्टर साहेब आये। महात्मा जी से बातचीत हुई। रात को रसोई बनाया खाकर सोये।"[24]

"19 अप्रैल को यह भी निश्चित कर दिया गया कि पटना के वरिष्ठ नेताओं को बुला लेना चाहिए। हसन इमाम दरभंगा से आ गये, मोतिहारी से लौटकर मिस्टर पोलक पटना पहुँचे जहाँ बिहार प्रान्तीय सभा की बैठक हो रही थी बिहार, प्रान्तीय सभा की बैठक माननीय रायबहादुर कृष्ण सहाय की अध्यक्षता में हुई। उसमें मिस्टर पोलक ने चम्पारण का सब हाल कह सुनाया और सब नेताओं से चम्पारण जाने का अनुरोध किया। वहाँ पर निश्चित हुआ कि इस काम में महात्मा जी की हर प्रकार से सहायता की जाये।"[25] 21 अप्रैल को 'दी एक्सप्रेस' में मोतिहारी का ब्योरा छपा।"[26]

गणेश जी ने चम्पारण के निलहों के अत्याचारों के विषय में 'प्रताप' में लिखना और तेज कर दिया। वह गाँधी जी की हर गतिविधियों को 'प्रताप' के माध्यम से उजागर करते रहे। इसका लाभ दो लोगों को अत्यधिक हुआ पहला तो ग्रामीण क्षेत्र में बिकनेवाले 'प्रताप' की माँग अचानक बहुत तेजी से बढ़ गयी।

दूसरा दक्षिण अफ्रीका से आये हुए गाँधी जी जिनके बारे में अभी तक बहुत कम लोग ही जानते थे। उस गाँधी जी के सत्याग्रह की लड़ाई के तरीके और अंग्रेजों के घुटने के बल दुबारा झुकने की कहानी हिन्दी क्षेत्र में लोगों ने 'प्रताप' के माध्यम से सुनी और 'प्रताप' जहाँ-जहाँ गया वहाँ-वहाँ पर गाँधी जी की कीर्त्ति गयी। गणेश जी के जीवनकाल में हिन्दी पत्रों में 'प्रताप' का वही स्थान था जो मराठी पत्रों में 'केसरी' का था। होमरूल आन्दोलन, कुली प्रथा का विरोध आन्दोलन, निलहे गोरों के विरुद्ध आन्दोलन, देशी नरेशों के स्वेच्छाचारिता के विरुद्ध आन्दोलन, और असहयोग आन्दोलन में 'प्रताप' के प्रचार का हिन्दी-जगत् में बहुत बड़ा हाथ रहा। हिन्दी पत्रकारिता के विकास का यह समय ऐसा रहा जब बिहार और उत्तर प्रदेश की ग्रामीण जनता समाचार-पत्र का अर्थ केवल 'प्रताप' ही समझती थी। 'प्रताप' संयुक्त प्रान्त, बिहार, हिन्दुस्तानी मध्यप्रान्त, राजपूताना, मध्यभारत आदि प्रान्तों के कोने-कोने में तो जाता ही है, बंगाल, उड़ीसा, दक्षिण भारत, महाराष्ट्र, गुजरात, पंजाब में भी उसका 'प्रताप' दिखलायी पड़ता है।

संयुक्त प्रान्त तथा बिहार के किसी भी स्थान में चले जाइये, आपको 'प्रताप' के दर्शन होंगे, फिर चाहे वह अल्मोड़ा, गढ़वाल और नैनीताल के पर्वतीय प्रदेश हों अथवा कानपुर, लखनऊ, इलाहाबाद आदि जिलों के समतल प्रदेश, चाहे वे शहर बिलकुल सम्पर्क में रहनेवाले गाँव हों अथवा शहर से 10-10 और 20-20 कोस दूर ठेठ देहाती प्रदेश, जहाँ कि हफ्ते में सिर्फ एक दिन डाक जाती है।

'प्रताप' और चम्पारण सत्याग्रह

प्रताप 9 नवम्बर, 1913 में आरम्भ हुआ था और प्रारम्भ से ही चम्पारण के किसानों पर होनेवाले अत्याचारों की कड़ी आलोचना की। इससे एक ओर 'प्रताप' की लोकप्रियता भी अधिक बढ़ गयी थी वहीं प्रताप अपने आरम्भ से ही अंग्रेजों की नजर में आ गया। "विद्यार्थी जी ने चम्पारण के किसानों पर नील के गोदाम अंग्रेज मालिकों के अत्याचारों की कहानियाँ निरन्तर तीन अंकों में प्रकाशित की थी। चम्पारण सम्बन्धित लेखमाला को लेकर बिहार के गवर्नर के माध्यम से संयुक्त प्रान्त के स्थित गणेश जी के प्रताप प्रेस पर निरन्तर दबाव डलवाया जाने लगा और ब्रिटिश सरकार ने उन्हें 9 अगस्त, 1917 को कड़ी चेतावनी दी। इसके बाद भी, उन्होंने चम्पारण सम्बन्धित समाचारों का प्रकाशन बन्द नहीं किया। अन्ततः कानपुर के तत्कालीन मजिस्ट्रेट ने स्वयं विद्यार्थी जी को बुलाकर समझाया और चेतावनी दी। इन सबका क्या परिणाम निकला, यह विद्यार्थी जी के ही शब्दों में प्रस्तुत है—"चम्पारण के इन लेखों को सरकार ने आपत्तिजनक समझा है, परन्तु यह आवश्यक बात नहीं है कि सरकार जिस बात को बुरा समझे उसे हम भी बुरा समझें। ... जिस अन्याय को दूर करने में हमारा बल कुछ भी लग सकता है, उसके मुकाबले में हम मुँह मोड़ना 'अक्षम्य पाप' मानते हैं। ये रुकावटें हगें अपने पथ से रत्ती भर भी विचलित न कर सकेंगी।""[27]

'प्रताप' ने चम्पारण पर सभी समाचार-पत्रों की तुलना में सबसे अधिक लेख छापे थे। एक अवसर पर 'प्रताप' ने वहाँ की प्रजा के दुःखों के सम्बन्ध में एक पर्चा भी निकलवाया था। इसे तात्कालीन लेफ्टिनेण्ट गवर्नर कि चार्ल्सविली ने जब्त कर लिया था। यह पर्चा 'प्रताप' कार्यालय से 'चम्पारण की प्रजा पर अत्याचार' शीर्षक से निकाला गया था (परिशिष्ट—8,9,10)। 15 फरवरी, 1916 को मोतिहारी में एक साधू 'प्रताप' प्रेस का यह पर्चा बाँटते पकड़ा गया। पर्चे में निलहे द्वारा रैयतों के शोषण से सम्बन्धित कोई भी दस्तावेज, रेकार्ड, जाँच दस्तावेज, प्रेस की कतरन आदि 'प्रताप' के सम्पादन को कानपुर भेजें क्योंकि 'प्रताप' द्वारा इस सम्बन्ध में लेख का सिलसिला आरम्भ होनेवाला है। बिहार विशेष शाखा, गुप्तचर प्रतिवेदन, दिनांक चम्पारण, 4 मार्च, 1916 को प्रतिवेदित किया कि साधू द्वारा पर्चा बाँटने की अधिकतर घटना बेतिया अनुमण्डल में हुई और उस साधू ने बताया कि उसे अन्य साधू ने पर्चा दिया है उस साधू को पर्चा बेतिया अनुमण्डल के मठिया गाँव के शीतल राय ने दिया है जो 1907 में हुए उपद्रव

के अगुआ नेता थे। शिकारपुर के दारोगा ने सूचित किया है कि पीर मोहम्मद, शिक्षक, बेतिया टाउन गुरु ट्रेनिंग स्कूल, पशुपतिलाल, बथुआ थाना बेतिया और हरबंश सहाय शिक्षक बेतिया राज विद्यालय द्वारा 'प्रताप' प्रेस को चम्पारण के बारे में प्रतिवेदन भेजा गया है। पशुपतिलाल एवं शीतल राय के घर में बड़ी संख्या में पर्चा बरामद हुआ है।[28] "सी.आई.डी. ऑफिसर ने अपने प्रतिवेदन दिनांक 12 मार्च, 1916 में लिखा कि, "मुजफ्फरपुर के कुढ़नी गाँव के नजदीक अवस्थित गाँव देवगन के जमनानन्द को अधिकांश समय पंजाब में बीतता है और वे दरभंगा अनाथालय में रहते हैं। इसी व्यक्ति ने 'प्रताप' कानपुर कार्यालय में 'चम्पारण के प्रजाओं पर अत्याचार' नामक पर्चा छपाया है। करीब एक पखवारा पहले इसी जमनानन्द ने गाँधी को टेलीग्राफ भेजना चाहा लेकिन पोस्ट ऑफिस क्लर्क ने भेजने से इनकार कर दिया कि यह रहस्यपूर्ण टेलीग्राफ है।"[29]

राजेन्द्रप्रसाद जी ने अपनी पुस्तक में 'प्रताप' प्रेस के विषय में लिखा कि, "एक अवसर पर उसने वहाँ की प्रजा से उनके सब दुःखों को एक पुस्तक रूप में लिखने के लिए उसका सामान माँगा था और उसके जमा करने के सम्बन्ध में एक विज्ञापन छपा था। पर जिस समय यह हो रहा था, सरकार की कुछ और ही नीति थी और उसने उस नोटिस के वितरण को रोक दिया था, उसी 'प्रताप' प्रेस से सरकारी नोटिस पर टिप्पणी-स्वरूप एक छोटी-सी 'चम्पारण का उद्धार' नामक पुस्तिका छपकर प्रकाशित हुई। उसकी बहुत-सी प्रतियाँ चम्पारण में बिककर घर-घर पहुँचायी गयीं। नीलवरों को ऐसा सन्देह हुआ कि यह पुस्तक महात्मा जी की ओर से वितरण की गयी है, पर यह बात तो थी नहीं, इसलिए महात्मा जी ने इसका प्रतिवाद किया।"[30]

उन दिनों दक्षिण अफ्रीका में भी किसानों, मजदूरों पर अत्याचार हो रहे थे। भारत में उसका बड़ा विरोध हो रहा था। उनके विरुद्ध आवाज उठायी जा रही थी लेकिन चम्पारण में हो रहे उनसे भी भयंकर अत्याचारों के बारे में कोई सुननेवाला, कहनेवाला कुछ करनेवाला नहीं था। जैसा कि 'प्रताप' में 29 नवम्बर, सन् 1914 को प्रकाशित टिप्पणी से सिद्ध होता है कि–

"हम आह भी भरते हैं तो हो जाते हैं बदनाम।
वो कत्ल भी करते हैं तो चर्चा नहीं होती।

इस समय चम्पारण में शान्ति नहीं है। दिन दहाड़े निलहे गोरों का अत्याचार हो रहा है। बेचारी प्रजा पेरी जा रही है। उस पर मनमाना अत्याचार हो रहा है। यहाँ कोई देखने खबर लेनेवाला तक नहीं है। गाँव जलाया और लूटा गया है। कई दर्जन आदमी मोतिहारी जेल की हवा खा रहे हैं। उनकी कोई गुहार लेनेवाला नहीं है, हमारी राम कहानी बहुत ही दुःखमयी है। हम वर्षों से पेरे जा रहे हैं, सताये जा रहे हैं। हमारे दुःख के आगे दक्षिण अफ्रीका का दुःख बहुत कम है।

उस समय बिहार के नेता जनता से दूर रहते थे। जनता जनार्दन की न सुनते थे न ही अत्याचारों के विरुद्ध आवाज उठाते थे। इस पर प्रताप में छपा कि, "बिहार के नेताओं का पूछना ही क्या है। इन्हें तो अपने घर की खबर ही नहीं कि क्या होता है? मिस्टर दास आदि क्या चम्पारण की हालत नहीं जानते? मिस्टर हक तो कई बार नील के मुकदमों की वकालत करने के लिए भी यहाँ आये हैं। जब उनसे लोगों ने कहा तो उन्होंने बड़े आश्चर्य से पूछा, क्या चम्पारण में ऐसा होता है। चम्पारण में होनेवाले अत्याचारों के बारे में सारा देश जान चुका है लेकिन उन अत्याचारों के विरोध में कोई आगे नहीं आ रहा है तो 'प्रताप' में गणेशशंकर विद्यार्थी ने अपनी पीड़ा इन शब्दों में व्यक्त की थी—"हम जानते हैं कि बिहार हलका प्रान्त नहीं है वह अपनी कार्यकारिणी काउन्सिल के कारण संयुक्त प्रान्त से भी उच्च श्रेणी का प्रान्त है, हम जानते हैं कि उसमें 'बिहार एक्सप्रेस' और हिन्दी के कुछ पत्र सार्वजनिक दुःख-सुख की कथा पहुँचाने के लिए मौजूद हैं और हम इस बड़ी बात को भी नहीं भूल सकते कि बिहार में मिस्टर सच्चिदानन्द सिंह जैसे कितने प्रभावशाली नेता भी हैं, तब भी इस बिहार में कानून विरुद्ध घोर अत्याचार होते हैं, यह आश्चर्यजनक और घोर लज्जा की बात है।"

दिसम्बर, 1914 में चम्पारण के किसान मजदूरों पर निलहों के अत्याचारों के बारे में जानकारी मिली तो 'प्रताप' ने इस तरह व्यक्त किया था—"भावलगाँव रामनगर राज्य के अन्तर्गत है नमयपुर की कोठीवालों ने इसका ठेका ले रखा है। कोठीवाले यूरोपियन हैं। ये लोग गरीब प्रजा को बहुत तंग करते हैं। उनसे अपना काम कराते हैं, एक कौड़ी भी मजदूरी नहीं देते। उनसे अपना खेत जुतवाते हैं और उन पर कितने ही कर बाँध रखे हैं, ज्ञान न मानने पर उन्हें पीटते हैं, ठोकते हैं, और अन्त में उन पर झूठे सच्चे मुकदमे चला देते हैं। गोरा कोठीवालों की तुलना में उनकी सुनवायी कुछ भी नहीं होती।"

इसी तरह 'प्रताप' ने 3 अप्रैल, 1916 के अंक में अन्य गाँवों के गरीब-मजदूरों को थाने में बुलाकर जबरन सरकारी काम करवाने पर सरकार की आलोचना की थी। 'प्रताप' निरन्तर चम्पारण पर होनेवाले अत्याचारों पर लिख रहा था और महज दो वर्षों के कुछ ही अंकों में इन अत्याचारों की जानकारी सारे राष्ट्र को दे दी। अप्रैल, 1917 में चम्पारण के किसानों पर शरहबेशी कर लगाया गया। इस कर को पहले कर की अपेक्षा दुगना कर दिया गया था तथा इसे वसूल करने के लिए निलहे गोरों के लठैत जनता पर अत्याचार करते थे। गणेश जी ने इसका विरोध किया और अपनी प्रतिक्रिया इस तरह व्यक्त की—"चम्पारण में निलहे गोरों की भरमार है। यों समझें कि प्रजा के भाग्य विधाता वे ही हैं। उन लोगों ने शरहबेशी नाम का एक कर लगाया है, अर्थात् ठहराये हुए कर का प्रायः दुगना लेने की प्रथा जारी की है। यदि कोई कर न दे तो उसकी शामत आ जाये। यानी कोठी के लठैत सिपाही बेचारे गरीब को लाठी से खूब सत्कार करते हैं और उनकी माँ-बहन को बेइज्जत करके कर वसूल करते हैं।" उपर्युक्त टिप्पणी गणेशशंकर विद्यार्थी जी ने 'चम्पारण की दुर्दशा' नामक लेख में की थी। यह लेख उन्होंने 16 अप्रैल, 1917 को लिखा था।

सन् 1913 से सन् 1930 तक लगातार इस देश में काई भी ऐसा आन्दोलन नहीं हुआ, जिसका प्रचार-प्रसार और आंशिक नेतृत्व विद्यार्थी जी व उनके 'प्रताप' ने न किया हो।[31] चम्पारण सत्याग्रह को राष्ट्रीय फलक पर विशेषकर हिन्दी क्षेत्र में चर्चा तक ले जाने में जितना योगदान 'प्रताप' का था उतना ही योगदान चम्पारण सत्याग्रह का गणेश जी के समाचार-पत्र 'प्रताप' को शीर्ष में पहुँचाने का भी था। क्योंकि अपने आरम्भिक काल में 'प्रताप' कानपुर में भी अधिक लोकप्रिय नहीं हो सका। उस समय इसके ग्राहकों की संख्या प्रायः ढाई सौ थी तथा इसके अतिरिक्त 40-50 प्रतियाँ प्रतिदिन और बिक जाती थीं। हाँ, संयुक्त-प्रान्त और बिहार के ग्रामीण क्षेत्रों में यह प्रारम्भ से ही अच्छा लोकप्रिय हो गया था। ग्रामीण क्षेत्रों में जितनी लोकप्रियता 'प्रताप' को प्राप्त हुई उतनी उस समय के अन्य किसी भी पत्र को प्राप्त नहीं हुई।''[32]

गाँधी जी चम्पारण पहुँचने से पहले

कानपुर के बाद उन्हें जानकारी मिली कि इस समय गाँधी जी अहमदाबाद से साबरमती आश्रम में हैं। शुक्ल जी अहमदाबाद पहुँच गये, गाँधी जी ने स्वयं अपनी आत्मकथा में लिखा है कि—''मैं आश्रम गया तो राजकुमार शुक्ल वहाँ भी मेरे पीछे लगे रहे। 'अब तो दिन मुकर्रर कीजिये।' मैंने कहा, 'मुझे फलाँ तारीख को कलकत्ते जाना है। वहाँ आइये और मुझे ले जाइये। कहाँ जाना, क्या करना और क्या देखना, इसकी मुझे कोई जानकारी न थी। कोलकाता में भूपेन्द्र बाबू के यहाँ मेरे पहुँचने के पहले उन्होंने वहाँ डेरा डाल दिया था। इस अपढ़, अनगढ़ परन्तु निश्चयवान् किसान ने मुझे जीत लिया।''[33]

शुक्ल जी ने 27-02-1917 को एक पत्र महात्मा गाँधी को भेजा था जिसमें उन्होंने बिहार की संस्कृति के अनुरूप मोहनदास करमचन्द गाँधी को मान्यवर महात्मा कहकर सम्बोधित किया था। इस पत्र के जवाब में गाँधी जी ने लिखा कि हम 7 मार्च को कोलकाता जायेंगे और यह पूछा कि राजकुमार शुक्ल उनसे कहाँ मिलेंगे? लेकिन यह पोस्ट राजकुमार शुक्ल को 7 मार्च के बाद मिली। सूचना मिलने के तत्काल बाद वह गाँधी जी से मिलने कलकत्ता गये, पर उन्हें पहुँचने पर मालूम हुआ कि वह दिल्ली जा चुके हैं। इसके बाद राजकुमार शुक्ल ने दुबारा पत्र गाँधी जी को लिखा, उसके जवाब में गाँधी जी ने 16-03-1917 को पत्र भेजा और लिखा कि, ''जहाँ तक शीघ्र ही चम्पारण आऊँगा।'' एक दूसरा पत्र पीर मोहम्मद मुनीस ने भी गाँधी जी के पास 22-03-1917 को भेजा, जिसमें चम्पारण के अत्याचारों का उल्लेख था।

''इसके उत्तर में गाँधी जी ने पूछा कि वह मुजफ्फरपुर किस रास्ते से पहुँच सकते हैं और यह भी जानना चाहा कि यदि वह तीन दिनों तक चम्पारण में ठहरे तो जो कुछ देखने की आवश्यकता थी, सब देख सकेंगे या नहीं। साथ ही महात्मा जी ने अप्रैल में वहाँ पहुँच जाने को लिखा।[34] यह पत्र पीर मोहम्मद मुनीस के पास पहुँचा ही नहीं था कि 03-04-1917 को उन्होंने शुक्ल जी को तार भेजा कि मैं कलकत्ता जा रहा हूँ वहीं

श्रीयुत् भूपेन्द्रनाथ बसु के मकान में ठहरूँगा। वह कोलकाता में मिलें। महात्मा गाँधी जी 09-04-1917 को कलकत्ता से रवाना होते हैं। 10-04-1917 को बाँकीपुर पहुँचते हैं। और 11-04-1917 को वह बिहार प्लाण्टर्स एसोसिएशन के मन्त्री जे.एम. विल्सन से जाकर मिलते हैं। और अपने आने का उद्देश्य बताते हैं और सहयोग की अपेक्षा व्यक्त करते हैं। और 12-04-1917 को महात्मा गाँधी जी ने तिरहुत डिवीजन के कमिश्नर माननीय मिस्टर एल.एफ. मौर्शेल के पास निम्नलिखित पत्र भेजा—"नील की खेती करनेवाले हिन्दुस्तानियों के विषय में बहुत-सी बातें सुनकर, जहाँ तक सम्भव हो, मैं उनकी असली हालत का पता लगाने के लिए यहाँ आया हूँ। मैं इस काम को स्थानीय सरकारी कर्मचारियों की जानकारी तथा उनके सहयोग से, यदि मिल सके, तो करना चाहता हूँ। मैं इस विषय में आपसे मिलना चाहता हूँ, ताकि मैं इस जाँच के विषय में अपने विचार आपके सामने प्रस्तुत कर सकूँ और जान सकूँ कि स्थानीय सरकारी कर्मचारियों से मुझे अपने कार्य में कोई सहायता मिल सकती है या नहीं।"[35]

उत्तर में कमिश्नर ने 13-04-1917 सुबह 9 बजे मिलने का समय दिया। गाँधी जी नियत समय पर कमिश्नर से मिले और उसी समय मुजफ्फरपुर के कलेक्टर मिस्टर डी. वेस्टन भी उपस्थित थे। "14-04-1917 को महात्मा जी ने निश्चय किया कि कल 15-09-1917 रविवार को दोपहर की गाड़ी से चम्पारण जाना चाहिए और जो लोग वहाँ थे उनसे कहा कि मुझे एक ऐसा आदमी चाहिए, जो मेरे साथ दुभाषिये का काम कर सके, क्योंकि मैं वहाँ की बोली नहीं समझ सकता।"[36] आखिर वह दिन भी आया जब मान्यवर महात्मा चम्पारण पहुँच गये। अचानक रैयत में त्योहार जैसा दिन आ गया। "17-04-1917 मंगलवार से देहातों से लोगों के आने के लिए तारीख मुकर्रर की जा चुकी थी। इसलिए बहुत-से रैयत आये और उनके इजहार लिखे जाने लगे।"[37]

सन्दर्भ

1. राय प्रभाकर प्रसाद, राजकुमार शुक्ल, नेशनल बुक ट्रस्ट भारत, 2013, पेज नम्बर, 16
2. अरविन्द मोहन, प्रयोग चम्पारण, भारतीय ज्ञानपीठ, नयी दिल्ली, 2017, पेज नम्बर, 66
3. वही, पेज नम्बर, 69-70
4. भैरवलाल दास, गाँधी जी के चम्पारण आन्दोलन के सूत्रधार राजकुमार शुक्ल की डायरी, महाराजाधिराज कामेश्वर सिंह कल्याणी फाउण्डेशन दरभंगा बिहार, 2014, पेज नम्बर 48
5. अरविन्द मोहन, चम्पारण सत्याग्रह के सहयोगी, सस्ता साहित्य मण्डल प्रकाशन, दिल्ली, 2017, पेज नम्बर 24
6. राजेन्द्रप्रसाद, आत्मकथा, नेशनल बुक ट्रस्ट भारत, 2017, पेज 96
7. महात्मा गाँधी, सत्य के प्रयोग अथवा आत्मकथा महात्मा गाँधी जी, नवजीवन ट्रस्ट 1957, पेज नम्बर 351
8. भैरवलाल दास, गाँधी जी के चम्पारण आन्दोलन के सूत्रधार राजकुमार शुक्ल की डायरी, महाराजाधिराज कामेश्वर सिंह कल्याणी फाउण्डेशन दरभंगा बिहार, 2014, पेज नम्बर 52
9. वही, पेज नम्बर 53
10. राजेन्द्रप्रसाद, आत्मकथा, नेशनल बुक ट्रस्ट भारत, 2017, पेज 97
11. वही

12. अरविन्द मोहन, चम्पारण सत्याग्रह के सहयोगी, सस्ता साहित्य मण्डल प्रकाशन, दिल्ली, 2017, पेज नम्बर 76-77
13. वही, पेज नम्बर 78
14. भैरवलाल दास, गाँधी जी के चम्पारण आन्दोलन के सूत्रधार राजकुमार शुक्ल की डायरी, महाराजाधिराज कामेश्वर सिंह कल्याणी फाउण्डेशन दरभंगा बिहार, 2014, पेज नम्बर 57
15. वही,पेज नम्बर 48
16. महात्मा गाँधी, सत्य के प्रयोग अथवा आत्मकथा महात्मा गाँधी जी, नवजीवन ट्रस्ट 1957, पेज नम्बर 351
17. राजेन्द्रप्रसाद, आत्मकथा, नेशनल बुक ट्रस्ट भारत, 2017, पेज 97
18. भैरवलाल दास, गाँधी जी के चम्पारण आन्दोलन के सूत्रधार राजकुमार शुक्ल की डायरी, महाराजाधिराज कामेश्वर सिंह कल्याणी फाउण्डेशन दरभंगा बिहार, 2014, पेज नम्बर 56
19. महात्मा गाँधी, सत्य के प्रयोग अथवा आत्मकथा महात्मा गाँधी जी, नवजीवन ट्रस्ट 1957, पेज नम्बर 357-378
20. श्री तिलक सम्पादित, युगपुरुष गणेशशंकर विद्यार्थी : व्यक्तित्व और कृतित्व प्रभात प्रकाशन, नयी दिल्ली 2013, पेज नम्बर 291-293
21. महात्मा गाँधी, सत्य के प्रयोग अथवा आत्मकथा महात्मा गाँधी जी, नवजीवन ट्रस्ट 1957, पेज नम्बर 351
22. भैरवलाल दास, गाँधी जी के चम्पारण आन्दोलन के सूत्रधार राजकुमार शुक्ल की डायरी, महाराजाधिराज कामेश्वर सिंह कल्याणी फाउण्डेशन दरभंगा बिहार, 2014, पेज नम्बर 89
23. अरविन्द मोहन, चम्पारण सत्याग्रह के सहयोगी, सस्ता साहित्य मण्डल प्रकाशन, दिल्ली, 2017, पेज नम्बर 159
24. भैरवलाल दास, गाँधी जी के चम्पारण आन्दोलन के सूत्रधार राजकुमार शुक्ल की डायरी, महाराजाधिराज कामेश्वर सिंह कल्याणी फाउण्डेशन दरभंगा बिहार, 2014, पेज नम्बर 109
25. डॉ. राजेन्द्रप्रसाद, चम्पारण में महात्मा गाँधी, प्रभात प्रकाशन, दिल्ली 2016, पेज नम्बर 138
26. भैरवलाल दास, गाँधी जी के चम्पारण आन्दोलन के सूत्रधार राजकुमार शुक्ल की डायरी, महाराजाधिराज कामेश्वर सिंह कल्याणी फाउण्डेशन दरभंगा बिहार, 2014, पेज नम्बर 72
27. डॉ. गंगानारायण त्रिपाठी, कालजयी एक पुरुष साहित्य भवन प्राइवेट लिमिटेड इलाहाबाद 1986, पेज नम्बर 62
28. वही, पेज नम्बर 265
29. भैरवलाल दास, गाँधी जी के चम्पारण आन्दोलन के सूत्रधार राजकुमार शुक्ल की डायरी, महाराजाधिराज कामेश्वर सिंह कल्याणी फाउण्डेशन दरभंगा बिहार, 2014, पेज नम्बर 56
30. डॉ. राजेन्द्रप्रसाद, चम्पारण में महात्मा गाँधी, प्रभात प्रकाशन, दिल्ली 2016, पेज नम्बर 265
31. वही, पेज नम्बर 56
32. श्री तिलक सम्पादित, युगपुरुष गणेशशंकर विद्यार्थी : व्यक्तित्व और कृतित्व, प्रभात प्रकाशन, नयी दिल्ली 2013, पेज नम्बर 35-36
33. महात्मा गाँधी, सत्य के प्रयोग अथवा आत्मकथा महात्मा गाँधी जी, नवजीवन ट्रस्ट 1957, पेज नम्बर 352
34. डॉ. राजेन्द्रप्रसाद, चम्पारण में महात्मा गाँधी, प्रभात प्रकाशन, दिल्ली 2016, पेज नम्बर 114
35. वही, पेज नम्बर 115
36. वही, पेज नम्बर 119
37. वही, पेज नम्बर 125

सौ साल बाद भी प्रासंगिक है चम्पारण सत्याग्रह

लखनऊ अधिवेशन में जब राजकुमार शुक्ल कांग्रेस के शीर्षस्थ और लोकप्रिय नेता लोकमान्य तिलक से मिले और उनसे चम्पारण में निलहों के अत्याचारों के विषय में बताया तब उन्होंने यही कहा कि अभी हमारा पहला सवाल देश की आजादी है। इसके बाद वह पण्डित मदनमोहन मालवीय जी से मिलकर चम्पारण में नील की खेती की कहानी सुनायी तो मालवीय जी ने कहा कि देश जब आजाद हो जायेगा तो यह सारी समस्या स्वतः समाप्त हो जायेगी। फिर वह गाँधी जी से मिले, गाँधी जी ने कहा कि, "जब तक मैं अपनी आँखों से देख नहीं लेता, तब तक इस विषय पर कुछ नहीं बोलूँगा।" यह गाँधी के सत्याग्रह की पहली पृष्ठभूमि थी, यही काम उन्होंने दक्षिण अफ्रीका में भी किया था। गाँधी जी को अपनी दक्षिण अफ्रीका की यात्रा में स्वयं जो प्रताड़ना झेलनी पड़ी। उससे उन्हें लगा कि गिरमिटिया मजदूर और अन्य प्रवासी भारतीय यहाँ प्रतिक्षण अपमानित होते हैं। इससे पहले उन्हें पता ही नहीं था कि दक्षिण अफ्रीका में भारतीय या जो भी गिरमिटिया मजदूर हैं उनके साथ कैसा व्यवहार किया जा रहा था? उन्होंने रातो-रात फैसला नहीं लिया कि सत्याग्रह करना है। उन्होंने वहाँ पर लोगों को पहले संगठन बनाकर संगठित किया, व्यक्तिगत स्तर पर भारतीय लोगों से मिलकर सारी जानकारी इकट्ठा की। तब आगे का कार्यक्रम शुरू हुआ, जिसमें पहली बार अंग्रेजों ने बापू के आगे घुटने टेके। अपनी उसी आदत के अनुरूप लखनऊ में बापू ने राजकुमार शुक्ल और बृजकिशोर से बातचीत के दौरान अधिवेशन में चम्पारण में निलहों के अत्याचारों के विषय को उठाने से साफ मना किया और कहा कि मैं इस पर बिना देखे कुछ नहीं बोलूँगा हालाँकि राजकुमार शुक्ल जी की आग्रह पर उन्होंने अपने भ्रमण कार्यक्रम में चम्पारण को भी शामिल कर लिया।

राजकुमार शुक्ल जिस समय लखनऊ अधिवेशन में गाँधी जी से मिले थे, उस दौर में निलहों का अत्याचार चरम पर था लेकिन यह भी सत्य है कि नील अपने जीवन की अन्तिम साँस भी चम्पारण में ले रही थी। जर्मनी में कृत्रिम नील के आविष्कार के

बाद हो रहे नुकसान की भरपाई निलहे अधिक-से-अधिक शोषण के माध्यम से धन अर्जित करके कर रहे थे। वह तो चाहते थे कि नील की खेती न हो, लेकिन आय न घटे और यही हुआ भी। कई कोठीवाले तो कोठी बन्द करके वापस अपने यूरोप चले गये थे। गाँधी नहीं आते तो भी जैसा अरविन्द मोहन जी ने अपनी पुस्तक 'प्रयोग चम्पारण' में लिखा भी है कि नील तो अपनी मौत स्वतः मर रही थी, तो क्या राजकुमार शुक्ल को मालवीय जी की उस बात पर विश्वास कर लेना चाहिए था कि देश आजाद हो जायेगा तो सारी समस्या स्वतः खत्म हो जायेगी? क्या वैसा हुआ?

आजादी के 70 साल लगभग पूरे होनेवाले हैं और इन 70 सालों में कितने किसान आन्दोलन हुए, कितनी किसान आन्दोलन के नाम पर हिंसा हुई, यह किसी से छिपा नहीं है। साथ ही यह जानकर आश्चर्य होगा कि पिछले 21 सालों में तीन लाख अट्ठारह हजार किसानों ने आत्महत्या की है। आजादी के बाद के भारत में किसानों की आर्थिक दुर्दशा के विषय में अध्ययन करने के दौरान ऐसा लगता है कि किसान की इतनी दुर्दशा प्रारम्भ से नहीं थी। वास्तविकता यह है कि हरितक्रान्ति ने किसानों को संकट में डाला लेकिन उदारीकरण के बाद भारत में किसानों की स्थिति अंग्रेजों के शासनकाल से भी ज्यादा खतरनाक हो गयी है। चम्पारण में निलहे किसानों पर अमानवीय अत्याचार करते थे। बंगाल के एक अंग्रेज अफसर ने लिखा कि, "मजिस्ट्रेट होने के चलते मेरे पास अनेक रैयत आते जो घायल थे। अनेक के शरीर पर भाले के निशान थे। ऐसे भी लोग आये जिन्हें निलहा साहब की गोली लगी थी।"[1] लेकिन किसानों की आत्महत्या की खबरें चम्पारण में नहीं मिलतीं। जबकि उदारीकरण के बाद इस देश में कितने किसानों ने आत्महत्या कर ली अतः अब यह तो मानना ही पड़ेगा कि गुलाम भारत से अच्छे हालात आज नहीं हैं। भारत के किसानों की इस स्थिति में फिर से वही बात याद आती है जो महामना ने निलहों से कही थी। देश आजाद हो जायेगा तो किसानों की सारी समस्या स्वतः हल हो जायेगी, कितना बड़ा छलावा होता अगर गाँधी जी चम्पारण न पहुँचते तो?

चम्पारण सत्याग्रह के सौवें साल में यह संयोग ही है कि भारत के लगभग सभी बड़े राज्यों में किसान सड़कों पर हैं, किसान सब्जी और दूध के फल को सड़कों पर ट्रकों से फेंक रहा है, सरकार के खिलाफ उग्र आन्दोलन कर रहा है, और सरकार किसानों की समस्या से हटकर शान्ति बहाली में लगी है। समाचार-पत्रों और चैनलों में जो चर्चा किसानों की समस्या को लेकर होनी थी वह हिंसक आन्दोलन और आन्दोलन के दौरान हुए जान-माल के नुकसान और फिर शान्ति व्यवस्था बहाल होने की चिन्ताओं पर केन्द्रित हो जाती हैं। अभी हाल ही में मध्य प्रदेश में हुए किसान आन्दोलन के दौरान मध्य प्रदेश पुलिस की गोली से मन्दसौर में 5 किसानों की मौत हो गयी और फिर शुरू हुआ मुआवजे, रोजगार और किसानों से जुमलेवाले वादों का सिलसिला। लेकिन अन्त में हुआ वही जो प्रत्येक आन्दोलन में होता था अर्थात् जो पहले स्थिति थी वही स्थिति

आन्दोलन के बाद बहाल हो गयी। यानी शान्ति भी थी मुख्यमन्त्री और प्रदेश सरकार सुरक्षित भी थी और किसान वैसे ही अपनी माँगों को लेकर ऊपर भगवान् की तरफ देख रहा था। गोलीकाण्ड के बाद 15 दिन के अन्दर करीब 20 से 25 किसानों ने आत्महत्या भी की।

यह कोई पहली घटना नहीं थी, इससे पहले भी भारत के विभिन्न हिस्सों में किसान आन्दोलन हुए और उसका परिणाम भी यही निकला था। मरनेवालों की संख्या कम-ज्यादा हो सकती है, नुकसान कम-ज्यादा हो सकता है, लेकिन परिणाम वही था। सरकार के हवाई आश्वासन पर आन्दोलन खत्म हुआ। इस परिस्थिति में यह आवश्यक हो जाता है कि पुनः एक बार चम्पारण सत्याग्रह और किसानों के आन्दोलन पर अध्ययन किया जाये। चम्पारण सत्याग्रह नील के किसानों के लिए आन्दोलन था उसकी अपनी कुछ विशेषताएँ थी जो आज भी प्रासंगिक हैं।

चम्पारण सत्याग्रह के दौरान गाँधी जी के सामने नील के किसानों की जो समस्या थी उससे आज के किसानों की समस्याएँ अलग हैं और इस दौरान देश में शासन-तन्त्र भी लोकतान्त्रिक प्रणाली से चुना जाने लगा है। औपनिवेशिक शासन के दौरान भी गाँधी जब चम्पारण गये थे तब भी वह निलहों और अंग्रेजों से एक सकारात्मक सहयोग की अपेक्षा करते थे। चम्पारण सत्याग्रह के दौरान गाँधी जी ने, आन्दोलन में उनके सहयोगियों और नील के किसानों के मध्य यह बात रख दी थी कि हमारा कोई शत्रु नहीं है, सबके सहयोग से इस समस्या को हल करना है, कौन मदद करेगा कौन नहीं यह सामनेवाले पर निर्भर है। उन्होंने नील के किसानों से यह बात भी कही थी कि अन्ततोगत्वा तुम्हें जो भी पाना है इन्हीं निलहों से ही मिलना है। ऐसी स्थिति में कोई भी कटुता भरे शब्द न बोले जायें जिससे किसी भी तरह का तनाव हो।

उपर्युक्त बातों को अगर आज के तात्कालिक आन्दोलनों से जोड़कर देखा जाये तो अत्यन्त विपरीत परिस्थिति उभरकर सामने आती है। हमारे देश में जितने भी किसान आन्दोलन होते हैं वह एक तरफ अपनी माँगों को राज्य सरकार के सामने रखते हैं और दूसरी तरफ राज्य सरकार के साथ एक विरोधी रवैया भी अपनाते हैं। जबकि गाँधी जी औपनिवेशिक सत्ता से एक सकारात्मक सहयोग की आस लिये और आज के किसान नेता अपने द्वारा चुनी सरकार के साथ वैसा दृष्टिकोण नहीं रख पा रहे हैं।

सत्याग्रह के दौरान 'होमरूल आन्दोलन' भी पूरे भारत में चल रहा था। ऐसी स्थिति में डॉ. राजेन्द्रप्रसाद और अन्य लोगों ने गाँधी जी से कहा कि, "इसको उसी के साथ जोड़ देना चाहिए। तब गाँधी जी ने कहा कि जो काम चम्पारण में हो रहा है, वही 'होमरूल' स्थापित कर सकेगा।"[2] गाँधी जी से उस समय लोगों की और कांग्रेस के उनके अनेक सहयोगियों की इच्छा थी कि इस सत्याग्रह को स्वतन्त्रता आन्दोलन से जोड़ दिया जाये। कांग्रेस उस समय स्वतन्त्रता आन्दोलन का नेतृत्व कर रही थी। जबकि गाँधी जी का कहना था कि अगर ऐसा किया जायेगा तो अंग्रेज और निलहे दोनों

अत्यधिक क्रूर होकर हम पर हमला करेंगे, नतीजतन बमगोला और मुकदमेबाजी आदि शुरू हो जायेगी वह अपनी आत्मकथा में लिखते हैं कि, "साथियों से परामर्श करके मैंने निश्चय किया कि कांग्रेस के नाम से कोई भी काम न किया जाये। हमें नाम से नहीं, बल्कि काम से मतलब है। 'कथनी' नहीं 'करनी' की आवश्यकता है। कांग्रेस का नाम यहाँ अप्रिय है। इस प्रदेश में कांग्रेस का अर्थ है, वकीलों की आपसी खींचातानी, कानूनी गलियों से सटक जाने की कोशिश। कांग्रेस का अर्थ है, बमगोला।"[3]

गाँधी जी को जो डर चम्पारण सत्याग्रह में कांग्रेस से जुड़ने पर या स्वतन्त्रता आन्दोलन से जुड़ने के बाद अंग्रेजों और निलहों से था उसे आज की स्थिति में सत्ता और विपक्ष में व्यावहारिक रूप से देखा जा सकता है। किसान जब सरकार के खिलाफ आन्दोलन करते हैं तो उनके साथ विपक्ष के राजनीतिक दल अपने झण्डे, बैनर, एजेण्डे और अपने नेताओं के साथ उपस्थित हो जाते। ऐसी स्थिति में सत्ताधारी दल के लिए समस्याएँ सामने आती हैं। अगर वह किसानों की बातों को मान लेती है तो विपक्ष यही कहेगा कि हमने सरकार से काम करवा दिया और सरकार को विपक्ष ने दबाव में डाल दिया। जब किसान आन्दोलन किसानों के अत्याचार के खिलाफ शुरू हुआ था तो यह सत्ता परिवर्तन का मंच बन गया। कब राजनीतिक आन्दोलन बन जाते हैं, कब किसानों की समस्या की जगह सत्ता परिवर्तन के लिए नारे लगाये जाने लगते हैं, पता ही नहीं चलता है। जबकि हमारे यहाँ सत्ता का चुनाव लोकतान्त्रिक प्रणाली के अधीन है और प्रत्येक सरकार को 5 साल में जनता के बीच में जाना है। पिछले 70 साल में भारत के राजनीतिक सफर में यह दिखायी भी नहीं देता है कि सड़क पर आन्दोलन से सत्ता परिवर्तन हुआ हो। किसान आन्दोलन अगर सफल करना है तो इस विषय पर विचार किसानों को करना होगा। नहीं तो सरकार किसान समस्या के स्थान पर आन्दोलन समाप्त करने का प्रयास करेगी। गाँधी जी ने होमरूल की बात को न स्वीकार किया, और न ही स्वतन्त्रता आन्दोलन से चम्पारण को जोड़ना, क्योंकि गाँधी का मुख्य उद्देश्य था किसानों को निलहों के अत्याचार से मुक्ति मिले।

आन्दोलन राज्य सरकार से अधिकारों की माँग के लिए या किसानों की समस्या के लिए होता है। अपनी बात रखने के लिए यह जायज भी है लेकिन अपनी बात रखने के लिए इकलौता मार्ग गाँधी जी का सत्याग्रह यानी अहिंसक आन्दोलन ही है। यह बात गौर करने की है कि दस महीने चले प्रयोग चम्पारण में गाँधी या उनके सहयोगियों की तरफ से हिंसा की तो छोड़िये गरमा-गरमीवाली भी कोई बात नहीं हुई और "अगर कभी शासन और निलहों की तरफ से रैयतों पर जुल्म हुआ या रैयतों ने अति उत्साह में कुछ मनमानी की भी तो गाँधी और उनके सहयोगी एक शीतल फाहे की तरह मामले को ठण्डा ही करते दिखते हैं।"[4] चम्पारण सत्याग्रह के दौरान गाँधी जी ने एक भी अनशन नहीं किया, एक भी जुलूस नहीं निकाला। एक भी जगह उन्होंने कानून नहीं तोड़ा, अगर

एक आदेश का विरोध छोड़ दिया जाये जिसमें उन्हें चम्पारण छोड़ने के लिए कहा गया था। फिर भी अत्याचारी अंग्रेजों से गाँधी जी ने अपनी और चम्पारण के किसानों की सभी बातें मनवा लीं। और पिछले सौ साल पुरानी समस्या को 10 महीने में समाप्त कर दिया। जिन अंग्रेजों के राज में सूरज अस्त नहीं होता था उसको गाँधी ने दोबारा घुटने के बल कर दिया। वह भी अहिंसा और सत्याग्रह के रास्ते पर चलते हुए।

गाँधी जी ने जैसा कि अपनी पुस्तक 'हिन्द स्वराज' में संसदीय व्यवस्था में लिखा है कि पार्लमेण्ट्री व्यवस्था तो बाँझ है जब तक उस पर दबाव नहीं दिया जायेगा तब तक वह अपने आप से मुद्दों पर नीति बनाना तो छोड़िये विचार भी नहीं करना चाहती। ऐसी स्थिति पर सरकार को सजग करने के लिए आन्दोलन तो जरूरी है लेकिन रास्ता वही गाँधी मार्ग अर्थात् सत्याग्रह का ही है। गाँधी जी ने चम्पारण के दौरान यहाँ तक कहा कि, "यदि आज्ञा उल्लंघन के अपराध में उन पर मुकदमें चलाये जायें और जेल जाने का आदेश हो तो उनको चुपचाप जेल जाना चाहिए। मैं यह सलाह दूँगा कि किसी प्रकार का बचाव नहीं करना चाहिए। रैयतों को स्पष्ट रीति से यह सूचित कर देना चाहिए कि वे किसी प्रकार का बल प्रयोग नहीं करें चाहे वह उनके अपने दुखों के विषय में हो या जो उनकी सहायता करने आये, उनके कारावास के सम्बन्ध में हो।"[5] आन्दोलन की रणनीति में यह बात नहीं भूलना चाहिए कि गाँधी जी जब चम्पारण में थे और अंग्रेज अधिकारियों के द्वारा उनको एक नोटिस दिया गया कि आपके साथ जे. पी. कृपलानी जी का नाम लेते हुए यह कहा कि कुछ अराजक तत्त्व भी हैं। तब गाँधी जी ने कहा कि मैंने स्वयं विश्वास दिलाया कि मुझे कृपलानी पर पूरा विश्वास है।

जब लोकतान्त्रिक सरकारें अपने किये हुए वादे और जनआकांक्षाओं पर खरी नहीं उतरती हैं तो सरकार स्वयं एक नैतिक दबाव से ग्रस्त होती है। और विपक्ष को भी पर्याप्त अवसर होता है कि वह इन मुद्दों पर सरकार को घेरे। ऐसी स्थिति में जब शान्तिपूर्ण आन्दोलन शुरू होता है तो यह आन्दोलन का दबाव अपने आप काम करने लगता है। मीडिया में उस मुद्दे पर बहस शुरू हो जाती है ऐसी स्थिति में सरकार मजबूर होती है कि वह कोई निर्णायक निर्णय ले।

ऐसी स्थिति में जब इस तरह के आन्दोलन हिंसक रूप लेते हैं तो वह अपने मुद्दे से भटक जाते हैं। वह अपने द्वारा बनाया हुआ पूरा दबाव समाप्त कर लेते हैं और सरकार की लाठी और गोली भी उन्हीं परिस्थितियों में चलती है जब आन्दोलन हिंसक होता है। हर तरफ आपस में चर्चा होने लगती है कि किसी तरह शान्ति बहाल हो। मानवता के नाम पर मीडिया पर एक विलाप शुरू हो जाता है और सरकार को भी इसी बीच एक अधिकार प्राप्त हो जाता है कि वह किसी भी तरीके से शान्ति बहाल करे। इसके लिए वह विभिन्न संचार के माध्यमों पर प्रतिबन्ध लगाती है, लाठीचार्ज करती है, कर्फ्यू लगाती है आदि। जिसके माध्यम से वह इस आन्दोलन को खत्म कर देती

है और इसके बाद वह जो बहस विभिन्न प्लेटफार्म पर किसानों पर केन्द्रित होकर चल रही होती है। बहस अब शुरू होती है कि आन्दोलन में कितने जान और माल का नुकसान हुआ, कितनी गाड़ियाँ फूँकी गयीं, कितने मकान फूँके गये, कितने के सर फटे, कितने के पैर टूटे, और शान्ति कब बहाल होगी। वही दूसरी ओर आन्दोलनकारी मुकदमे, अस्पताल आदि में व्यस्त हो जाते हैं।

ऐसी स्थिति जो किसानों की माँग पर संरचनात्मक, सकारात्मक कार्य कर सकती थी, उससे भी आन्दोलन दूर हो गया और आन्दोलन की लम्बी लड़ाई, संगठन का पूरा प्रयास, सब बहुत पीछे चला जाता है। यहाँ तक कि किसान चर्चा से बाहर हो जाता है। इसलिए हिंसा का किसी भी तरह के आन्दोलन में कोई भी स्थान नहीं है। यह बात चम्पारण सत्याग्रह के बाद किसान आन्दोलनों में लोगों ने गाँधी जी से सीखने की कोशिश नहीं की। जबकि यह शायद चम्पारण सत्याग्रह का किसी भी किसान आन्दोलन के लिए बहुत बड़ी देन थी। यह बात भी लगातार आन्दोलनकारियों के माध्यम से कही जाती है कि हिंसा की शुरुआत सरकार करती है इसलिए अगर सरकार के द्वारा ऐसा कुछ प्रयास भी हो यानी लाठी या गोली चले तो भी किसी प्रकार का हिंसक कार्य न हो। इसके लिए आन्दोलनकारियों को स्वयं तैयार रहना पड़ेगा यानी सत्याग्रही बनाना होगा। भीड़ पर नियन्त्रण किसी भी आन्दोलन और नेतृत्व की सबसे बड़ी सफलता होती है।

देश की लोकतान्त्रिक सरकारें क्या इस विषय पर विचार कर सकती हैं कि उनकी कृषि और किसान नीतियाँ असफल क्यों हो रही हैं? क्या इस विषय पर विचार हो सकता है कि किसान क्या चाहते हैं? और सरकार उन्हें क्या दे रही है? क्या इस पर विचार नहीं होना चाहिए कि शोध संस्थान और किसानों के बीच की दूरी कैसे समाप्त हो? किसानों की समस्या का हल कैसे हो? इसका भी रास्ता चम्पारण सत्याग्रह से ही निकलता है। गाँधी जी द्वारा करीब आठ हजार किसानों से उनकी समस्या को लेकर फार्म भरवाये गये। वह भी बहुत ही गहन अध्ययन के बाद भरे गये। डॉ. राजेन्द्रप्रसाद जी लिखते हैं कि—“बयान लिखनेवाले को कह दिया गया था कि जहाँ तक हो सके, रैयत से जिरह करके जो बातें सच्ची प्रतीत हों, उन्हीं को लिखना और यदि कोई बात ऐसी जान पड़े, जिससे शीघ्र जाँच की आवश्यकता हो तो उसकी सूचना महात्मा जी को देना।”[6] “हम लोग सवेरे 6:00 बजे स्नानादि से निवृत्त होकर बयान लिखने लगते। दिन के 11:00 बजे तक लिखते। फिर भोजन और कुछ आराम के बाद 1:00 या 1:30 बजे से 5:00 बजे शाम तक। फिर सन्ध्या को भोजन करते और गाँध ी जी को तुरन्त बतला देना जरूरी समझा जाता तो उनसे वह तुरन्त कह दिया जाता। नहीं तो बयान लिख-लिखकर उनको देते जाते और वह पढ़ते जाते। इस प्रकार हम लोग कई दलों में बँटकर बहुत दिनों तक बयान लिखते रहे।”[7]

गाँधी जी जब चम्पारण पहुँचे थे, तब वह नील के पौधे को जानते भी नहीं थे। न ही वह चम्पारण को जानते थे। लेकिन जब जाँच समिति गठित हुई तो उसमें किसानों का इकलौता प्रतिनिधि गाँधी जी को बनाया गया था। गाँधी जी जो अभी कुछ माह पहले ही दक्षिण अफ्रीका से भारत वापस आये थे उनका किसानों से और खेती से कोई लेना-देना नहीं है। (यह बातें इसलिए बता रहा हूँ कि नीति-नियमों को कहीं यह न लगे कि किसानों पर नीति बनाने के लिए किसान होना जरूरी है) ऐसे गाँधी जी ने जब जाँच कमेटी के सामने अपने सवाल और सलाह दोनों रखा और सौ साल की समस्या को हल करने में सफल रहे। इससे भी ज्यादा रोचक है कमेटी का गठन और सदस्य बनना, गाँधी जी की सलाह पर जो फार्म राजेन्द्र बाबू और अन्य के माध्यम से पारदर्शी तरीके से भरवाया जा रहा था। किसानों से जो बातें पूछी जा रही थीं उनको हिदायत थी कि वह एक भी गलत प्रविष्टि न करें। इनके माध्यम से चम्पारण के निलहों के अत्याचार और नील की समस्याएँ जब उजागर होने लगीं तो ऐसी स्थिति में कोठी के मैनेजरों को यह लगा कि अगर यह रिपोर्ट सामने आयेगी तो इससे कोठी और अंग्रेजों की बहुत ज्यादा छीछालेदर हो जायेगी। इससे बचने के लिए निलहों ने सरकार को स्वयं सलाह दी कि गाँधी जी के इस काम को रोक दिया जाये। इसलिए मजबूरन गाँधी को राँची बुलाया गया और तीन दिन गाँधी जी के साथ बैठक चली और उसके बाद निर्णय हुआ कि आपने जो अभी तक किसानों से फार्म भरवाये हैं उसको संक्षेप में लिखकर हमको भेज दीजिये। उस सारांश को पढ़ने के बाद जाँच कमेटी गठित करने का निर्णय हुआ और इस कमेटी में गाँधी जी किसानों की तरफ से इकलौते प्रतिनिधि बने। दूसरी बात हमें यह नहीं भूलना चाहिए कि गाँधी जी ने यह सब उन्हीं अंग्रेजों के साथ मिलकर कर रहे थे जिन्होंने यह अत्याचार प्रायोजित रूप से किया था।

वर्तमान के किसान आन्दोलनों में किसान नेता पाँच सितारा होटल के वातानुकूलित कमरे में बैठकर किसानों की राजनीति करते हैं। वह प्रतिदिन सत्ता में बैठे हुए राजनीतिक दलों के साथ कोई-न-कोई समझौता करते हैं। कुछ किसान संगठन तो केवल इसीलिए स्थापित हैं कि जब सरकार को किसानों की तरफ से कोई संकट हो तो वह आगे आकर आन्दोलन को प्रभावित करें। जिसका परिणाम है कि किसान संगठनों और किसान नेता स्वयं नहीं जानते हैं कि किसानों की क्या समस्या है? इसलिए किसान संगठनों को यह प्रयास करना होगा कि वह भी गाँधी जी की तरह किसानों की पहले मूल समस्याओं को एकत्रित करें। होता क्या है कि किसान संगठन बात कुछ और रख रहे हैं किसानों की समस्या कुछ है इसी कारण किसानों का किसान आन्दोलनों और संगठनों से मोह भंग हुआ है। दूसरी बात गाँधी जी ने जब यह फार्म भरवाये थे तो केवल आँकड़ों का संकलन ही नहीं हुआ था इससे किसानों से सीधे उनका एक आत्मीय जुड़ाव हुआ था। किसानों को लगा था कि यह हमारी समस्या का निदान करेंगे। किसान संगठनों को इस पर विचार करना होगा।

यह बात सत्तासीन लोकतान्त्रिक सरकारों के ऊपर भी लागू होता है। विभिन्न योजनाओं के माध्यम से करोड़ों रुपये बर्बाद किये जाते हैं क्योंकि सरकारी योजनाओं का किसानों के लिए कोई उपयोग नहीं होता तथा उनकी समस्याओं से सरोकार न होने के कारण किसान योजना के प्रति उदासीन रहता है। जिससे योजनाओं की भ्रूणहत्या हो जाती है, और बहस होती है कि योजना तो किसानों के लिए उपयोगी थी लेकिन किसानों तक नहीं पहुँच रही है।

योजनाओं के असफल होने का एक महत्त्वपूर्ण कारण यह था कि किसानों की जो आवश्यकता है वह तो सरकार को पता ही नहीं। इसलिए सरकार के लिए उचित होगा कि वह भी किसानों की समस्याओं के लिए गाँधी जी की तरह ही किसानों की समस्याओं और समाधान का संकलन करे। किसान अपना जीवन खेतों में बिता दिया है, और पीढ़ियों से खेती करता आ रहा है, इसलिए किसान स्वयं भी एक कृषि विशेषज्ञ है उसे अन्य किसी भी दूसरे विशेषज्ञ से अधिक पता है कि उसकी खेती में क्या गड़बड़ी, उसे खेती के दौरान कौन-सी समस्या का सामना करना होता है। दूसरी बात व्यक्ति का मनोवैज्ञानिक स्वभाव होता है कि कोई भी समस्याग्रस्त, अभावग्रस्त व्यक्ति जब अपनी बातें रखता है तो वह अपनी समस्या के हल के लिए प्रस्ताव में स्वभावगत न्यूनतम सहयीग की ही बात करता है। शायद किसानों से आप समस्या पूछेंगे और किसानों से यह कहेंगे कि आपकी न्यूनतम आवश्यकता क्या है और सरकार अपनी स्थिति किसानों के आगे रखेगी तो वास्तविक स्थिति संसाधन की उपलब्धता और आवश्यकता में एक सन्तुलन बनेगा और शायद किसानों की समस्या जड़ से समाप्त हो जायेगी।

दूसरी बात हमारे देश का बहुत बड़ा भू-भाग है और जितना बड़ा भाग है उससे भी अधिक जैव और भौगोलिक विविधताएँ हैं। और कृषि कार्य एक जैविक क्रिया है, कृषि का भूमि, पर्यावरण, बीज, इन सबके साथ एक आत्मीय सम्बन्ध है और यही सब मिलकर तय करते हैं कि फसल कैसी होगी और कितनी होगी। ऐसी स्थिति में अगर दिल्ली में बैठकर अगर किसानों के लिए केन्द्रीकृत योजनाएँ बनायेंगे तो वह कितनी सफल होगी? उत्तर प्रदेश में ही पूर्वी उत्तर प्रदेश और बुन्देलखण्ड की भौगोलिक स्थिति में बहुत अन्तर है। इसलिए दोनों क्षेत्रों के किसानों की समस्याएँ भी अलग-अलग हैं, ऐसी स्थिति में जब केन्द्रीकृत योजनाएँ बनायी जाती हैं तो उनका किसानों से सरोकार खत्म होना स्वाभाविक है। इसलिए भी आवश्यक है कि सरकार योजनाओं के निर्माण में गाँधी के मार्ग को अपनाये।

मध्य प्रदेश के मन्दसौर में पुलिस की गोली से जब पाँच किसानों की मृत्यु हो गयी तो विपक्षी दल के नेता वहाँ पहुँचे हुए और सरकार का ध्यान किसानों की समस्या या शान्ति बहाली से हटकर विपक्षी दल के नेता राहुल गाँधी को दिल्ली वापस भेजने पर हो गया था। सरकार विभिन्न रणनीति और शक्तियाँ लगाकर उनको रोकना चाहती थी

कि वह मृतक किसानों तक न पहुँच जाये। यह सब नौटंकी थी, कांग्रेस 60 वर्षों तक देश और विभिन्न प्रदेशों में सत्ता में रही है और उनकी सरकारों के दौरान भारत में सबसे ज्यादा किसानों ने आत्महत्या की। आज सत्ता से बाहर हैं तो किसानों का दर्द पूछने पहुँच गये। ऐसी स्थिति और राजनीतिक दल और बनावटी नेता पर किसानों का विश्वास न करना स्वाभाविक था। इस बनावटी लड़ाई के पीछे पक्ष-विपक्ष का उद्देश्य यही था कि किसानों को समस्या के मुद्दे को चर्चा से बाहर कैसे किया जा सके? इस तरह की घटनाओं से टीवी और मीडिया में किसान गायब हो जाता है और नेता ही दिखायी देने लगते हैं? क्या यह नहीं हो सकता कि इन राजनीतिक स्टण्ट को मीडिया खबरों में ही जगह देना बन्द करे। मीडिया और आम लोग चर्चा बन्द कर दें। दूसरी बात गाँधी की तरह विपक्ष भी किसानों की समस्या के लिए किसानों के बीच जाकर उनकी समस्याओं को पूछ सकती है ताकि संसदीय प्रणाली में वह भी एक सकारात्मक विपक्ष की तरह एक सकारात्मक बहस सदन में कर सके और समस्या समाप्त हो सके। वर्तमान भारत में तो फिलहाल यही लगता है कि किसानों की समस्या क्या है यह न किसान संगठनों को पता है, न मीडिया को, न कृषि विशेषज्ञों को और न देश की संसद् को। इसलिए संसद् से सड़क तक किसानों पर सकारात्मक बहस हो सके, अन्नदाता की समस्या का निदान हो इसलिए आवश्यक है कि सर्वप्रथम किसानों की वास्तविक समस्या तो पता चले वह भी विकेन्द्रीकृत। इसका रास्ता भी चम्पारण से ही निकलता है।

गाँधी जी ने कहा था कि, "अगर हिन्दुस्तानी किसान कहीं अलग-थलग होता, किसी पर्वतशिखर पर बैठा होता तो शायद हम उसकी इस स्थिति के लिए जिम्मेदार नहीं होते। पर यह देखते हुए कि वह हमारे ही समाज का हिस्सा है, हम स्वयं को उसकी खराब स्थिति की जिम्मेदारी से अलग नहीं कर सकते हैं।"

इस विचार को परिणति के रूप में चम्पारण सत्याग्रह में देख सकते हैं। गाँधी जी जब पटना से मोतिहारी और मोतिहारी से चम्पारण की तरफ चले थे तो वह कोलकाता से चम्पारण के बीच में मोतिहारी और पटना में तीन दिन तक लोगों से मिलते रहे। उन्होंने वहाँ के बौद्धिक वर्ग विशेषतया युवा वकीलों और छात्रों का आह्वान किया था कि आप लोग चम्पारण चलिये। उनमें से अधिकांश का कृषि से कोई सरोकार नहीं था फिर भी लोग एक अपरिचित गाँधी जी के पीछे अच्छी जमी वकालत छोड़कर चम्पारण जैसे दूरस्थ इलाके में चल दिये। जबकि गाँधी जी ने भी यह कहा था कि हमको आपकी वकालत की जरूरत नहीं है हमको ऐसे लोगों की जरूरत है जो क्लर्क या दुभाषिया का काम कर सके जो समस्याओं को लिख सके। और गाँधी जी ने उनसे कलम चलवायी और कलम चलाते-चलाते ही समस्या का निदान हो गया। लेकिन गाँधी जी के मन में भाव वही था समाज की समस्या व्यक्तिगत नहीं होती है और उसका निदान

भी व्यक्ति अकेले करेगा तो टूट जायेगा, सम्भवतः सफल भी न हो सके। इसलिए गाँधी जी ने किसान और शिक्षित मध्यवर्ग को जोड़ने का काम इस आन्दोलन के माध्यम से किया।

परन्तु आज दुर्भाग्यपूर्ण यह है कि हमारे किसान आन्दोलन एक जातीय आन्दोलन बनते जा रहे हैं। यह बात लगातार हर संगठन से उठती है कि वह तो किसान नहीं है, वह क्या जाने किसानों का दर्द? हम जानते हैं हमारी समस्या क्या है? यह बात सत्य है कि किसानों की समस्या और दर्द उनकी आप बीती है। लेकिन समस्या के निदान के लिए वह दर्द का अनुभव काफी नहीं है, इस समस्या की लड़ाई के लिए एक सुनियोजित रणनीति आवश्यक है और वह रणनीति अकेले नहीं बन सकती है। आन्दोलनों के राजनीतिक वर्चस्व को तोड़ने के लिए भी यह आवश्यक है कि उसे बौद्धिक वर्ग से जोड़ा जाये।

पिछले 70 साल में विशेषकर उदारीकरण के बाद देश का शहरी मध्यवर्ग ज्यादा-से ज्यादा संख्या में कृषि और किसानों से अलग हुआ उसका कृषि किसानों से वह लगाव नहीं रहा है जबकि छोटे शहरों कस्बों में रहनेवाले अधिकांश परिवार वह हैं जिनकी एक-दो पीढ़ी पहले का उद्यम पता करें तो परिणाम निकलकर आता है कि उनका जीवन खेतों में, गाँव में, बीता था जो सरकारी नौकरियाँ या छोटे-मोटे व्यवसाय के कारण पलायित होकर इन कस्बों की ओर आ गये हैं लेकिन फिर भी उनका जुड़ाव गाँव और खेतों से था। हालाँकि इस बात से इनकार नहीं किया जा सकता कि यह दुराव कृषि की जोत का अत्यधिक छोटा हो जाने के कारण था परन्तु अधिकांश का दुराव पलायन के बाद हुए उदारीकरण के कारण हुए हमारे जीवन की संस्कृति में परिवर्तन के कारण हुआ। जिसके कारण किसान सन्तान भी जो कस्बे में आ गये हैं तो महज दो से तीन दशक में ही गाँव में अपने को अनुकूल नहीं पा रहे हैं। वह फ्रिज, कूलर, एसी और रात में जगकर काम करने के आदी हो गये हैं। खेती उनके लिए एक अभिशाप की तरह नजर आती है। यह केवल कृषि का संकट नहीं है, हमारी संस्कृति का भी संकट है। मध्यवर्ग का गाँव से दुराव हो गया है किसान संगठनों को इस दुराव को समाप्त करना होगा। बाजारवादी संस्कृति को छोड़कर गाँव की तरफ मुड़ना होगा। गाँधी के मार्ग को अपनाना होगा सबको साथ में लेकर चलना होगा तब कहीं जाकर एक सफल किसान आन्दोलन खड़ा होगा। क्योंकि कृषि जोत का आकार छोटा होने के कारण किसान अपनी जीविका चलाने के लिए मजदूरी कर रहा, उसकी जीविका पर निर्भर नहीं है। इसलिए कृषि और किसानों में संकट तो है लेकिन वह सड़क पर नहीं आयेगा।

चम्पारण सत्याग्रह के दौरान नील के किसानों की समस्या यह थी कि वह नील की खेती नहीं करना चाहते थे। न करने का एक बड़ा कारण है नील का उचित कीमत न मिलना, नील की खेती के कारण निलहे और किसानों के बीच में एक शोषक और

शोषित का सम्बन्ध होना था और जो किसान नील की खेती छोड़ना चाहते थे उन्हें बलपूर्वक छोड़ने नहीं दिया जा रहा था। उन पर तरह-तरह के कर लगाकर कई तरह प्रताड़ित करके उनसे नील की खेती करवायी जा रही थी। इसके अतिरिक्त नील की खेती के साथ अन्य समस्याएँ भी थीं जिनके कारण किसान नील की खेती को छोड़ना चाहते थे।

नील जब चम्पारण पहुँची तब नील की खेती से किसानों को लाभ हो रहा था। क्योंकि वैश्विक बाजार में नील की जितनी कीमत थी। उससे 50 गुना कम दाम पर नील भारतीय किसानों से ली जाती थी। लेकिन फिर भी अन्य फसलों की तुलना में किसानों को नील से लाभ अधिक था। नतीजतन उन्होंने तिनकठिया भी स्वीकार किया और तिनकठिया भी पूरे चम्पारण में लागू नहीं था। किसान स्वतः स्वीकृति से नील की खेती कर रहे थे। जैसे शेख गुलाब के नेतृत्व में सन् 1907 से 1909 के बीच में हुए साठी कोठी के खिलाफ किसान विद्रोह के दौरान साठी कोठी तिनकठिया व्यवस्था नहीं थी। जिसके कारण किसानों ने नील की खेती करने से मना कर दिया, और कोठी का मैनेजर उनका कुछ नहीं कर पाया। हालाँकि उसने बाद में दूसरा रास्ता पैना खर्च का निकाला जो नहर से सिंचाई करने पर लिया जाता था और जो नील की खेती करते थे उनकी मुफ्त सिंचाई करता था। बगैर नील के खेतों में यह लागू होता था और दर भी बहुत ज्यादा थी। कहने का तात्पर्य यही है कि शुरुआती दिनों में तो कम-से-कम नील की खेती को किसानों ने स्वयं स्वीकार किया था, लालच में, अपने व्यक्तिगत लाभ के लिए किसानों ने ऐसा किया। लेकिन व्यावसायिक खेती की अपनी स्वयं की कुछ प्राकृतिक समस्याएँ हैं जो अभी तक का अनुभव रहा है चाहे वह नील हो, चाहे वह कपास हो या कोई भी खाद्यान्न की ही खेती हो, अगर वह व्यावसायिक उद्देश्य की गयी है तो प्रकृति की शोषणकारी व्यवस्था पर आधारित ही होगी। उसमें अधिक सिंचाई की आवश्यकता होती है। वह मिट्टी के पोषक तत्त्वों का अधिक दोहन करती है, और मिट्टी के कमजोर हो जाने पर रासायनिक उर्वरकों के इस्तेमाल की भी आवश्यकता होती है अर्थात् व्यावसायिक खेती का सीधे सरोकार कृषि लागत को बढ़ावा देता है और यह बात भारत के लिए शाश्वत सत्य है कि भारतीय कृषि अभी भी अधिकांशतया प्रकृति पर निर्भर है। ऐसी स्थिति में अगर वर्षा नहीं होती है सूखा पड़ता है या अधिक वर्षा होती है तो पूरी-की-पूरी फसल बर्बाद हो जाती है तो किसानों के घर से बहुत बड़ी पूँजी भी चली जाती है। अगर किसानों ने व्यावसायिक खेती न की होती तो ऐसी समस्या नहीं आती क्योंकि कम लागत हो जाती और मौसम के साथ न देने पर किसान के घर से कम जाता अर्थात् किसान को हानि कम होती। वर्तमान समय में कपास की खेती भारत के विदर्भ क्षेत्र में की जा रही है और लगातार दो सूखे के बाद नतीज किसान आत्महत्या कर रहे हैं क्योंकि अब घर में भी कुछ नहीं बचा। वही काम चम्पारण में नील

ने किया था। वहाँ पर भी बीटी कपास की तरह कानपुर और अन्य जगहों से महँगे नील के बीज लाकर किसानों को दिया जाता था और उसके बदले किसानों से एक भारी रकम ली जाती थी। उसके बाद रासायनिक उर्वरक, कीटनाशक, डीजल, बिजली आदि ईंधनों पर खर्च, महँगे संयन्त्रों आदि के द्वारा लागत बढ़ जाती है।

जब व्यावसायिक खेती शुरू होती है तो कृषि साधनों पर भी व्यापारियों का व्यवसाय शुरू हो जाता है जैसे बीज बाहर से आते हैं, खाद बाहर से आती है, कृषि में अनुसंसाधन से लेकर सिंचाई आदि में बाजार और पूँजीपतियों की गतिविधियाँ शामिल हो जाती हैं। दूसरी बात जो सबसे ज्यादा रोचक है कि उत्पादन अधिक तो होता है, लेकिन यह उत्पादन किसान के लिए किसी भी स्तर में उपयोगी नहीं होता है अगर बाजार संकट किसान को हो जाये उत्पादन भी एक संकट के रूप में खड़ा हो जाता है। जैसे चम्पारण में पैदा होनेवाली नील का उपयोग वहाँ के किसानों के लिए महज दो फीसदी था। अतः किसान नील पैदा करने के बाद भी निलहों के ऊपर निर्भर थे और वर्तमान में हमारे यहाँ कपास का दाम यूरोपीयन देशों द्वारा तय होता है।

व्यावसायिक खेती खाद्यान्न संकट के रूप में भी सामने आती है चम्पारण में, 1906 में हुए साठी कोठी के विद्रोह का कारण भी यही था जिसके कारण किसानों ने नील की खेती करने से मना कर दिया। उस वर्ष चम्पारण में बहुत ज्यादा बाढ़ आयी और बाढ़ के कारण किसानों की धान की फसल नष्ट हो गयी। जो वहाँ की मुख्य खाद्यान्न फसल थी ऐसी स्थिति में किसान एक तरफ खाद्यान्न की समस्या से ग्रस्त था तो दूसरी ओर कोठीवाले बलपूर्वक चाहते थे कि वह नील की खेती करें और किसान ने खाद्यान्न संकट से जूझने के कारण जब नील की खेती करने से मना कर दिया तो नतीजन हिंसक विद्रोह हुए। वर्तमान भारत में दाल की समस्या का प्रमुख कारण भी यही है।

कृषि कार्य एक जैविक क्रिया है न कि रासायनिक क्रिया और कृषि में फसल उत्पादन के दौरान केवल उर्वरकों और पानी का ही नहीं और कई अन्य तत्त्वों का अपना एक सन्तुलन होता है और यह सन्तुलन जब अनुकूल होता है तब कृषि में अधिकतम उत्पादन होता है और प्रकृति भी अपना सहज व्यवहार करती है। कृषि में भूमि, जल, वायु, भौगोलिक संरचना, बीज की प्रकृति-संस्कृति महत्त्वपूर्ण और निर्णायक भूमिका निभाती है। देश में लगातार इस विषय पर चर्चा होती है कि सिंचाई की व्यवस्था अगर बढ़ा दी जाये तो कृषि का उत्पादन बढ़ जायेगा और किसान खुशहाल हो जायेगा। यह पूर्ण सत्य नहीं है, सर्वप्रथम तो पंजाब का जहाँ पर 98 प्रतिशत सिंचित कृषि योग्य भूमि है, पिछले 50 साल से पंजाब की यही स्थिति है। जबकि हरित क्रान्ति के दो दशक बाद ही पंजाब में इस बात पर चर्चा शुरू हो गयी थी कि वहाँ का भूमिगत जल समाप्त हो गया है। दूसरी बात अगर किसान सिंचाई की व्यवस्था और फसल के अधिक उत्पादन से खुशहाल हो जाता है तो फिर पंजाब का किसान आत्महत्या क्यों कर रहा

है? वहाँ का हर तीसरा व्यक्ति गरीबी रेखा के नीचे क्यों है। तीसरी बात दुनिया के किसी भी देश में इतना ज्यादा सिंचित क्षेत्र नहीं है, जितना पंजाब में है। अमेरिका में तो 12 फीसदी भूमि ही सिंचित है जबकि हमारे देश में करीब एक तिहाई भूमि सिंचित है।

यह बताना इसलिए अनिवार्य है क्योंकि कृषि को प्रकृति के अनुरूप ही करना होगा, वहाँ पर धान की खेती जहाँ पर पानी अधिक है और मिट्टी में पानी के ठहराव की अधिक क्षमता है, इसी तरह शुष्क क्षेत्र में दलहन आदि की खेती। इसी तरह गेहूँ आदि की भी खेती भौगोलिक संरचना के अनुरूप होनी चाहिए। हमको प्रकृति के अनुसार खेती की ओर जाना होगा व पौधे और प्रकृति की भाषा तथा सम्बन्धों को समझना होगा और लगातार उन क्षेत्रों में एक बीज फसल में इस्तेमाल होने से वहाँ के बीज वहाँ की प्रकृति के अनुसार हो चुके हैं। इसलिए बीजों का आयात या दूसरे क्षेत्र से बीज लाने का ही परिणाम है, खेतों में कीटों का प्रकोप बढ़ना ही होगा या फसलों में रोग का लगना। यह सब कृषि की लागत को बढ़ा देगा इसी तरह चम्पारण के क्षेत्र धान के लिए अनुकूल था। अरविन्द मोहन जी लिखते हैं कि, "चम्पारण की जमीन नदियों के जाल से सिंचित और बहुत उपजाऊ है। मोटे तौर पर दो तरह की मिट्टी बाँगर और भाठ में बटें, इस जिले के भाठ इलाके बागवानी और व्यावसायिक खेती के लिए उपयुक्त माने जाते हैं तो बाँगर धान की सैकड़ों किस्मों और भरपूर फसल के लिए (भात बने बटुआ गमकेला, चम्पारण के लोग हँसेला।) चम्पारण के लोग न बाहर निकलते थे न और उद्यम ही करते थे। आधी से ज्यादा लगभग 53 फीसदी जमीन पर धान की खेती होती थी। बल्कि बेतिया राज ने तो व्यापार को बढ़ावा देने के लिए एक मारवाड़ी उद्यमियों को शहर में बसाया था। निश्चित खेती, भरपूर पानी और हर साल भरपूर फसल का भरोसा हो तो कौन अपनी जमीन, अपना घर छोड़कर बाहर निकलेगा। तब जिले में किसानों के पास औसतन 5 एकड़ से ज्यादा जमीन का हिसाब आता है जो एक परिवार का जीवन आराम से बसर करने के लिए पर्याप्त था।"[8]

नील की एक फसल में पूरे वर्ष-भर खेत फँसा रहता था। इतना ही नहीं फसल को बार-बार एक ही जमीन में लगाने से भी पैदावार घटती थी। और "साहब लोग देखते थे कि जमीन का और कौन-सा हिस्सा उपजाऊ है और उसी पर नील की फसल लगायी जाती थी, यह 'बदलेन' कहलाती थी। और किसान को अक्सर नील के बदलेन जमीन को भी पहले से दलहन लगाकर तैयार करना होता था, क्योंकि दलहन की फसल खेत में नाइट्रोजन भर देती थी।"[9] नील की खेती का प्रभाव खेतों पर जैसा था ठीक वैसा ही कुछ समय बाद हमें हरित क्रान्ति में उर्वरक और कीटनाशकों के इस्तेमाल के बाद दिखायी देने लगा। व्यावसायिक खेती का यही स्वभाव होता है अर्थात् प्राकृतिक दोहन। नील की खेती जिन खेतों में की जाती थी वह खेत दो या तीन फसल अर्थात् दो से तीन वर्ष के बाद उसकी उपजाऊ क्षमता समाप्त हो जाती थी और निलहों की सट्टे

की शर्तों में यह बात लिखी हुई थी कि रैयतों के किस खेत में नील की खेती होनी है यह फैसला कोठी करेगी और तब तक किसान अपने खेतों पर कोई दूसरी फसल नहीं लगा सकता है जब तक निलहे खेत का निर्धारण न कर लें। नतीजतन क्रमवार नील की खेती के कारण खेतों की उपजाऊ शक्ति नष्ट हो जाती है इसलिए किसान नील की खेती छोड़ना चाहते थे। "गाँधी जी अन्याय, शोषण, भेदभाव, हिंसा से पैदा समूह के आक्रोश को सीधे-सीधे कथित दुश्मन से भिड़ने की जगह एक रचनात्मक दिशा देने का सफल प्रयास करते हैं। यह दिशा विकेन्द्रीकरण की, स्थानीयता की, विविधता की, प्रकृति से ज्यादा बेहतर तालमेल की, ऊर्जा से लेकर बाकी संसाधनों की कम बर्बादी की तरफ ले जाती है। वे गुस्से को बढ़ाने और उसका राजनैतिक लाभ लेने की जगह उस ऊर्जा के इस्तेमाल से समाज का भला करना और कम शोषक व्यवस्था का विकल्प पेश करना चाहते हैं।"[10]

वर्तमान परिस्थिति और किसानों के संकट को लेकर हरित क्रान्ति के बाद हमने गेहूँ और धान को स्वीकार किया और भारत के व्यापक क्षेत्र में गेहूँ और धान की फसल लगायी गयी। यहाँ पर निलहों की तरह या ब्रिटिश सरकार की तरह बलपूर्वक गेहूँ और धान की खेती तो नहीं करायी गयी यह हो भी नहीं सकता था क्योंकि औपनिवेशिक शासन तो नहीं था लेकिन नवऔपनिवेशिक शासन तो था ही इस बात से इनकार नहीं किया जा सकता है। किसानों को लाभ के सब्जबाग दिखाकर उनसे यह खेती करायी गयी। और इसके परिणाम भी धीरे-धीरे सामने आये। हमारे यहाँ जो भी कृषि नीतियाँ बनायी गयीं वह प्रकृति की विरोधी थी चाहे हरित क्रान्ति की पृष्ठभूमि तैयार करनेवाला पंजाब और हरियाणा हो, चाहे बीटी कपास की पृष्ठभूमि तैयार करनेवाला महाराष्ट्र और गुजरात का अधिकांश इलाका हो वहाँ पर किसानों की आत्महत्याएँ रुक नहीं रही हैं और पिछले एक दशक से लगातार सफलताओं की कहानी लिख रहा मध्य प्रदेश, अधिकतम उत्पादन की बात करनेवाला मध्यप्रदेश, अभी कुछ माह पहले हुए किसान आन्दोलन और किसान आन्दोलन के बाद 15 दिनों में 25 किसानों ने जो आत्महत्या की यह बताता है कि हमारी कृषि नीति कैसी थी किसानों को बाजारवादी ताकत के हवाले लोभ के माध्यम से छल से डाल दिया गया और इस बात के लिए प्रेरित किया गया कि वह कुछ गिनी-चुनी फसलें ही लगायें। उन फसलों के आदर्श न्यूनतम समर्थन मूल्य भी निर्धारित किये गये तथा सरकार या व्यापारियों ने उन्हें क्रय करने की भी सुनियोजित व्यवस्था कर रखी थी। कहने का तात्पर्य यह है कि आजादी के पहले और आजादी के बाद भी किसानों और कृषि की समस्या बनी है। अन्तर केवल इतना है कि पहले अंग्रेजों द्वारा बलपूर्वक किसानों से खेती करवायी जाती थी। लेकिन आजादी के बाद व्यापारी और सरकार भ्रम में डालकर किसानों से खेती करवा रही है।

जबकि कैश क्रॉप के पीछे भागनेवाला किसान आत्महत्या से बच नहीं सकेगा और वह सारे किसान आन्दोलन जो आज के इस विकास की लूट में अपना हिस्सा निकाल

लेना चाहते हैं वह भी इन्हें बचा नहीं सकेंगे। इसीलिए कोई भी हो किसान संगठन, सरकार राजनीतिक दल, विपक्ष और किसान स्वयं को इस बात की सच्चाई को स्वीकार करनी होगी कि बदलाव सरकारी नीतियों में ही नहीं, किसान को अपनी सोच में भी लाना होगा उसे गाँधी के बताये हुए रास्ते पर चलना होगा। गाँधी ने चम्पारण सत्याग्रह के दौरान किसानों से प्रकृति के अनुसार खेती करने के लिए कहा था। उन्होंने किसानों से यह सवाल भी किया था कि आखिर आप लोगों ने नील की खेती करना क्यों शुरू किया? उसके वही कारण थे जो कारण आज वर्तमान समय में भारतीय किसानों के साथ हैं। लाभ की स्वप्निल दुनिया को यथार्थ मानकर वह प्रकृति और पौधे की भाषा को समझना भूल गये।

गाँधी ने चम्पारण में किसानों के लिए कुछ नया नहीं किया उन्होंने जो सम्बन्ध फसल, किसान और प्रकृति के बीच स्थापित थे, उन्हें पुनः स्थापित किया उन्होंने फिर से कृत्रिम सम्बन्धों को तोड़कर आत्मीय सम्बन्ध स्थापित किया। कृषि वहाँ की भौगोलिक संस्कृति के अनुकूल ही खेती की गयी।

आज वर्तमान भारत में किसानों की हो रही आत्महत्याओं को रोकने के लिए किसानों को इस विषय पर विचार करना होगा कि क्या वह पुनः प्रकृति की ओर लौट सकते हैं? फिर एक प्रश्न खड़ा होगा कि कृषि की पैदावार घट जायेगी तब उसका प्रभाव क्या पड़ेगा? क्या यह किसान बता सकते हैं कि उनकी पैदावार जब ज्यादा होती है तो क्या उनकी फसल की उचित कीमत उन्हें मिल जाती है नहीं मिलती है, कीमतें घट जाती हैं जबकि अधिक पैदावार लेने के लिए किसान ने अधिक उर्वरकों का इस्तेमाल किया, अधिक पानी का इस्तेमाल, बाजारू बीजों में अधिक धन खर्चा करते हैं, यानी कृषि की लागत को बढ़ा देते हैं और उससे उत्पादन भी बढ़ जाता है लेकिन उत्पादन बढ़ने के कारण अगर पुराने मूल्य पर ही फसल बिके तो किसानों को कुछ लाभ हो सकता है परन्तु ऐसा होता नहीं है। उत्पादन बढ़ते ही फसल की कीमत घट जाती है दूसरा प्रभाव इसमें यह पड़ता है कि प्रकृति का अत्यधिक दोहन करने के कारण कृषि में लगातार सतत उत्पादन की क्षमता पर भी नकारात्मक प्रभाव पड़ता है, प्राकृतिक संसाधनों का भी क्षरण होता है। ऐसी स्थिति में सतत उत्पादन की प्रक्रिया बनी रहे, अगली पीढ़ी भी उसी खेत में खेती कर सके, भूमि बंजर न हो, इसलिए अधिक उत्पादन से बचते हुए हमें अनुकूलतम उत्पादन की ओर बढ़ना होगा, ऐसा नहीं है कि सोने की अण्डा देनेवाली मुर्गी का पेट फाड़कर देखा जाये कितने अण्डे अन्दर हैं इससे मुर्गी की ही मृत्यु होगी अण्डा नहीं मिलेगा।

हरित क्रान्ति के बाद भारत में लगातार इस विषय पर अनेक कार्य और शोध हो चुके हैं कि किसानों की आर्थिक स्थिति सुधारी जाये, उनके उत्पादन को अधिक बढ़ाया जाये। हमारे देश में कृषि विकास दर के आधार पर किसानों को खुशहाल मान लिया

जाता है जबकि कृषि पैदावार से किसानों का कोई सम्बन्ध नहीं है। अगर ऐसा होता तो मध्यप्रदेश के किसान इस तरह आत्महत्या न कर रहे होते, जहाँ की कृषि विकास दर एक दशक से 10 फीसदी से अधिक है और इन्हीं दृष्टिकोण का नतीजा निकला कि किसानों की आत्महत्या तक कहानी पहुँच गयी। इसलिए किसानों को इस विषय पर पुनर्विचार करना होगा कि क्या वह अपने न्यूनतम साधन से अनुकूलतम उत्पादन कर सकते हैं?

हमारे यहाँ भूमि को माता, धरती को माता कहा गया है। हमारे यहाँ फसल, किसान और भूमि के साथ एक जैविक सम्बन्ध है या भारत की हिन्दू संस्कृति की मान्यता है ऐसी स्थिति में माता पुत्र को खाली पेट नहीं सोने देगी लेकिन माता और पुत्र के बीच के सम्बन्ध में भी आत्मीय बना रहना जरूरी। इसके लिए हमारे यहाँ कृषि को केवल फसल उत्पादन तक ही सीमित नहीं रखा गया है। शुक्र नीति के अनुसार किसान का मतलब है कि व्यक्ति जो कृषि से जुड़े हुए व्यवसायों से भी जुड़ा हुआ हो यानी कृषि उत्पादन के साथ विपणन में भी। अगर भारतीय किसान अपनी उपज को उत्पादन के बाद औने-पौने दाम पर बेचने के लिए तत्पर हो जाते हैं तो आर्थिक संकट किसानों के लिए लगातार बना ही रहेगा इसीलिए किसान को अपनी फसल के विपणन में भी पर्याप्त हिस्सेदारी करनी होगी उसके लिए उन्हें आगे आना होगा। इतना ही नहीं अगर विपणन की पर्याप्त व्यवस्था नहीं है, तो किसान स्वयं सृजित करें, किसानों को अपना संगठन बनाकर सड़क पर हिंसक आन्दोलन करने से अच्छा है कि वह संगठन बनाकर व्यापार जाल को तोड़ते हुए स्वयं उन व्यापारियों का स्थान ले।

किसानों के लिए एक अनुकूल अवसर है जिसके विषय पर चर्चा गाँधी और पण्डित दीनदयाल उपाध्याय दोनों लोगों ने की है वह है कृषि आधारित लघु एवं कुटीर उधोग की। किसानों को कृषि उपजों के प्रसंस्करण की तरफ भी बढ़ना होगा। किसानों को बाजार से जुड़ने के लिए केवल उत्पादित उपज को ही नहीं, उपज को प्रसंस्कृत करके उसका मूल्यवर्द्धन करके बाजार की तरफ जाना होगा।

सरकार सभी फसल का लाभकारी मूल्य नहीं दे सकती है और न ही सभी फसल को न्यूनतम समर्थन मूल्य दे सकती है। तात्कालिक सरकार ने तो यह कह दिया है कि भारत में स्वामीनाथन आयोग की रिपोर्ट जिसमें लागत का 50 फीसदी अतिरिक्त देने की बात है, अप्रासंगिक है। तत्कालीन भारतीय जनता पार्टी के राष्ट्रीय अध्यक्ष अमित शाह का कहना है कि, "स्वामीनाथन कमेटी के सुझाव अव्यावहारिक हैं क्योंकि इसमें कृषि लागत में भूमि की कीमत भी जुड़ी है और उन्होंने यह भी कहा कि बिना भूमि की लागत को जोड़े हुए सरकार वर्तमान समय में 43 प्रतिशत लागत के अतिरिक्त मूल्य बढ़ाकर किसानों को दे रही है अर्थात् वादे से 7 फीसदी कम। आँकड़ों में अगर जाये तो सरकार मात्र 24 फसलों का न्यूनतम समर्थन मूल्य निर्धारित करती है। जबकि

केवल चार से पाँच फसलों को ही क्रय करती है। जबकि किसान संगठनों की माँग है कि 109 फसलों का न्यूनतम समर्थन मूल्य निर्धारित किया जाये। अभी तक के अध्ययनों का मानना है कि सरकार न्यूनतम समर्थन मूल्य पर महज 10 फीसदी ही कृषि उपज खरीद पाती है। इससे यह मान लेना चाहिए कि सरकार की अपनी सीमाएँ हैं और सरकार संसाधन और समाज की आवश्यकताओं में एक सन्तुलन बनाती है। सरकार देश में खाद्यान्न संकट खड़ा न हो और बाजार में खाद्यान्न की कीमत में बहुत तेजी न आये इसके लिए वह बाजार, किसान और उपभोक्ता के बीच में एक सन्तुलन बनाने का कार्य करती है। और वह कुछ खाद्यान्नों का भण्डारण करती है जिसके लिए वह किसानों से उनकी उपज को खरीदती है। (जिन लोगों को यह लग रहा है कि सरकार को हमारी फसल न्यूनतम समर्थन मूल्य लाभकारी मूल्य पर खरीदना चाहिए।) पिछले 60 साल के आन्दोलनों में केवल जन धन और राष्ट्रीय सम्पदा का नुकसान हुआ है मिला कुछ नहीं। सरकार न्यूनतम समर्थन मूल्य देने में वादे तो करती रही लेकिन पूर्णतया असफल रही।

"गाँधी जी ने घोषणा की थी कि वे मुकदमेबाजी को जहाँ तक सम्भव हो, कम करने के लिए चिन्तित हैं।"[11] शरहबेशी पट्टों को तोड़ने के लिए जब जाँच समिति में निलहों और किसानों के पक्ष में बात रखी जाने लगी तो किसानों की इच्छा थी कि पूरा पैसा किसानों को वापस मिले जिसके लिए निलहे तैयार नहीं थे। ऐसी स्थिति में गाँधी जी और किसानों के पास एक ही रास्ता था कि मजबूरन मुकदमे का एक दौर शुरू हो और इन "मुकदमा के बारे में गाँधी को अदालती कामकाज और कानून की सीमाओं का भी पता था।"[12] शायद इसीलिए उन्होंने शरहबेशी का सिर्फ चार आना पैसा वापस लेने जैसी शर्त पर समझौते कर लिये क्योंकि उनकी चिन्ता जहाँ एक ओर 50,000 मुकदमे के दायर होने के बाद किसानों का मुकदमे कौन लड़ेगा, कितने किसानों के पास अदालत की लड़ाई लड़ने का खर्च होगा। मामले में अदालत का क्या निर्णय होगा। क्या पता न्यायालय में गाड़ी पटरी से उतार दें? उनका भरोसा मुश्किल है। डॉ. राजेन्द्रप्रसाद लिखते हैं कि "यदि इन सब शरहबेशी सट्टों को तोड़ने के लिए मुकदमे दायर किये जाते तो प्रायः 50,000 मुकदमे दायर करने पड़ते। उन सब मुकदमों में जिनमें कोठीवालों की हार होती, उन्हें वह बिना हाईकोर्ट तक पहुँचाये बिना बाज नहीं आनेवाले थे। पर जो बात महात्मा जी के दिमाग में खटकती थी, वह यह थी कि यद्दि इस झगड़े का निपटारा कमेटी द्वारा नहीं हुआ और रैयतों को कचहरी जाने की आवश्यकता पड़ी तो रैयत और कोठीवालों में इतना वैमनस्य बढ़ जायेगा कि वह एक-दूसरे के कट्टर दुश्मन हो जायेंगे।"[13] भारतीय किसानों की एक बहुत बड़ी समस्या उनका जमीन और अन्य चीजों के विवाद भी हैं। यह विवाद जब न्यायालय परम्परा में फँसता है तो किसान की पूरी कृषि आय वकीलों और अन्य न्यायालय की कार्यवाही में बर्बाद हो जाती है

इसलिए किसान संगठनों और किसान आन्दोलनों को इस बात के लिए किसानों को तैयार करना चाहिए कि वह जितना ज्यादा-से-ज्यादा न्यायालय परम्परा से दूर होकर पंचायतों में आपस में बैठकर निर्णय लें और उसे स्वीकार करें।

महात्मा गाँधी जी ने 14 फरवरी, 1916 को मद्रास में ईसाई मशीनरी के एक सम्मेलन में दिये गये अपने भाषण में स्वदेशी की परिभाषा दी थी, "स्वदेशी वह भावना है, जिससे हम आस-पास के परिवेश से ही अपनी अधिकतम आवश्यकताएँ पूरी करते हैं और उनसे ही अधिकाधिक व्यवहार सम्बन्ध रखते हैं तथा स्वयं को उनका सहज अभिन्न समझते हैं, न कि दूरस्थ लोगों और वस्तुओं से स्वयं को जोड़ने लगते हैं। स्वदेशी की यह भावना जब होगी तब हम अपने पूर्वजों के धर्म को ही आगे बढ़ायेंगे, न कि किसी अन्य धर्म को अपनाने लगेंगे। अपने धर्म में जो वास्तविक कमी आ जायेगी, उसे सुधारेंगे। राजनीति में हम स्वदेशी संस्थाओं का ही उपयोग करेंगे और उनकी कोई सुस्पष्ट कमियाँ होगी तो उन्हें दूर करेंगे। आर्थिक क्षेत्र में हम आस-पास के लोगों तथा स्वदेशी परम्परा और कौशल द्वारा उत्पादित वस्तुओं का उपयोग करेंगे और उन्हें ही सक्षम और श्रेष्ठ बनायेंगे।" गाँधी जी ने अपने स्वदेशी के मन्त्र को चम्पारण सत्याग्रह के दौरान बखूबी प्रयोग किया। चम्पारण के किसान आन्दोलन को अगर गहराई से देखा जाये तो यह कृषि के स्वदेशीकरण का आन्दोलन था ताकि चम्पारण के लोगों के उपयोग में आनेवाली फसलों को वहाँ के किसानों तिनकठिया से मुक्त होकर पुनः उगा सके। नील की खेती चम्पारण के लोगों के लिए महज दो फीसदी उपयोगी थी जबकि खाद्यान्न संकट वहाँ पर समय-समय पर मौसम के साथ न देने के कारण खड़ा हो जाता था। इसके साथ ही कृषि का स्वदेशीकरण होने से संसाधन भी स्वदेशी होंगे जिससे एक ओर कृषि की लागत घटेगी फसल नष्ट होने पर किसान को हानि कम होगी वहीं दूसरी ओर स्थानीय संसाधनों की अनुकूलता उपयोग हो सकेगा और उन्हें रोजगार मिलेगा। गाँधी जी ने चम्पारण में जब पहले स्कूल के निर्माण की बात रखी तो उनकी शर्त यही थी कि स्कूल भवन निर्माण में कोई भी वस्तु गाँव के बाहर से नहीं आयेगी। वहीं दूसरी बात गाँधी जी को दक्षिण अफ्रीकी फल बहुत पसन्द थे वह मेवा और मूँगफली खाने के आदी थे लेकिन जब वह चम्पारण पहुँचते हैं तो भात और उबली हुई सब्जी खाने लगते हैं। अरविन्द मोहन जी ने अपनी पुस्तक 'प्रयोग चम्पारण' में गाँधी के स्वदेशी मॉडल को बहुत ही सटीक शब्दों में लिखा है उन्हीं के शब्द—"गाँधी जो कर रहे थे उसे मात्र राजनैतिक लड़ाई नहीं मानते थे, वे इसे सभ्यताओं की लड़ाई बताते थे एक बड़ी राजनैतिक लड़ाई के साथ एक देशज विकल्प देने और उसके रचनात्मक कामों को भी समान महत्त्व देते थे, इन सबको सत्य के प्रयोग मानते थे।"[14] "स्वदेशी का मतलब आज के राष्ट्रवादी अर्थवाला नहीं है, जिन्हें स्वदेशी से कोई मतलब नहीं है। गाँधी के स्वदेशी का साफ मतलब स्थानीयता से है—जो उगाओ सो खाओ। मोटा हो या महीन अपने श्रम से तैयार सामान अच्छा लगता है, लगना चाहिए। दूसरों पर निर्भरता

कम-से-कम हो। और आज यह विकेन्द्रीकरण और विविधता के उस सूत्र के रूप में काम कर रहा है जिसे भूमण्डलीकरण का विरोध कर रहे दुनिया-भर के लोग अपनी सोच और रणनीति का केन्द्र मानते हैं।''[15]

निलहे मूलतः यूरोपियन बागान थे, जो नील की खेती अपने लाभ के लिए कर रहे थे। उनको इस बात से मतलब नहीं था कि इस नील की खेती का असर कृषि योग्य भूमि पर क्या पड़ेगा न उन्हें इस बात से मतलब था कि किसानों की कितनी दुर्दशा हो रही है उन्हें तो बस अपनी जेब भरनी रही और चम्पारण में तभी तक वह थे जब तक नील का पौधा या वहाँ के किसान उनके जेब में सिक्के भरने का माध्यम थे। और न वह चम्पारण इसलिए आये थे कि चम्पारण के लोगों को रोजगार देना है या वहाँ के किसानों की स्थिति में सुधार करना है। वह केवल पैसा कमाने आये थे वह भी अधिकतम। इसीलिए जब तिनकठिया समाप्त हुआ तो अधिकांश निलहे अपने वतन वापस लौट गये क्योंकि उन्हें औपनिवेशिक सत्ता भी नहीं चलानी थी। इसलिए जरूरी है कि किसानों का कृषि से एक आत्मीय लगाव हो यह तभी हो सकता है कि जब खेत जोतनेवाला ही खेत का स्वामी भी हो और उसका कृषि एकमात्र उद्यम हो इस बात का भी प्रयास किसान संगठनों को करना चाहिए।

अरविन्द मोहन जी लिखते हैं कि, ''आजादी के बाद के आन्दोलनों ने अनशन तथा भूख हड़ताल को तो सत्याग्रह कहना शुरू किया लेकिन रचनात्मक काम बन्द ही रखा। ऐसे आन्दोलन दूध के उबाल की तरह उठते हैं और वैसे ही बिला भी जाते हैं। उनका सत्य और सत्य की लड़ाई क्षणिक रह जाती है।''[16] गाँधी के चम्पारण सत्याग्रह के दौरान गाँधी के दो बातों पर ध्यान देना आवश्यक है पहला काम वह गाँधी जी का संरचनात्मक कार्य। गाँधी जी किसानों की समस्याओं को दूर करने का प्रयास करते हैं तो वह उन्हीं लोगों के माध्यम से, आपसी सहयोग से और स्थानीय संसाधनों से गाँधी जी ने चम्पारण में स्वास्थ्य, शिक्षा, छूआछूत, सफाई आदि संरचनात्मक कार्य किये और इसके लिए निलहों से भी सहयोग के लिए कहा। दूसरी बात गाँधी का आन्दोलन राज्य सत्ता के अतिरिक्त हस्तक्षेप को समाप्त करने के लिए था। जबकि वर्तमान किसान आन्दोलनों में किसान सर्वप्रथम अपने ही दायित्वों से भागते हैं, वह अपनी समस्त समस्या का हल राज्य से ही चाहते हैं यानी अब किसान आन्दोलन राज्य के हस्तक्षेप के लिए आह्वान करता है हाल ही में मध्यप्रदेश में हुए किसान आन्दोलन के नेता शिवकुमार शर्मा उर्फ कक्का जी कहना है कि, ''सरकार संसाधन जहाँ से लाये, यह सोचने का काम सरकारों का है हमारा नहीं। हमारा विषय तो केवल यह है कि या तो आप (सरकार) कृषि की लागत कम करें या फिर आप कृषि की लागत मूल्य दें, इसके अतिरिक्त इस समस्या का कोई दूसरा हल नहीं है।'' जबकि वास्तविकता यह है कि भारत में जितनी कृषि नीति बनी है सब किसानों के लिए प्राणघातक ही रही है देश को भले ही उचित मूल्य पर खाद्यान्न मिल जाये। हरितक्रान्ति से शुरू हुए सफर का ताजा उदाहरण मध्यप्रदेश

का है जो लगातार चार वर्षों से कृषि कर्मण पुरस्कार पा रहा है और ऐसा राज्य जिसकी कृषि विकास दर एक दशक से लगातार दस फीसदी से अधिक है। जबकि इस दौरान वहाँ के किसानों में कर्ज 15 गुना बढ़ा है और किसान सड़क पर अपनी फसल का न्यूनतम समर्थन मूल्य पाने के लिए ट्रकों से दूध और सब्जियाँ फेंक रहे हैं। फिर भी किसान संगठन सरकार की गोद में किसानों को बैठाना चाहते हैं।

हालाँकि किसान आन्दोलन के लिए सरकारें अधिक दोषी हैं जो झूठे चुनावी वादे करती हैं। इसके अतिरिक्त जब किसान विषम परिस्थिति में फसल पैदा करे और अनाजों के दाम बढ़ जायें तो कीमत नियन्त्रण के नाम पर खाद्यान्न आयात करे यह किसानों के साथ सौतेला रवैया है। अगर खाद्यान्न आपूर्ति प्रभावित हो तो सरकार आयात करती है तो अतिरिक्त उत्पादन पर उसे किसानों की फसल खरीदना चाहिए।

और अन्त में किसान संगठनों को अपने आन्दोलन के दौरान केवल किसान बनना होगा। जैसा कि, "गाँधी जी ने तब वहाँ न राष्ट्रवाद का नारा बुलन्द किया, न जमींदारी के खिलाफ झण्डा उठाया, न अंग्रेजी शासन से लड़ाई घोषित की, न जुल्मी निलहों के खिलाफ कोई तीखी बात की, न अगड़ों के खिलाफ बोला, न पिछड़ों का मजाक उड़ाया, न दलितों का अपमान किया, न छूआछूत की लड़ाई लड़ी, न औरतों के सवाल को ही उठाया, न हिन्दू-मुसलमान खेमेबन्दी करायी, न जिले का विकास करने का दावा किया, न पर्यावरण बचाने का, न जमींदारों महाजनों के रिकार्ड बही-खाते फुँकवाये जो प्रायः हर किसान आन्दोलन का सबसे परिचित तरीका है, और न कहीं हिंसा होने दी। और-तो-और उन्होंने अखबारों को दूर रखा, कांग्रेस को दूर रखा, दूसरे नेताओं को दूर रखा, जिले में एक पैसा चन्दा लेने की मनाही कर दी। पर उनको हर वर्ग, हर इलाके, हर समाज का समर्थन मिला और उन्होंने सब कुछ हासिल कर लिया।"[17]

प्रथम राष्ट्रपति डॉ. राजेन्द्रप्रसाद जी के आन्दोलन के व्यक्तिगत अनुभव—

"हम लोगों के लिए गाँधी जी का तरीका एक बिल्कुल नया तरीका था। उस तरह का काम हमने पहले किया ही न था, हम समझते थे कि कांग्रेस में अथवा किसी सभा में किसी विषय पर व्याख्यान देना, अदालत में जाने लायक बात हो वहाँ पेश कर देना, या जो काउन्सिल में प्रश्न कर सकता हो उसका किसी बात पर वहाँ प्रश्न कर देना या प्रस्ताव उपस्थित कर देना ही काफी है। इससे अधिक हो ही क्या सकता है? उन्होंने रैयतों के बयान लिये गाँधी जी ने इनमें से एक-एक बातों की ठीक-ठीक जानकारी हासिल कर ली।"[18]

सन्दर्भ

1. अरविन्द मोहन, प्रयोग चम्पारण, भारतीय ज्ञानपीठ, नयी दिल्ली, 2017, पेज नम्बर, 63
2. डॉ. राजेन्द्रप्रसाद, चम्पारण में महात्मा गाँधी, प्रभात प्रकाशन, दिल्ली, 2016, पेज नम्बर 5
3. महात्मा गाँधी, सत्य के प्रयोग अथवा आत्मकथा महात्मा गाँधी जी, नवजीवन ट्रस्ट 1957, पेज नम्बर 357-378

4. अरविन्द मोहन, प्रयोग चम्पारण, भारतीय ज्ञानपीठ, नयी दिल्ली, 2017, पेज नम्बर 127
5. डॉ. राजेन्द्रप्रसाद, चम्पारण में महात्मा गाँधी, प्रभात प्रकाशन, दिल्ली, 2016, पेज नम्बर 22
6. वही, पेज नम्बर 137
7. राजेन्द्रप्रसाद, आत्मकथा, नेशनल बुक ट्रस्ट भारत, 2017, पेज 106
8. अरविन्द मोहन, प्रयोग चम्पारण, भारतीय ज्ञानपीठ, नयी दिल्ली, 2017, पेज नम्बर, 50
9. वही, पेज नम्बर, 56
10. वही, पेज नम्बर, 160-161
11. डॉ. राजेन्द्र प्रसाद, चम्पारण में महात्मा गाँधी, प्रभात प्रकाशन, दिल्ली, 2016, पेज नम्बर 26
12. अरविन्द मोहन, प्रयोग चम्पारण, भारतीय ज्ञानपीठ, नयी दिल्ली, 2017, पेज नम्बर 158-159
13. डॉ. राजेन्द्रप्रसाद, चम्पारण में महात्मा गाँधी, प्रभात प्रकाशन, दिल्ली, 2016, पेज नम्बर 247
14. अरविन्द मोहन, प्रयोग चम्पारण, भारतीय ज्ञानपीठ, नयी दिल्ली, 2017, पेज नम्बर 12
15. वही, पेज नम्बर, 170
16. वही, पेज नम्बर, 169
17. वही, पेज नम्बर, 56
18. राजेन्द्रप्रसाद, आत्मकथा, नेशनल बुक ट्रस्ट भारत, 2017, पेज 107

परिशिष्ट-1

1906 में विद्यार्थी जी जब ऐण्ट्रेन्स के छात्र थे चारकोल एम. यंग की रचित पुस्तक 'बुक ऑफ गोल्डेन डीड्स' पाठ्य-पुस्तक के रूप में पढ़ने को मिली थी। पुस्तक उन्हें रुचिकर ही नहीं लगी उसकी विषयवस्तु प्रेरक और आवश्यक प्रतीत हुई और उन्होंने उन्हीं दिनों उसी के आधार पर 'हमारी आत्मोत्सर्गता' शीर्षक पुस्तक का भारतीय आत्म-त्याग की ऐतिहासिक कथाओं पर लिखी। यद्यपि वह अप्रकाशित ही रही, कालान्तर में उसकी पाण्डुलिपि भी सुरक्षित नहीं रह पायी। पर उसी पुस्तक की भूमिका यह सिद्ध करने में पूर्ण सक्षम है कि क्रान्ति और अपने राष्ट्रीय सम्मान या आत्म-गौरव का बीज-मन्त्र उन्हें जन्म-घुट्टी के साथ दिया गया था या फिर वैमाता ने उनकी 'पिण्ड रचना' करते समय ही उनकी भाग्य-लिपि में लिख दिया था। उसी पुस्तक की भूमिका के कुछ उपलब्ध अंश इस प्रकार हैं—

"मातृभूमि की सेवा करना हर एक मनुष्य का कर्त्तव्य है। इतिहास का प्रचार देशोद्धार का एक बड़ा उपाय है। मेरा यह कर्त्तव्य है कि मैं मातृभूमि की सेवा अपने विश्वास के अनुसार जहाँ तक बने करूँ।—प्राचीन कथाओं को ही सुनकर हिन्दूपति महाराणा प्रताप स्वतन्त्रता देवी के स्वतन्त्र आराधक हुए थे। महाभारत और रामायण की कथाओं ही ने परतन्त्र पिता के परतन्त्र पुत्र शिवाजी को महाराष्ट्र का छत्रपति राजा बनाया था। दूर क्यों जाइये, हमारे देश में बरसात के दिनों में देहाती आल्हा गाते हैं, गाते समय उनक जोश, उनके कहने का ढंग, उनके अंग-अंग से वीरता का दर्शन इत्यादि देखने के योग्य होता है। सारांश यह है कि इतिहास सोते हुए मनुष्य को जगा सकता है, जागे हुए को पैर पर खड़ा कर सकता है और खड़े हुए की नसों में खून दौड़ा सकता है। मुर्दे को जिन्दा करना, सूखे को हरा करना या तो अमृत (यदि अमृत किसी वस्तु है तो) का काम है या फिर इतिहास का। इतिहास के लाभों को न मानने हठधर्मी है।"[1]

उपलब्ध जानकारियों के अनुसार आत्मोत्सर्ग गणेशशंकर विद्यार्थी जी का पहला प्रकाशित लेख है, जो मासिक पत्रिका 'सरस्वती' के सितम्बर 1911 के अंक में प्रकाशित हुआ था। प्रकारान्तर से इसे गणेशशंकर विद्यार्थी के जीवन का वैचारिक घोषणा-पत्र भी कह सकते हैं। आत्मोत्सर्ग के जिस बीज-सूत्र का विकास करते वे यहाँ

दिखायी देते हैं, उसका बीज-वपन उनके मानसलोक में मात्र 14 वर्ष की आयु में हो गया था उसकी अभिव्यक्ति थी 'हमारी आत्मोत्सर्ग'।[2]

विद्यार्थी जी ने आत्मोत्सर्ग का पथ चुननेवाले व्यक्ति के लिए साहस और कर्त्तव्यपरायणता की दो प्रमुख शर्तें रखी हैं। इन्हीं दोनों शर्तों के पालन में कोई चूक न करते हुए, अन्ततः 25 मार्च, 1931 को मात्र 41 वर्ष की अल्प वय में उन्होंने अपना आत्मोत्सर्ग कर दिया।

आत्मोत्सर्ग[3]

संसार के विस्तीर्ण कर्म-क्षेत्र में सब प्राणियों द्वारा अगणित काम प्रतिदिन नहीं, प्रति घण्टा, प्रति मिनट, यहाँ तक कि प्रति पल होते रहते हैं। अच्छे कामों के सम्पादन में कुछ विशेष गुणों का परिचय, किसी विशेष दशा में, देना ही आत्मोत्सर्ग कहलाता है। अच्छे काम करने में ही आत्मोत्सर्ग किया जाता है परन्तु प्रत्येक अच्छे काम के करने में आत्मोत्सर्ग करने की आवश्यकता नहीं होती। अच्छे काम करने के लिए आत्मोत्सर्ग की विशेष आवश्यकता नहीं होती परन्तु यह निश्चित है कि आत्मोत्सर्ग सुकर्म के लिए ही किया जाता है।

आत्मोत्सर्ग करनेवाले में साहस का होना परमावश्यक है। संसार के सब काम बड़े अथवा छोटे, बुरे अथवा भले साहस के बिना नहीं होते हैं। बिना साहस के बड़े कामों का होना तो कठिन ही नहीं, किन्तु असम्भव-सा है। संसार के सभी महापुरुष, जिन्होंने बहुत-से विलक्षण खेल इस संसाररूपी नाट्यशाला में दिखलाकर इतिहास के पृष्ठों को अपने नाम से सुशोभित किया है, साहसी थे। बिना किसी प्रकार का साहस दिखलाये किसी जाति या देश का इतिहास ही नहीं बन सकता। अपने साहस के कारण ही अर्जुन, भीम, भीष्म, अभिमन्यु इत्यादि आज हमारे हृदयों में जागरूक हैं। आल्प्स पर्वत के विशाल शिखरों को पार करनेवाले हनीबल और नेपोलियन का नाम वीरवरों के शुभ नामों के साथ केवल उनके अतुलनीय साहस के कारण ही लिया जाता है। यह साहस ही का प्रभाव था जिसने तैमूर ऐसे लँगड़े गड़ेरिया को, बाबर ऐसे सैकड़ों दफे परास्त किये गये छुद्र भूमिपाल को, शिवाजी और क्रोमवेल ऐसे सामान्य व्यक्तियों को, रणजीतसिंह और संग्रामसिंह ऐसे काने-खुतरे को कुछ-से-कुछ कर दिया।

आत्मोत्सर्ग करनेवाले मनुष्य का साहसी होना तो परमावश्यक है, परन्तु साहसी मनुष्य का आत्मोत्सर्गी होना आवश्यक नहीं, क्योंकि केवल साहस ही प्रकट करना आत्मोत्सर्ग नहीं कहलाता। सूर-वंश के क्रूरकर्मा बादशाह मोहम्मद आदिल पर, भरे दरबार में, कितने ही सिरों और धड़ों को धरणी पर गिराकर एक मुसलमान युवक ने आक्रमण करने का असीम साहस प्रकट किया था। कारण यह था कि बादशाह ने उसके पिता की जागीर जब्त कर ली थी। इसी से उस युवक ने इतने साहस का काम किया। युवक मारा गया। उसके साहस और उसकी निर्भीकता का कुछ ठिकाना है। परन्तु

क्रोधान्ध होकर स्वार्थवश ऐसा साहस करने से युवक का यह कार्य किसी प्रकार प्रशंसनीय नहीं कहा जा सकता। इस प्रकार का साहस चोर और डाकू भी कभी-कभी कर गुजरते हैं। राजे-महाराजे भी अपनी कुत्सित इच्छाओं के पूर्ण करने के लिए कभी-कभी इससे भी बढ़कर साहस के काम कर डालते हैं। ऐसा साहस नीच श्रेणी का साहस है।

मध्य श्रेणी का साहस प्रायः शूरवीरों में पाया जाता है। वह उनके उच्च विचारों और निर्भीकता को भली भाँति-प्रकट करता है। इस प्रकार के साहसवाले मनुष्यों में बेपरवाही और स्वार्थहीनता की कमी नहीं होती, परन्तु उनमें ज्ञान की कमी अवश्य पायी जाती है। अकबर बादशाह के पास दो राजपूत नौकरी के लिए आये। अकबर ने उनसे पूछा कि तुम क्या काम कर सकते हो? वे बोले—"जहाँपनाह करके दिखलावें या केवल कहकर?" बादशाह ने करके दिखलाने की आज्ञा दी। राजपूतों ने घोड़ों पर सवार होकर अपने-अपने बर्छे सँभाले और अकबर के सामने ही एक-दूसरे पर वार करने लगे। थोड़ी देर बाद वे एक-दूसरे पर बेतरह टूट पड़े। बादशाह के देखते-देखते दोनों घोड़े के नीचे आ रहे और मरकर ठण्डे हो गये। बादशाह पर इस वीरता का बड़ा प्रभाव पड़ा। इस प्रकार का साहस निःसन्देह प्रशंसनीय है, परन्तु ज्ञान की आभा की कमी के कारण निस्तेज-सा प्रतीत होता है।

आत्मोत्सर्ग के लिए सर्वोच्च श्रेणी के साहस की आवश्यकता होती है। ऐसे साहस के काम करने के लिए हाथ-पैर की बलिष्ठता आवश्यक नहीं, धन, मान इत्यादि का होना भी आवश्यक नहीं—जिन गुणों का होना आवश्यक है वे हृदय की पवित्रता तथा उदारता और चित्त की दृढ़ता हैं। ऐसे गुणों की प्रेरणा से उत्पन्न हुआ साहस तब तक पूर्णतया प्रशंसनीय नहीं कहा जा सकता जब तक उसमें एक और गुण सम्मिलित न हो। इस गुण का नाम कर्त्तव्यपरायणता है। कर्त्तव्य के विचार से युक्त होने ही पर साहसी मनुष्य आत्मोत्सर्गी बन सकता है। कर्त्तव्य का विचार प्रत्येक साहसी मनुष्य में होना चाहिए। इस विचार से शून्य होने पर, कोई भी मनुष्य, फिर चाहे उसके और विचार कैसे ही अच्छे क्यों न हों, मानव जाति की कुछ भी भलाई नहीं कर सकता। अपने कर्त्तव्य से अनभिज्ञ मनुष्य कभी भी परोपकारपरायण या समाज-हितचिन्तक नहीं कहा जा सकता। बिना इस विचार के मनुष्य अपने परिवार—नहीं-नहीं, अपने शरीर अथवा अपनी आत्मा तक का कोई उपकार नहीं कर सकता। कर्त्तव्यज्ञान-शून्य मनुष्य को मनुष्य नहीं, पशु समझना चाहिए।

आत्मोत्सर्गकता के लिए कर्त्तव्यपरायण बनना परमावश्यक है। बिना कर्त्तव्यपरायण हुए मनुष्य आत्मोत्सर्ग नहीं कर सकता। परन्तु विदित रहे कि कर्त्तव्यपरायण ही होना आत्मोत्सर्गी होना नहीं है। आत्मोत्सर्गी के हृदय में यह बात अवश्य उत्पन्न होनी चाहिए कि जो कुछ मैंने किया वह केवल अपना कर्त्तव्य किया। मारवाड़ के भौरूदा गाँव का

जमींदार बुद्धनसिंह किसी झगड़े के कारण स्वदेश छोड़ रायपुर चला गया और वहीं बस गया। थोड़े ही दिनों बाद मरहठों ने मारवाड़ पर आक्रमण किया। यद्यपि बुद्धन मारवाड़ को बिलकुल ही छोड़ चुका था, तथापि शत्रुओं के आक्रमण का समाचार पाकर और मातृभूमि को संकट में पड़ा हुआ जानकर, उसका रक्त उबल पड़ा। स्वदेश-भक्ति ने उसे बतला दिया कि यह समय ऐसा नहीं है कि तू अपने घरेलू झगड़े को याद करे। उठ और अपना कर्त्तव्य-पालन कर। इस विचार ने उसे इतना मतवाला कर दिया कि वह अपने 150 साथियों को लेकर, बिना किसी से पूछे, जयपुर से तुरन्त चल पड़ा। देश-भर में मरहठे फैले हुए थे। उनके बीच से होकर निकलना कठिन काम था। परन्तु बुद्धन के साहस के सामने उस कठिनता को मस्तक झुकाना पड़ा। एक दिन अपने मुट्ठी-भर साथियों को लिये वह मरहठों के बीच से होकर निकल ही गया। इस तरह निकल जाने से उसके बहुत-से साथी रण-क्षेत्र रूपी अग्नि-कुण्ड में आहुत हो गये। जीवित बचे हुओं में बुद्धनसिंह भी था। वह समय पर अपने देश और राजा की सेवा करने के लिए पहुँच गया। इस घटना को हुए बहुत दिन हो गये, परन्तु आज तक वीर जाति राजपूत अपने कर्त्तव्यपरायण वीर बुद्धन की वीरता को सम्मानपूर्वक याद करती है। राजपूत महिलाएँ आज भी बुद्धन और उसके वीर साथियों की वीरता के गीत गाकर चंचलों के चित्त को भी गम्भीर और स्तब्ध करती हैं। भौरूदा में आज भी एक स्तम्भ उन वीरों की याद में खड़ा हुआ इतिहासवेत्ताओं के हृदय को उत्साहित करता है।

इन गुणों के होने पर भी आत्मोत्सर्ग करने के लिए स्वार्थत्याग करना भी परमावश्यक है। इस संसार में हजारों ऐसे काम हुए हैं जिनको लोग बड़े उत्साह से कहते हैं और सुनते हैं। उन कामों को वे बहुत अच्छा समझते हैं और उनके करनेवालों को सराहते हैं। परन्तु वास्तव में उन कामों में थोड़े ही ऐसे हैं जो स्वार्थ से खाली हों। समय पड़ने पर अपनी जान पर खेल जाने, अथवा असामान्य साहस प्रकट करने में सदा आत्मोत्सर्ग नहीं होता, क्योंकि बहुधा ऐसे काम करनेवाले यशो-लाभ के लोभ से, अपने नाम को कलंकित होने से बचाने के इरादे अथवा लूटमार के द्वारा धनोपार्जन करने की इच्छा से, ऐसे मदान्ध हो जाया करते हैं कि वे अपने मतलब के लिए कठिन से भी कठिन काम करने में संकोच नहीं करते।

आत्मोत्सर्गी व्यक्ति में एक गुप्त शक्ति रहती है, जिसके बल से वह दूसरे मनुष्य को दुरूख से बचाने के लिए प्राण तक देने को प्रस्तुत हो जाता है। धर्म, देश, जाति और परिवारवालों ही के लिए नहीं, किन्तु संकट में पड़े हुए एक अपरिचित व्यक्ति के सहायतार्थ भी, उसी शक्ति की प्रेरणा से वह अपने सारे संकटों का सामना करने को तैयार हो जाता है। अपने प्राणों की वह लेशमात्र भी परवाह नहीं करता। हर प्रकार के क्लेशों को वह प्रसन्नतापूर्वक सहता और स्वार्थ के विचारों को वह अपने चित्त में फटकने तक नहीं देता है।

इस संसार में लाखों मनुष्य ऐसे हैं जो दुर्गुणों में शैतान के भी कान काटते हैं। इतने क्रूर कामों को सुनकर रोमांच हो आता है। संसार में ऐसे कामों की कुछ कमी नहीं है। ऐसे काम कुकर्म कहलाते हैं। कुकर्म बहुत ही बुरा है। परन्तु बुरी बातों से कभी-कभी भलाई भी हो जाती है। यदि सब काम अच्छे होते और कुकर्म का नाम न होता तो अच्छे कामों की कदर ही न होती। इस दशा में वे सब सामान्य काम समझे जाते कोई किसी को भी अपने से उच्चतर न समझता—सब कृतघ्नता के दास और अभिमान की मूर्ति बन बैठते। परन्तु ईश्वर की माया बड़ी विचित्र है, उसने संसार को नाट्यशाला बना रखा है। उसकी रंगभूमि पर मनुष्यात्माएँ नटवत् अपना-अपना अच्छा या बुरा खेल दिखला रही हैं। अच्छे-बुरे दोनों तरह के काम होते हैं। पर बुरे काम अच्छे होते हैं। बुरे कामों की अधिकता ही के कारण हमने अच्छे कामों और उनके करनेवालों का सम्मान करना सीखा है। संसार को बुरे कामों ने अन्धकारपूर्ण बना रखा है। अच्छे काम उसमें लैम्प का काम देते हैं। चन्द्र और तारागण का काम सुकर्म उसी समय दे सकते हैं जब कुकर्म-रूपी रात्रि वर्तमान हो। तात्पर्य यह है कि कुकर्म की अधिकता ही के कारण अच्छे काम प्रशंसनीय समझे जाते हैं और अच्छे कामों की असलियत अच्छी तरह प्रकट होने के लिए ही संसार में बुरे कामों का होना आवश्यक है। आत्मोत्सर्गरूपी सूर्य भी अपने पूर्ण तेज से तभी प्रकट होता है जब संसार रूपी आकाश कुछ समय तक कुकर्म-रूपी काले बादलों से घिरा रह चुका हो।

यदि आप में आत्मोत्सर्गी बनने की अभिलाषा हो तो आपको अवसर की राह देखने की आवश्यकता नहीं है, क्योंकि आत्मोत्सर्ग करने का अवसर प्रत्येक मनुष्य के जीवन में, पल-पल में आया करता है। देशकाल और कर्त्तव्य पर विचार कीजिये और स्वार्थरहित होकर साहस को नहीं छोड़ते हुए कर्त्तव्यपरायण बनने का प्रयत्न कीजिये!

सन्दर्भ

1. देवव्रत शास्त्री, गणेशशंकर विद्यार्थी, आत्माराम ऐण्ड सन्स, दिल्ली, 2011, पेज नं. 27-28
2. सुरेश सलिल (सम्पादन), गणेशशंकर विद्यार्थी रचनावली—1,अनामिका पब्लिशर्स **एण्ड डिस्ट्रीब्यूटर्स** (प्रा.) लिमिटेड नयी दिल्ली, 2004, पेज नं. 41
3. मासिक पत्रिका 'सरस्वती' के सितम्बर, 1911 के अंक में प्रकाशित गणेशशंकर विद्यार्थी का लेख।

परिशिष्ट-2

भारतीय किसान

कृषक समस्त संसार के अन्नदाता हैं। वे मनुष्य जाति के प्राणाधार हैं। स्वामी राम के शब्दों में कृषक-समाज राष्ट्र की जड़ है और भारत के एक अन्य अनुपम नर-रत्न की सम्मति में देश की सच्ची जनता। परन्तु साथ ही, संसार-भर में सबसे अधिक अत्याचार के विश्वव्यापी लक्ष्य भी वे ही रहे हैं। संसार के अन्य किसी समुदाय के साथ इतना अत्याचार और अन्याय नहीं किया गया जितना कि कृषकों के साथ किया गया है। वास्तव में, यदि कृषकों के साथ किया गया अत्याचार और अन्याय नहीं तो फिर, संसार में अत्याचार और अन्याय जैसी कोई चीज ही नहीं। क्या पश्चिम, क्या पूर्व, क्या यूरोप, क्या एशिया, सर्वत्र कृषक-समाज अत्याचार का, धार्मिक, सामाजिक और राजनीतिक तीनों प्रकार के अत्याचार का, शिकार बना रहा है। आयरलैण्ड के कृषकों और रूसी सर्फों की दुःखगाथा किसी से छिपी नहीं है। परन्तु भारतीय किसानों की दशा, जो इनसे किसी प्रकार अच्छी नहीं है, इसलिए और भी बुरी है कि अन्य देशों के कृषकों की दशा को सुधारने का उद्योग किया जा रहा है, परन्तु यहाँ कुछ भी नहीं। यदि किसी से भारतीय खेतिहरों की दुर्दशा का वर्णन कीजिये तो उसके परिणाम में उसके मुँह से उपेक्षा भाव से एक धीमी 'हाँ' तो अवश्य निकल जाती है, और कुछ नहीं। बस कृषकों के प्रति उनके कर्त्तव्य और सहानुभूति का यहीं अन्त हो जाता है। परन्तु यथार्थ में हमारे किसानों की दशा इतनी शोचनीय है कि उनके उद्धारार्थ भगीरथ प्रयत्न की आवश्यकता होगी। सामाजिक और धार्मिक, आर्थिक और राजनीतिक उनके जीवन का एक भी विभाग ऐसा नहीं जिसमें से अवनति के अधःतम गर्त में न पड़े हों। उपर्युक्त चारों विभागों में उनकी वर्तमान जीवन दिशा का वर्णन करने में उपर्युक्त कथन सत्यता और गम्भीरता की पुष्टि होगी।

सामाजिक अवस्था

समाज में कृषकों का पद बहुत ही नीचा है। समाज में न उनका कुछ सम्मान है, न उनका कोई सामाजिक स्थान। यहाँ तक कि 'किसान' शब्द अज्ञान, मूर्खता, निर्धनता

और सामाजिक हीनता का पर्यायवाची हो रहा है। भारत के चाहे जिस प्रदेश में चाहे जिस किसान से आप बातें कीजिये, वह आपसे कहेगा—महाराज, हम किसान आदमी हैं और आप बड़े आदमी। (मानो किसान न होना ही बड़ा होना है और किसान होना ही नीचा होना) हम आपकी बातें क्या समझें, आपकी बराबरी कैसे करें, ये या ऐसे ही वाक्य प्रतिपल प्रत्येक कृषक के मुख से उच्चरित होकर भारतीय वायुमण्डल में गूँजा करते हैं और इस बात के अचूक प्रमाण हैं कि कृषकों की सामाजिक हीनता इस सीमा तक पहुँच गयी है कि न केवल कृषकेतर सज्जन ही उन्हें हीन समझते हैं वरन् वे स्वयं भी अपनी इस दुरवस्था को प्राकृतिक मानते हैं। नगर निवासियों और सरकारी कर्मचारियों, पुलिस और तहसील के चपरासियों की कौन कहे, जमींदारों के नौकर, गाँव के दुकानदार और पुरोहित जी भी उन्हें नीच समझते हैं। खूबी तो यह है कि यह सब इसलिए नहीं कि ऋषियों या मुनियों, वेदों या शास्त्रों, पुराणों या अन्य धर्मग्रन्थों ने उन्हें नीच जातिवाला बनाया है, क्योंकि स्मरण रहे, आजकल ब्राह्मण से लेकर शूद्र तक सभी कृषि कर्म करते हैं, परन्तु इसलिए और केवल इसलिए कि वे 'किसान' हैं? हाँ, सामाजिक अत्याचार क्या इससे भी अधिक हो सकता है?

धार्मिक अवस्था

नहीं कहा जा सकता कि कृषकों की कोई धार्मिक अवस्था है भी या नहीं। द्वार पर आनेवालों को भीख, त्योहारों पर उधार लेकर तेल का पकवान, अपने गाँव के मन्दिर में जिस किसी की मूर्ति हो उसकी पूजा इत्यादि, रीति-रस्मों के पालन करने में ही उनके कर्मकाण्ड की शर्तें हैं। यही उनके यज्ञ हैं। उन बेचारों को इतना अवकाश ही कहाँ जो ज्ञान काण्ड या अन्य काण्डों की मीमांसा करने बैठें। माना कि वे शहरवालों से अधिक सदाचारी हैं, परन्तु उनका सदाचार, अज्ञान और नकल के कच्चे धागे पर स्थित है, बुद्धि और तर्क पर नहीं। कलियुग और भाग्य के नाम पर ये सब अत्याचार सहना और ईश्वर ने हमें इसीलिए पैदा किया है, यह मानना ही उनके धर्म का सार है।

आर्थिक दशा

जो कि उपर्युक्त दोनों दुरवस्थाओं का कारण भी है, उनसे भी अधिक गयी बीती है। कृषक समुदाय संख्या में 20 करोड़ से भी अधिक है। भारत में लगभग 63.5 फीसदी मनुष्य खेती पर निर्भर है। यहाँ सदा से, मालगुजारी ही सरकारी कोष का प्रधान आधार रही है। अब भी देश की आय का चतुर्थांश मालगुजारी से ही मिलता है, पर किसान भूखों मरते हैं। उनकी आमदनी सरकारी गणना के अनुसार तीन आना प्रतिदिन प्रति कुटुम्ब है। एक कुटुम्ब में कम-से-कम चार व्यक्ति होते हैं। इन्हीं तीन आने में उन्हें अपना उदर भरण करना पड़ता है। अधिकांश व्यय, सामाजिक अत्याचार के फलस्वरूप सामाजिक रीति-रस्मों, विवाह, श्राद्ध, तीज-त्योहार, लेन-देन आदि की पूर्ति करने में होता है। शेष से गृहस्थी का सारा व्यय चलाना पड़ता है। आज खाकर कल को नहीं, तब

आश्चर्य ही क्या, यदि भारत में अकाल से लाखों मनुष्य मरें फिर कार्यक्षमता प्राप्त करने और वैज्ञानिक यन्त्रों और ढंगों से काम लेने के लिए उनके पास दाम कहाँ से आवें? फूस के छप्पर से छायी हुई मिट्टी की एक झोंपड़ी, मिट्टी के घड़े, पत्थर की एक कठौती, पीतल की दो-एक थालियाँ और लोटे, एकाध टूटी खाट, खुरपी हो तो हल, जुआ यही उनकी सर्वस्व सम्पत्ति है। नमक, मिर्च में पानी की बूँद डालकर उससे ही चुपड़ी हुई अधपेट रोटी और गोप्यांग ढँकने को एक चिथड़ा ही उनके रहन-सहन का आदर्श है तथा गंजी की मिर्जई और एक धोती, खुर्रा जूता और दो पैसे की टोपी या पगड़ी और तेल का पकवान ही उनकी विलास-सामग्री है। यदि आयरलैण्ड के कृषक आलुओं से अपना गुजारा करते थे तो ये गाजरों से ही किसी प्रकार पेट भर लेते हैं। परिश्रम इनको इतना अधिक करना पड़ता है कि पसीना लहू होकर निकल जाता है। नंगे बदन जलती जेठ और आषाढ़ की धूप में हल जोतते और खेत काटते, वर्षा ऋतु में घन-घटाओं की प्रचण्डाघात सहते शीतकाल में थर-थर काँपते हुए देखकर इनके धैर्य की प्रशंसा और सन्तोष पर आश्चर्य करना पड़ता है। परन्तु शोक कि अपने परिश्रम जात कर्मफल का भोग—जो मनुष्यमात्र का जन्म स्वत्व है—ये लोग नहीं करने पाते। आजकल, भारत के आरक्षित मजदूरों को एक रुपया प्रतिदिन मजदूरी मिलती है। परन्तु श्रमजीवियों से कहीं अधिक जी तोड़कर और परिश्रम करनेवाले इन कृषकों को कुटुम्ब पीछे तीन आने प्रतिदिन की ही आय होती है। आबाल-वृद्ध, स्त्री और पुरुष दिन-रात घोर परिश्रम करते हैं। फिर भी आमदनी होती है केवल तीन आने प्रतिदिन की। एक मजदूर की मजदूरी, भारतीय मजदूर की मजदूरी, तक के बराबर नहीं। जन्म से पहले ही उन पर कर्ज हो जाता है जो मरने के बाद भी नहीं चुका पाता। महाजन दुःशासनों द्वारा निरन्तर खींचे जाने पर भी द्रौपदी के चीर की भाँति उनके ऋण का कभी छोर ही नहीं आता। हल, बैल, अनाज, भूसा सब-कुछ बेचने पर भी लगान और ऋण से वे उऋण नहीं होते। कभी-कभी तो खड़े खेत बिक जाते हैं। तिस पर भी उन पर लगाये गये करों की कुछ संख्या और सीमा ही नहीं। न केवल एक अत्यन्त अपव्ययी शासन की आवश्यकताओं की पूर्ति के लिए उन्हें असहाय लगान ही नहीं देना पड़ता है, वरन् विलासप्रिय जमींदारों की आकांक्षाओं की पूर्ति तथा लहू के प्यासे महाजनों और समाज की तृष्णा की शान्ति भी करनी पड़ती है। पटवारी के खाते में लिखे हुए लगान देना और कम-से-कम 37 फी सैकड़ा या कहीं-कहीं 75 फी सैकड़ा प्रतिवर्ष या इससे भी अधिक ब्याज देना तो साधारण बातें हैं। चक्रवृद्धि ब्याज तो उनके लिए वही काम करता है, जो राक्षसों के लिए चक्रसुदर्शन। जमींदार को प्रति फसल एक या अधिक रुपया भेंट करना, तीज-त्योहार विशेषकर विवाहादि पर जमींदार को भेंट देना, चारा या भूसा देना तो साधारण कर है। महाजन बाजार भाव से एक सेर प्रति रुपया कम अनाज देते और एक सेर प्रति रुपया अधिक लेते हैं। साथ ही, एक आना प्रति रुपया महीने ब्याज भी। जितना लिया हो

फसल पर उससे सवाया अनाज लौटाना भी मामूली ब्याज है। राशि तौलते समय महाजन और जमींदार को प्रति मन्न आधा सेर अधिक अनाज धूल-मिट्टी होने के कारण देना पड़ता है जिसे 'खाकुमा' कहते हैं। और व्ययों के अतिरिक्त तुलाई का वजनकशी भी देनी पड़ती है। कहीं-कहीं धाल और बँटाई नाम के कर भी लगाये जाते हैं। तीन आने प्रतिदिन प्रति कुटुम्ब की आमदनी और इतने कर, फिर क्यों न कृषक अकाल और प्लेगादि रोगों के ग्रास बनें। बेगार तो उनका कर्त्तव्य है और पुलिस के सिपाहियों, तहसील के चपरासियों और पटवारियों पर मुद्रा-पुष्प चढ़ाना उनका धर्म। मरे को मारने के लिए, अबाध व्यापार नीति, सम्मिलित कुटुम्ब प्रणाली के अनुसार बँटवारे की मार जिसके कारण 1.66 एकड़ भूमि के–जिसकी मालगुजारी चार रुपये दस आने थी–37 हिस्से तक हो गये।

जमींदार और महाजनों का रसीद और तमस्सुख न देना तथा भृकुटी बदल जाने पर झूठी नालिशें करना, कृषि ही देश का एकमात्र व्यवसाय रह जाना, पण्डित जी की कथा इत्यादि अन्य सामाजिक कर इन रन्तिदेवों के 48वें दिन का भी भोजन ले जाते हैं। मधुमक्षिकाएँ जिस अनवरत परिश्रम और धैर्य से अपने सम्मिलित उद्योग द्वारा मधु एकत्रित करते हैं उसे सभी जानते हैं, कहते हैं कि साँप के आने पर मक्खियाँ छत्ता छोड़कर अलग हो जाती हैं और साँप शहद चूस जाता है। मधु इकट्ठा करनेवाले बधिक जिस प्रकार निष्ठुरता से मक्खियों की हत्या करके शहद लेते हैं, वह भी किसी से न छिपा। कृषकेतर बन्धुओं से प्रार्थना है कि वे ठहरें और सोचें कि वे कौन लोग हैं? बधिक या साँप। आप तो अपने आलसी शरीर और जूतों तक में तेल लगावें, पर उन्हें अपनी आँतें चुपड़ने तक के लिए तेल नसीब न हो। ओ! बुद्धि से काम लो, एक ही बार में सोने के अण्डे प्राप्त करने के लोभ में आकर मुर्गी को मत हलाल करो।

राजनीतिक अवस्था

सुप्रसिद्ध भारत हितैषी लार्ड कर्जन कहते हैं कि, "भारतीय कृषक राजनीति नहीं जानते। पर उसके बुरे-भले फलों को भोगते हैं।" ठीक है। राजनीति तक उनकी पहुँच ही नहीं। वे राजनीति जानें कैसे? देश और उसकी राजनीति से उन्होंने लाभ ही क्या उठाया है, जो देश का गर्व करें और उसकी राजनीति जानें? रही बुरे-भले का फल भोगने की बात सो 'और करे अपराध कोऊ, और पाप फल भोग' यह तो एक साधारण बात है। गलती करें नियम निर्धारिणी और कार्यकारिणी समितियाँ और पिसें बेचारे किसान। इनके अपराधों का दण्ड भोगने के लिए तो वे पैदा ही हुए हैं। मिस्टर लेनपुल कहते हैं: "भारतीय प्रायः अब भी वैसा ही है जैसे वे सदा से थे जब से इतिहास का जन्म हुआ है। तब से अब तक इनमें कुछ भी परिवर्तन नहीं हुआ।"

परन्तु वह भूल करते हैं क्योंकि उनका उपर्युक्त कथन, उन्नति करो या नष्ट हो जाओ, प्रकृति के इस नियम के प्रतिकूल है। वे त्रिशंकु तो हैं ही नहीं, जो उन्नति और

अवनति के बीच में लटके रहें। नहीं साहब, ये ययाति हैं जो अपने सन्तोष, आज्ञा-पालन इत्यादि गुणों के कारण उन्नति-स्वर्ग से अवनति के गर्त में ढकेल दिये गये हैं। उनके लिए उनका खेत ही उनका देश है और पुलिस के सिपाही, तहसील के चपरासी और पटवारी ही उनकी सरकार। हाथ-पैरों से बेगार करना तथा और गाड़ी, ईंधन, चारा इत्यादि बेगार में देना, गाली और मार खाना और लगान देना ही उनकी राजनीति है। जब हम अपने स्वत्व माँगते हैं तो सरकार सर्वसाधारण की दुहाई देती है। लार्ड कर्जन कृषकों को देश की हड्डियाँ और नसें बताते हैं। परन्तु सर्वसाधारण और देश की हड्डियाँ तथा नसों के लिए उन्होंने किया क्या? वही ढाक के तीन पात। यथार्थ में, जब तक विश्वास और भय की नीति के साथ अधिकारी वर्ग काम करते हैं, जब तक होम चार्जेज, सेना, उच्च पदाधिकारियों आदि के लिए होनेवाले अपव्यय की कमी नहीं होगी और फलतः लगान में 15-20 सैकड़ा की कमी न होगी, बन्दोबस्त स्थायी न होगा और न अबाध व्यापारी नीति के कारण अन्य व्यवसाय ही फलने-फूलने पावेंगे, तब तक सरकार कुछ कर भी नहीं सकती। अतः देशबन्धुओं को अपनी सहृदयता और सज्जनता निष्क्रिय नहीं रखनी चाहिए। उन्हें अकर्मण्यता छोड़कर असहाय दीन-हीन कृषकों के समस्त अत्याचारों और अन्यायों से रक्षा करने के लिए मैदान में आ जाना चाहिए। यह नहीं कि वे उन्नति नहीं कर सकते, किन्तु इसके प्रतिकूल मितव्ययिता, संयम, परिश्रम और धर्म-प्रेम इत्यादि गुण उनमें ऐसे हैं कि यदि उनके हाथ-पैर बँधे न हों, यदि उन्हें तनिक भी अवसर मिले तो वे सम्मान के साथ संसार के किसी भी कृषक-समुदाय से मुकाबला कर सकते हैं। अब यह दुर्व्यवस्था बहुत दिनों तक नहीं रह सकती। अश्वत्थामा अब खड़िया घोलकर नहीं बहलाया जा सकता। उसे दूध का ज्ञान हो गया है। इन आपत्तियों से छुटकारा पाने और कृषकों का उद्धार करने का एकमात्र उपाय यह है कि देश के निवासियों के हाथों में कुछ कर-धर सकने का अधिकार हो, और यह अधिकार उस समय तक न होगा जब तक हमे स्वराज प्राप्त न होगा।

परिशिष्ट-3

बिजोलिया

रूढ़ियों के उपासक! सावधान हो। जाग्रति का प्रवाह कहीं प्रकट रूप में और कहीं अन्तरतर में अपने पूरे बल के साथ बढ़ता चला आ रहा है। अचल युग के स्तम्भ टूट-टूटकर गिर रहे हैं। परिवर्तन की भीषण लहरें खँडहरों की प्राचीनता को धोती हुई, आगामी युग का सन्देश दे रही हैं। गहन वनों की गुंजन वृक्ष-लताओं को चीरती हुई, पर्वतश्रेणियों और तमसाच्छन्न घाटियों से टकराती हुई वायु न मालूम कहाँ-कहाँ अपने नये भावों को छितराती फिर रही है। प्रखर प्रकाश की किरणें ऊपरी नहीं, वरन् अन्तरतर में स्वयं प्रकट होनेवाली ज्योतियाँ अन्धकार में भटके हुए पथिकों को प्रकाशमान् पथ की ओर लिये जा रही हैं। मनुष्यों के बीच में रहनेवाले देवताओ! सावधान। भक्तों की अटल भक्ति डिग गयी है। झुकनेवाले सिर अब तुम्हारे चरणों के रखने की चौकी न रहेंगे और न उनके हृदय तुम्हारी अन्धी श्रद्धा के पिंजड़े। गरीब और पतित कहलानेवालों के हृदय गरीब और पतित नहीं। विधि का ऐसा कोई नियम नहीं है कि वे तुम्हें कभी मार्ग दिखा ही नहीं सकें। अब भी अवसर है मनुष्य बने रहने का, यदि तुम पतितों के साथ चल सकने के लिए तैयार हो।

मेवाड़ राज्य में एक बिजोलिया नामक ठिकाना है। इसमें बहुतेरे ग्राम हैं। उमराव को इससे हर साल एक लाख रुपये के लगभग आमदनी होती है। उमराव के नाबालिग होने के कारण आजकल राज्य की ओर से मुंसरिमात मुहकमे के हाथ में इसका शासन भार है। पर मुंसरिमात के शासन के होते हुए भी पुरानी रूढ़ियाँ ज्यों-की-त्यों बनी हुई हैं। व्यवस्था और कानून प्रजा के लिए बने नहीं। शासकों की इच्छा के लिए कानून है। प्रतिनिधिक शासन का उन्होंने कभी नाम भी नहीं सुना और न व्यक्तिगत स्वाधीनता का ही उन्हें परिचय है। लगान और टैक्सों के साथ-साथ उन्हें डेढ़ सौ लागतें देनी पड़ती हैं। बेगार की प्रथा उनके पराधीन जीवन का सबसे बड़ा प्रमाण है। अन्धकार की छाया के नीचे रहकर उन्होंने यह सब-कुछ सहा है। किन्तु हरेक बात की सीमा होती है। सहनशीलता की एक सीमा होती है और साथ ही अत्याचारों की भी। बिजोलिया में इस समय ये दोनों सीमाएँ नहीं रहीं। संवत् 1970 के पहले ऐसी बात नहीं थी। मुंसरिमात

के कायम होने पर धूर्त कर्मचारियों ने अपने व्यक्तिगत स्वार्थ की पूर्ति के लिए शरह लगान के साथ-साथ डेढ़ सौ लागतें भी दर्ज करा दीं। फी कुआँ 100 सरे, फी खेत 65 गन्ने, फेफडे, होले, दांग्या आदि लागतें चलन में आ गयीं। राज्य की तरफ से ठिकानेवालों को जितने पट्टे आज तक दिये गये उनमें से किसी में भी इतनी अत्याचारपूर्ण लागतों का नाम नहीं है। देवनगर के संवत् 1942 वाले पट्टे, उमाजी के खेड़े के संवत् 1900 वाले पट्टे, बड़वा के संवत् 1931 वाले पट्टे, तथा सूरज विलास एवं सूंठयाल के पट्टे में भी छह और सात लागतों से अधिक लागतों का जिक्र नहीं है। यदि इससे भी पुरानी लागतों की ओर चला जाये, तो केवल दो लागतें ली जाती थीं। एक खड़ लाकड़ और दूसरी छटूँद। इनमें से छटूँद केवल लगान का अपभ्रंश है। लगान न लेकर प्रजा से पैदावार का षष्ठमांश ले लिया जाता था, पर अब वे दोनों बातें होती हैं। खड़ लाकड़ के बदले किसान अपने काम के लिए घास और लकड़ी काट सकते थे। पर अब ऐसी कोई बात नहीं है।

गरीब प्रजा जिनके पास सदा सामने सदा अकाल और रोगों की मृत्यु छाया अपने भीषण रूप में खड़ी रहती है, इन अनगिनत लागतों और बेगारों से त्राहि-त्राहि कर रही है। कोई ऐसा पेशा नहीं, कोई ऐसी जाति नहीं और कोई त्योहार अथवा ठिक नहीं जिस पर लागत और नेगों की भयंकर छाया न छायी हो, रतडा सुनाई डोइली कसरात, राखी की राखी, गणगौर की चूड़ा, रेजा, लागत की खाल, बलिदान का बकरा, तेली का खूद, झीलों का पहरा, चवरी माता, दण्ड बराड, घास के भारे, डोलचिया गठाई, बलीता नकाई, खरिया नकाई, रसाल नकाई, शहनों को जूते, जल भराई, कुम्हारों की बेगार, सेवा, केलू की खुडची, रसद, नाई की बेगार, खटीक की लागत, छीपे की बेगार, पटेलों को नजराना, सौन्दरा, चौथ, बटवाली, अमल बौलाई, लुहार की बेगार, खाती की बेगार, धोबी की बेगार, दर्जी की बेगार, कोतवाली की इंछु, कामदार की इंछु, राणी की सरकारी इंछु, ढोली की इंछु, मन्दिर की इंछु, गावबलाई की इंछु, गदराडा की इंछु, तलवाना, कुलडी घौस, फौज बराड़ शहर मोट, नून बराड, भीम बराड, चौकी और बुजसराई और आदि-आदि सैकड़ों तरह की लागतें और बेगारें बिजोलिया की प्रजा से ली जाती है। वहाँ की कोई भी जात इनसे मुक्त नहीं है अफसरों के दौरों के समय नयी बेगारों और लागतों का जन्म दिया जाता है। प्रजा के न मानने पर कर्मचारीगण जो दुर्व्यवहार करते हैं, उसकी करुण कथा और भी अधिक दुःखदायी है। आश्चर्य है कि मनुष्य ही इन अत्याचारों को करते हैं और मनुष्य ही अब तक सहन करते रहे हैं।

अत्याचार कभी प्रसन्नतापूर्वक नहीं सह लिये जाते हैं। बिजोलिया की जनता ने भी अपने प्रभुओं की सेवा में अपने कष्टों की कथा कई बार सुनायी, पर प्रभुओं ने कान नहीं दिये। प्रजा की प्रार्थनाओं का असर उलटा हुआ। ठीकानेवाले और भी अधिक सख्ती से पेश आने लगे। सीमा पहले ही टूट चुकी थी। अतः प्रजा ने भी अपनी शक्ति-भर विरोध किया। गत वर्ष की बात है बिजोलिया की सारी भूमि बिना जोती-बायी पड़ी रही

और प्रजा ने लागतों का देना एकदम बन्द कर दिया। इसका फल यह हुआ कि सेना और सवारों द्वारा प्रजा पर खुल्लमखुल्ला अत्याचार किया गया। शहनों और सवारों में घरों में घुस-घुसकर लूटमार मचायी। अन्त में लगभग 400 किसान बिजोलिया के दुर्ग में कैद कर दिये गये।

उदयपुर के अधिकारी इतने पर भी टस से मस नहीं हुए। उनके पास न्याय के लिए पुकार पहुँचायी गयी। पर वह बड़ी निर्दयता के साथ ठुकरा दी गयी। राज्यवाले ठिकाने के झगड़ों को अन्त समय तक टालते रहे। पर जब देखा कि बिजोलिया की छूत के अन्यत्र भी फैल जाने का भय है, तब श्री दरबार के श्री बिन्दुलाल भट्टाचार्य की अध्यक्षता में एक जाँच कमीशन भेजा। कमीशन ने क्या किया, इसका आज तक किसी को पता नहीं। कमीशन की जाँच के बाद भी ठिकानेवालों के जोर-जुल्म जारी रहे। 400 किसानों में से 50 मुखिया रखकर बाकी छोड़ दिये गये और मुखियों पर इस तरह से जोर डाला गया कि वे लागतों को स्वीकार कर लें, पर ऐसा कुछ भी न हो सका। छल और बल दोनों असफल हुए। इस वर्ष भी अब तक प्रजा ने अपने खेत नहीं बोये हैं। इसलिए ठिकानेवाले घबड़ा रहे हैं। उन्हें प्रजा से एक पैसा भी नहीं मिलता। उदयपुर जाकर भी उन्होंने बहुत-कुछ दाँव-पेच खेले पर वहाँ से भी असफल लौटे।

गत कांग्रेस के अवसर पर बिजोलिया के कुछ किसान अमृतसर पहुँचे। उन्होंने ब्रिटिश भारतीय भाइयों की सहायता से अपने प्रभुओं तक अपनी पुकार पहुँचाने का उद्योग किया। तय पाया कि तीन आदमियों का एक कमीशन बिजोलिया जाकर स्थिति की जाँच करे, और वहाँ का कष्ट-कथा सर्वसाधारण के सामने रखे। उदयपुर के अधिकारियों से प्रार्थना और अनुरोध करे कि बिजोलिया की प्रजा के कष्ट को दूर किया जाये।

अब इस कमीशन की बात सुनकर श्री दरबार में अपनी प्रजा की पुकार पर ध्यान देकर जाँच के लिए कमीशन नियुक्त किया है। कमीशन में पण्डित रमाकान्त मालवीय, श्री महतो, तख्त सिंह और राय बहादुर श्री राजा सिंह हैं। हमें पिछले दो व्यक्तियों का परिचय प्राप्त नहीं है। इसके साथ ही एक बात और भी है। अच्छा उद्देश्य लेकर चलनेवाले सदा अच्छा ही काम नहीं कर सकते और यदि उनमें कुछ करने का बल होता है तो, वे अच्छे-से-अच्छा काम भी कर सकते हैं। स्थिति एक सीमा तक पहुँच चुकी है जहाँ पर समझौते की गुंजाइश नहीं है, केवल न्याय करने से ही मामला निपट सकता है। बिजोलिया की कष्ट-कथा कोई गुप्त पहेली नहीं है। कमीशन यदि दोनों पक्षों की बातें सुनेगा, तो निश्चय ही उसके सामने सच्चा चित्र खिंच जायेगा। यदि बिजोलिया की प्रजा को सुखी बनाने में कमीशन या श्री दरबार सफल हुए तो वे आगे चलकर मेवाड़ भर की प्रजा को सुखी देख सकने में समर्थ होंगे।

—23 फरवरी, 1920 साप्ताहिक 'प्रताप' से

परिशिष्ट-4

डायरशाही

गणेश जी ने मुन्शीगंज गोली काण्ड की तुलना जलियाँवाला बाग से की थी। उन्होंने अपने लेख का शीर्षक भी जनरल डायर की क्रूरता के रूप में 'डायरशाही' का नाम दिया था। यह 'प्रताप' दैनिक में 13 जनवरी, 1921 को तथा बाद में 17 जनवरी, 1921 को साप्ताहिक में प्रकाशित हुआ।

"इस प्रान्त के इस समय, 1921 में शासन सुधारों के सूत्रपात के प्रारम्भ में और 'डयूक ऑफ कनाट' के आगमन के साथ-ही-साथ पंजाब में हो चुकनेवाली घटनाओं की पुनरावृत्ति हो रही है। निःसन्देह यह आवृत्ति उतनी बड़ी नहीं जितनी कि आवृत्ति थी। परन्तु रंग और रूप में उससे इससे कोई अन्तर नहीं है। जिस प्रकार उसमें जनता कुछ भी नहीं समझी गयी और शासकों ने लोगों के अधिकारों और आत्मा को अत्यन्त निरंकुशता के साथ पैरों तले रौंदा, उसी प्रकार इस समय भी शासकों ने लोगों की मान और मर्यादा को विध्वंस किया है। कहा जाता है कि रायबरेली में कुछ उत्पात हुए थे। पण्डित जवाहरलाल नेहरू ने भी स्वीकार किया है, कि कहीं-कहीं कुछ अशान्ति मची थी। परन्तु, यदि इने-गिने लोगों ने उत्पात किया था तो क्या इन उत्पातों के कारण, हजारों निर्दोष लोगों के मुँह बन्द करने, उन्हें भयातुर डालने, उन्हें सताने और उन पर गोली चलाने की आवश्यकता थी? डायर ने जो कुछ किया था उससे रायबरेली के डिस्ट्रिक्ट मजिस्ट्रेट ने क्या कम किया है? निहत्थों और निर्दोषों पर उसने गोलियाँ चलवायीं और यही काम यहाँ रायबरेली में किया गया। अन्तर भी था वह यह कि वहाँ मशीनगन थी, यहाँ बन्दूकें थीं। वहाँ घिरा हुआ एक बाग था और यहाँ नदी का किनारा। परन्तु निर्दयता और पशुता की मात्रा में किसी प्रकार की कमी नहीं थी। मरनेवाले लोगों के लिए मुन्शीगंज की गोलियाँ वैसी ही कातिल थीं, जैसी कि जलियाँवाला बाग की गोलियाँ। क्रूरता की क्रिया भी उतना ही जघन्य रूप धारण किये थे। 'इण्डिपेण्डेण्ट' का कहना है कि छह लाशें पुलिस के पास पड़ी थीं और उनका कोई भी खबरगीर न था। पता नहीं डायर ने जलियाँवाला में अपने हाथों से गोलियाँ चलायी थीं अथवा नहीं, परन्तु

यहाँ डायर का एक भाई मौजूद था। रंग और रूप में नहीं, धर्म और जाति में नहीं, परन्तु हृदय की क्रूरता में ठीक डायर का-ही-सा! देश के दुर्भाग्य से यह आदमी है एक भारतीय और उसका नाम है—वीरपाल सिंह! वह ताल्लुकेदार है। किसानों का कहना है कि उसने सबसे अधिक गोलियाँ चलायीं। वह इनकार करता है। किन्तु उसका इनकार हजारों आदमियों की आँख में धूल नहीं झोंक सकता। डायर की पीठ ठोंकी थी 'ओ'डायर ने। और आज फिर वही बातें इस घटना के सम्बन्ध में हमारे प्रान्त में हो रही हैं। 'सर हारकोर्ट बटलर' सर माइकेल 'ओ'डायर का काम कर रहे हैं। डायर जब बेगुनाहों के खून से हाथ रँग चुका, तब उसके खूँख्वार काम पर सर माइकेल ने अपनी अनुमति का तार भेजा था। हमारा विशेष संवाददाता कहता है कि रायबरेली के अधिकारियों को, और हत्यारे सरदार वीरपाल सिंह की पीठ ठोंकते हुए एक तार इस प्रान्त के गवर्नर 'सर हारकोर्ट बटलर' ने रायबरेली भेजा है। गवर्नर महोदय प्रसन्न हैं। और वे क्यों न प्रसन्न हों? सर हारकोर्ट बटलर शासन के काम में कैसे ही पटु क्यों न हो, परन्तु उनका हृदय गरीबों के साथ कदापि नहीं है। वे सदा अमीरों और ताल्लुकेदारों के प्रेमी रहे। और उन्हीं में मिले-जुले रहे। अवध के ताल्लुकेदारों के तो वे अपने आदमी हैं। और आज से नहीं, बहुत पहले से लॉर्ड चेम्सफोर्ड जब लखनऊ आये थे तब उन्होंने गवर्नर को ताल्लुकेदार के नाम से सम्बोधित किया था। वे ताल्लुकेदारों की सभा के मेम्बर हैं। उन्होंने ताल्लुकेदारों (राजा महमूदाबाद) को अपनी कार्यकारिणी समिति का मेम्बर बनाकर अपना दाहिना हाथ बना लिया है। ताल्लुकेदार भी उन्हें खूब मानते हैं। उनका यशगान करते-करते नहीं अघाते। उनकी पूजा अभ्यर्थना करते नहीं थकते। इस काम में वे अपनी मूर्खता की पराकाष्ठा तक दिखा देते हैं। अभी एक सप्ताह की ही बात है राजा महमूदाबाद ने गवर्नर महोदय के आदर करने की भावना में तल्लीन होकर प्रान्त के सामने गवर्नर का एक स्मारक बनवाने का प्रस्ताव पेश किया था। उनका प्रस्ताव है कि गवर्नर की मूर्ति बने। पता नहीं इसके पीछे क्या हो रहा है, परन्तु यदि कुछ न हो रहा हो तो अपने उपास्यदेव की मूर्ति बनाने का अवसर इस समय से बढ़कर ताल्लुकेदारों को अब कोई दूसरा नहीं मिल सकता।

रायबरेली जिले में जहाँ पर निर्दोष और निहत्थे किसानों का खून बहाया गया है वहीं वे सर हारकोर्ट की मूर्ति की प्रतिष्ठा करें और उस पर ये शब्द अंकित करा दें—"भले और बुरे हर समय में हमारा मुरब्बी 'सर हारकोर्ट बटलर।' सर बटलर ने अपने ओहदे और अपनी जिम्मेदारियों का, ताल्लुकेदारों की ममता में बहकर ऐसा विस्मरण कभी न किया होगा, जैसा कि कर रहे हैं। उनकी आँखों पर पक्षपात और अन्याय का पर्दा कभी भी ऐसा न पड़ा होगा जैसा कि इस समय पड़ा हुआ है। इसके बजाय कि करोड़ों आदमियों के ये शासक महोदय, इस दुर्घटना पर निष्पक्ष होकर गम्भीरता के साथ विचार करने का संकल्प प्रकट करते और यदि आवश्यक समझते तो अधिकारियों को सतर्क

रहने का आदेश भी दे देते। उन्होंने अभी से अधिकारियों की पीठ ठोकना और जनता को दोषी मान लेना वाजिब समझा है। इतने बड़े प्रान्त के शासक के लिए इससे बढ़कर नावाजिब बात कोई दूसरी नहीं हो सकती। परन्तु इसमें गवर्नर महोदय का उतना दोष नहीं जितना उस वायुमण्डल का है, जिसमें हमारे शासक, शासन करना और प्रजा को गुलाम बनाना सीखते हैं। उनके ध्यान में यह बात आती ही नहीं कि साधारण-से-साधारण जनता अशान्ति के कारण ऐसी भी हो सकती है जिसमें उसको दबाने की नहीं, किन्तु दूसरों को और बहुत-सी हालात में अपने आदमियों, अपने पिट्ठुओं और अपने को दबाने की आवश्यकता है। ये हत्यारे हैं, निर्दोष और निहत्थे आदमियों के घातक हैं। हैं मनुष्य परन्तु यथार्थ में पशु हैं। और छूटे हुए फिरते हैं परन्तु केवल इसलिए कि समय इनके अनुकूल है। और न्याय करनेवाले अन्यायी हो गये हैं।"

परिशिष्ट-5

रायबरेली (उत्तर प्रदेश) जिले के ताल्लुकेदार सरदार वीरपाल सिंह ने 'प्रताप' के सम्पादकीय दिनांक 13 जनवरी, 1921 के सम्बन्ध में गणेश जी को एक-एक पत्र लिखकर उनसे क्षमा-याचना का प्रस्ताव किया था। विद्यार्थी जी ने उन्हें अपना साहसपूर्ण उत्तर इस प्रकार लिखा था।

प्रताप आफिस, कानपुर
20-01-1921

सरदार वीरपाल सिंह एम.एल.सी.
ताल्लुकेदार, रायबरेली।

सर, हमको आपकी नोटिस प्राप्त हुई। आपने यह पूछा है कि हम आपसे क्षमा याचना करें तथा जो हमने सम्पादकीय दिनांक 13 जनवरी, 1921 में विचार प्रकट किये है उन्हें वापस ले लें। उसके उत्तर में हम आपको सूचित कर रहे हैं कि जो कुछ हमने लिखा है हम पूरी तौर से न्याय पथ पर हैं। हमारे पास अपने विचारों की पुष्टि में पर्याप्त साक्ष्य हैं। हम आपसे फिर कहेंगे कि आप हमारे सम्पादकीय को, जिसका कि आपने उल्लेख किया है, दोबारा फिर पढ़ें। हम पूरी सामग्री आपके वकील के हाथ में ... यदि समय आया तो न्यायालय में दे देंगे। इसे दूसरी नीति न समझियेगा। अभियोगों के सम्बन्ध में सच्चाई यह होगी कि जनता हमारा अखबार लेकर आपके दरवाजे पर चिल्लायेगी।

मैं समझता हूँ 'इण्डिपेण्डेण्ट' अखबार के पास समय रहते पर्याप्त तथ्य नहीं पहुँच पाये जिससे उन्होंने माफी माँग ली है।

आपका सच्चा
गणेशशंकर विद्यार्थी
सम्पादक, प्रताप

परिशिष्ट-6

अवध के किसान जब किसान-सभा में शामिल होते थे तथा किसान-सभा का सदस्य बनते समय जो प्रतिज्ञाएँ लेते थे वे 28 जून, 1920 के 'प्रताप' में 'किसान प्रतिज्ञा' शीर्षक से छपी हैं। उन प्रतिज्ञाओं का यहाँ उल्लेख किया जा रहा है—

- हम किसान सच बोलब, झूठ न बोलब, दुःख के बात सच-सच कहब।
- हम केहू के मार, गारी न सहब,—हम केहू पर हाथ न छोड़ब, लेकिन जब केहू जिलादार बा सिपाही मारी बदे हाथ उठाई उनकर दस-पाँच जने मिलकेहु हाथ पकड़ लेब। जब केहू गारी देई हम सभन मिलकर मना करब अगर न मनिहैं तो पकरि के अपने ठकुरे के पास ले जाब।
- खेत के लगान ठीक बख्त पर भुगतान करब, लगान के रसीद जरूर लेब। आपन गाँव भर के मिलके ठकुरे इहाँ जायके लगान देब।
- हथियावन, घोड़ावन, मोटरावन गैरकानूनी टिकस न देब। बेकार बिना मजदूरी के न करब। अगर कौनों किसान के ताल्लुकेदार के सिपाही पकड़िहैं वो के गाँव-भर मिल के छोड़ाय के भोजन करब, पहिले नाहीं। ऊपरी पतई, भूसा बाजार भाव से थोड़िक कम भाव पर बेंचव, रुपया लेब-देब।
- आपस में झगड़ा न करब और कबौं जब झगड़ा होय जाई, पंचाइत में तय कय लेब। हर गाँव या दूई-दुई चार-चार मिलके पंचाइत बनाउब और जौन कुछ झगड़ा, तकरार होई वोही में तय कय लेब।
- अपने गाँव के अगर कौनों किसान खाये पीये के तकलीफ मा और कौनों प्रकार के तकनीफ में होइ ओकर हम मदद करब। सब किसान के दुःख-सुख आपन समझब।
- सरकारी सिपाहिन से डरब न और ऊ अगर जुल्म करिहैं उन्हें रोकब। केहू के जुल्म हम न सहब।
- ईश्वर में विश्वास रखब और साहस और धीरज से आपन दुःख मिटावै की कोशिश करब। बेदखली के कानून तोरवावै बदे मन से कोशिश करब।

परिशिष्ट-7

प्रभुदयाल विद्यार्थी

एक दिन महात्मा गाँधी जी एक हिन्दू भाई को समझा रहे थे—"हमारी अहिंसा भीरु, अशक्त, निराधार और डरपोक लोगों की अहिंसा नहीं है। यदि है तो उसकी कोई कीमत नहीं गिननी चाहिए। 'अशक्तः सहजः साधुरुः अर्थात् असमर्थ तो मजबूरन साधू होता ही है, लेकिन हम तो अहिंसा के सच्चे सिपाही हैं जो मौका आने पर कट जायेंगे।

हमें तो गणेशशंकर विद्यार्थी बनना चाहिए। गणेशशंकर की तरह आप एक-एक आदमी अपना-अपना अलग शान्ति-दल बना सकते हैं। लेकिन सवाल है कि विद्यार्थी की तरह ऐसे कितने आदमी हैं? गणेशशंकर ने अहिंसा की सेना का एक बहुत ऊँचा आदर्श हमारे सामने रख दिया। वह भले ही मर गया, लेकिन उसकी आत्माहुति व्यर्थ नहीं गयी है। उसकी आत्मा मेरे दिल पर काम करती रहती है। मुझे जब उसकी याद आती है तो उससे ईर्ष्या होती है। इस देश में दूसरा गणेशशंकर क्यों नहीं पैदा होता है? हम थोड़ी देर के लिए मान सकते हैं कि उसकी परम्परा समाप्त हो गयी, लेकिन वह इतिहास में अमर हो गया, उसकी अहिंसा सिद्ध अहिंसा थी। उसी की तरह कुल्हाड़ी के प्रहार सहते हुए मैं शान्तिपूर्वक मरूँ। एक तरह से एक मनुष्य मुझ पर कुल्हाड़ी चला रहा हो, दूसरी तरफ से दूसरा बरछी मार रहा हो, तीसरा लाठी मार रहा हो और चौथा लात-घूँसे बरसाते जाता हो, ऐसी अवस्था में भी मैं खुद शान्त रहूँ और लोगों से शान्त रहने को कहूँ और खुद हँसता हुआ मरूँ, ऐसा भाग्य मैं चाहता हूँ। मैं चाहता हूँ कि मुझे ऐसा मौका मिले और आपको भी मिले। गणेशशंकर को ऐसा ही मौका मिला था, इसलिए उसकी याद आने पर ईर्ष्या होती है। क्यों नहीं मुझे वह मौका मिलता? गणेशशंकर के जीवन में अहिंसा का पाठ सीखो। देखो कितनी बहादुरी से हँसते हुए बिना खाये-पिये अपने भाइयों के हाथों से उसने मृत्यु पायी। इसी तरह की लड़ाई हमें अंग्रेजों और गुण्डों-बदमाशों से लड़नी है। यदि हमारी की तैयारी नहीं है तो आप अहिंसा की पुकार करके घर आदि छोड़कर भागे नहीं, बल्कि आप अस्त्र-बल से उनका मुकाबला

करके अपनी माँ-बहनों की रक्षा करें। परन्तु मैं जो चाहता हूँ वह तो गणेशशंकर का मार्ग है। और वही सर्वोत्तम सरल साधन अपने दुश्मनों से बचने का है। मुझे तो रह-रहकर गणेशशंकर की याद आती है। उसी का आदर्श मैं आप लोगों के सामने रखता हूँ। इसे समझें, हिन्दू-मुस्लिम की सच्ची सेवा गणेशशंकर की तरह करनी है। यही रास्ता दोनों को एक दिन मिला सकता है एक-दूसरे को भाई बनाने में मदद दे सकता है।''

विशाल भारत, अक्टूबर 1941

परिशिष्ट-8

प्रार्थना

मेरे विचार हैं कि श्रीयुत् पण्डित तोताराम सनाढ्य रचित 'फिजी द्वीप में मेरे 21 वर्ष' नामक पुस्तक की भाँति 'चम्पारण के निलहे गोरों का अत्याचार' लिखकर चम्पारण की 19 लाख दुःखी प्रजा की दुःख-भरी कहानी प्रकाशित कराकर अधिकारी वर्गों, देश के नेताओं और जनता के सामने यह बात प्रकट की जाये कि चम्पारण जिले का अमुक प्रजाओं के ऊपर, जो अपने को ब्रिटिश छत्र के नीचे रहने का सौभाग्य समझती है, जिनको लार्ड हार्डिंग्ज जैसे उदार और प्रजाप्रिय शासक द्वारा शासित होने का गौरव प्राप्त है और जिनको यह भी अभिमान है कि हमारे बिहार में सर अली इमाम, मिस्टर हक, मिस्टर दास और मिस्टर सिन्हा जैसे प्रभावशाली नेता हैं, उन पर इतना अत्याचार होता है कि उन्हें यह कहने का पूर्ण अधिकार है, "हमारे दुःखों के सामने नेटाल, फिजी आदि उपनिवेशों का दुःख, जो भारतीय भाइयों को उठाना पड़ता है, कुछ भी नहीं है।"

देश के उन महानुभावों की सेवा में, चम्पारण के निलहे गोरे के नील सम्बन्धी अत्याचारों की किसी-न-किसी भाँति जानकारी रखते हों, नम्र निवेदन है कि वे कृपा कर नील सम्बन्धी अत्याचारों, तिनकठिया, अनेक प्रकार के करों, जबरदस्ती सट्टा का लिखवाया जाना, 1907 का चम्पारण नील विभ्राट्, बंगाल व्यवस्थापक सभा में मा.बा. बृजकिशोर प्रसाद, एम.ए., बी.एल. का प्रश्न और उनके उत्तर, मिस्टर डब्ल्यू.आर. गोरले की रिपोर्ट, दैनिक बिहार में प्रकाशित वे सब लेख, जिनको श्रीयुत् महेश्वरप्रसाद, सम्पादक बिहारी ने प्लाण्टर्स और रैयत शीर्षक से 5-6 अंकों में लिखा है, इस पर प्लाण्टर्स गजट की समालोचनाएँ, दैनिक स्टेट्समैन में मि. ब्लकशिप का लिखा हुआ—चम्पारण पर आक्षेप आदि, बिहार की व्यवस्थापक सभा में मा. बाबू बृजकिशोर प्रसाद का प्रश्न और सरकार द्वारा उसका उत्तर, बिहार प्रान्तीय परिषद् की पटना और छपरावाले सभापतियों का व्याख्यान और मन्तव्य आदि बड़े लाट, छोटे लाट, तिरोहित विभाग के कमिश्नर और मोतिहारी के कलेक्टर के पास दी हुई दरखास्तें और मेमोरियल आदि की नकलें, कुछ फौजदारी और दीवानी मुकदमों के फैसले, मधुबनी की अपील पर जज की राय आदि, जिन सज्जनों में हो सके, वह उन्हें भेजने की उदारता दिखलायें।

भेजनेवाले महाशयों से प्रार्थना है कि वे, जहाँ तक उचित हो, सच्ची और प्रामाणिक बातों को तथा अदालती कार्रवाइयों को लिखकर, किसी भाषा में हो, भेजें। चम्पारण के बहुत-से लोगों ने अपने कोठीवाले मुकदमों की बाजाप्ता नकलें लेकर रखी हैं, वे यदि हो सके तो उन्हें भी भेजने की कृपा करें। उन नकलों से कामवाली बातें चुनकर फिर उन्हें लौटा दी जायेंगी।

चम्पारण के वकीलों और मुख्तारों से विशेषकर निवेदन है कि वे अपना अमूल्य समय खर्चकर मेरी प्रार्थना पर ध्यान दें तथा चम्पारण के कुछ शिक्षित और अर्द्धशिक्षित समाजों से भी यही प्रार्थना है कि वह कोशिश करके अपने-अपने गाँव के लोगों से उपर्युक्त कागज-पत्रों को भिजवाकर मेरी सहायता करें।

समाचार-पत्रों के सम्पादकों से भी प्रार्थना है कि उन्हें इस विषय में जहाँ तक जानकारी हो, अपने पत्रों द्वारा प्रकट करने की कृपा करें। नागपुर से निकलनेवाला 'हिन्द केसरी' और कोलकाता से निकलनेवाला 'हितवार्ता' में भी चम्पारण की कुछ घटनाएँ प्रकाशित हुई थीं, यदि किसी सज्जन के पास उपयुक्त पत्रों की वे प्रतियाँ हों, तो भेजने का कष्ट उठायें।

निवेदक : एक दुःखी आत्मा
मार्फत 'प्रताप', सम्पादक, कानपुर
'प्रताप' 17 जनवरी, 1916

परिशिष्ट-9

चम्पारणी प्रजा पर अत्याचार

बिहार सरकार के पश्चात् हमारी प्रान्तीय सरकार ने कदम उठाया है। उसने असाधारण सरकारी गजट ता. 3-4-1916 की 700/3-27वीं आज्ञा द्वारा 'प्रार्थना-चम्पारण की प्रजा का अत्याचार' शीर्षक उस पर्चे की जब्ती का हुक्म दिया है, जो हमारे यहाँ छपा था जिसके विषय में 'प्रताप' के पिछले अंक में बहुत-कुछ लिखा जा चुका है। सरकार के हाथ में कानून है। वह उसके अनुसार आज्ञा दे सकती है। हम उसको मानने के लिए विवश हैं। इसलिए हम इस आज्ञा के सामने सिर झुकाना अपना कर्त्तव्य समझते हैं, परन्तु तो भी हमें इस बात को कहने से कोई नहीं रोक सकता कि उस पर्चे में कोई भी बात ऐसी नहीं है, जो न्याय की दृष्टि से आपत्तिजनक समझी जा सके। हमें कभी आशंका नहीं हुई थी कि संयुक्त प्रदेश की सरकार को इस आज्ञा के प्रचारित करने का कष्ट उठाना पड़ेगा, परन्तु देश के शासन में 'कौवा कान ले गया' वाली नीति का अनुसरण किया जाता है। किसी ने कह दिया कि 'कौवा कान ले गया' तो फिर कान पर हाथ नहीं फेरा जाता, कौवे के पीछे ही दौड़ लगाने के लिए कमर कस ली जाती है। हमें विश्वास है कि संयुक्त प्रान्त की सरकार ने भी यहाँ ऐसा ही किया है। बिहार सरकार की देखा-देखी उसने भी खून लगाकर 'शहद' बन जाना पसन्द किया है। यदि ऐसा न होता तो उसे इस पर्चे के जब्त करने की कोई आवश्यकता न थी, क्योंकि जब्ती का हुक्म देनेवाली सरकारों की आशा के अनुसार, जिन लोगों में इस पर्चे से असन्तोष फैल सकता था, वे चम्पारण के निलहे गोरे हो सकते हैं। वे गोरे जमींदार केवल चम्पारण जिले में हैं। इसलिए इस पर्चे का चम्पारण जिले-भर में न जाने देना ही इसके बड़े विषैले डंक को तोड़ देना था। चम्पारण की सीमा न सही, बिहार की सीमा ही सही, परन्तु हमारी समझ में नहीं आता कि संयुक्त प्रान्त की सरकार को इस पर्चे पर इतना सख्त नाराज होने की क्या आवश्यकता पड़ी? यदि वह समझती है कि इस प्रान्त में भी चम्पारण नाम का कोई स्थान है और यहाँ भी गोरे जमींदार हैं, तो बात दूसरी है, परन्तु यदि इसके

अतिरिक्त और कोई कारण उसकी जब्ती के हो सकते हैं तो हमें डर है कि अन्य प्रान्तीय सरकारों को भी शान्ति की रक्षा के लिए खड्ग हस्तगत न करना पड़े। उस कष्ट बचायें बच जाये, यदि भारत सरकार इस जब्त किये हुए पर्चे पर एक निगाह डालने की कृपा करें। यदि वह भी इसे आपत्तिजनक समझे तो उसके हुक्म हो जाने पर प्रान्तीय सरकारों को अपने-अपने खड्ग उठाने की आवश्यकता नहीं रहेगी। अन्त में, प्रेस की स्वाधीनता पर हम अपने को बधाई देते हैं।

'प्रताप' 10 अप्रैल, 1916

परिशिष्ट-10

चम्पारण में अत्याचार

चम्पारण की प्रजा पर कोठीवालों का जो अत्याचार होता है उसके सम्बन्ध में 'प्रताप' ने एक चिट्ठी छापी थी। उसी पर हमें चम्पारण जिले के कई लम्बी-चौड़ी चिट्ठियाँ मिली हैं। उनमें वहाँ के अत्याचारों की कथा का वर्णन है परन्तु अधिकांश पत्रों में या तो लेखक का नाम ही नहीं है, कुछ में लेखक ने यह लिख दिया कि नाम डर के मारे नहीं लिख सकता और या है तो फिर कोई पता नहीं। हमें अत्याचार से पीड़ित लोगों के साथ पूरी सहानुभूति है और यथाशक्ति 'प्रताप' ने पीड़ित जनता का पक्ष लेने में कमी भी नहीं की है परन्तु बात सच्ची होने पर भी गुमनाम या सन्दिग्ध पत्रों का प्रकाशित करना हमारी नीति के बिलकुल विरुद्ध है। लेखक महाशय हमें नाम और पता लिख भेजें, हम उन्हें विश्वास दिलाते हैं कि कोई भी कठिनाई हमें उनका नाम किसी ऐसी अवस्था में खोल देने के लिए विवश नहीं कर सकेगी, जिससे उन्हें हानि पहुँचे। यदि उनकी बातें सच होंगी, जिनके विषय में तहकीकात करने के साधन भी हमारे पास हैं, तो उनका पत्र 'प्रताप' में प्रकाशित हो जायेगा। इन सज्जनों के भय दूर करने के लिए कहना पड़ता है कि अपने जन्म से लेकर आज तक 'प्रताप' को एक दर्जन से अधिक ऐसे अवसरों का सामना करना पड़ा है, जबकि उसमें अन्याय के विरुद्ध किसी पत्र के छप जाने के कारण अन्यायी पक्ष ने उसे लेखक का नाम पूछते हुए नालिश की धमकी का नोटिस तक दे दिया। एक मामले में तो बात यहाँ तक बढ़ गयी थी कि 'प्रताप' के अस्तित्व तक मिट जाने के पूरे सामान जुट गये थे, परन्तु इन सब हालातों में भी कभी यह उचित नहीं समझा गया कि पीड़ित पक्ष का पता देकर अपने प्राण बचाये और अपना कर्त्तव्य-पथ नाश किया जाये।

'प्रताप' 28 फरवरी, 1916

"आज उस दीनबन्धु के लिए किसान रो रहे हैं। कौन उनकी उदर ज्वाला को शान्त करने के लिए स्वयं आग में कूद पड़ेगा? मजदूर पछता रहे हैं। ***कौन उन पीड़ितों का संगठन करेगा?*** मवेशीखानों से भी बदतर देशी राज्यों के निवासी आज अश्रुपात कर रहे हैं। कौन उन मूक पशुओं को वाणी प्रदान करेगा? ग्रामीण अध्यापक रुदन कर रहे हैं। कौन उनका दुखड़ा सुनेगा और सुनायेगा। राजनीतिक कार्यकर्त्ता रो रहे हैं।

कौन उन्हें आश्रय देकर स्वयं आफत में फँसेगा, उनके कन्धे-से-कन्धा मिलाकर स्वातन्त्र्य-संग्राम में आगे बढ़ेगा? और एक कोने में पड़े हुए उनके कुछ पत्रकार बन्धु अपने को निराश्रित पाकर चुपचचाप आँसू बहा रहे हैं। आपातूकाल में कौन उन्हें सहारा देगा? किससे वे दिल खोलकर बातें कहेंगे, किसे वे अपना बड़ा भाई समझेंगे और कौन अपने छुटभइयों का इतना खयाल रखेगा?"

—पं. बनारसीदास चतुर्वेदी गणेश जी के आत्मोत्सर्ग पर